U0673033

酒店前厅客房服务与管理

主　编　姚玉英

副主编　林文曼

ZHEJIANG UNIVERSITY PRESS
浙江大学出版社

图书在版编目(CIP)数据

酒店前厅客房服务与管理 / 姚玉英主编. —杭州：
浙江大学出版社，2017.6(2025.2重印)
ISBN 978-7-308-16539-6

Ⅰ.①酒… Ⅱ.①姚… Ⅲ.①酒店—商业服务②酒店
—商业管理 Ⅳ.①F719.2

中国版本图书馆 CIP 数据核字（2016）第 314481 号

酒店前厅客房服务与管理

姚玉英 主编

责任编辑	王　波	
责任校对	杨利军	
封面设计	俞亚彤	
出版发行	浙江大学出版社	
	（杭州市天目山路 148 号　邮政编码 310007）	
	（网址：http://www.zjupress.com）	
排　版	杭州青翊图文设计有限公司	
印　刷	广东虎彩云印刷有限公司绍兴分公司	
开　本	787mm×1092mm　1/16	
印　张	15	
字　数	310 千	
版印次	2017 年 6 月第 1 版　2025 年 2 月第 4 次印刷	
书　号	ISBN 978-7-308-16539-6	
定　价	32.00 元	

前　言

随着旅游酒店业的发展,酒店从业人员的需求量日益增多,高职高专旅游类专业学生已成为从业大军中的主要力量。因此,深化职业教育改革,突出"以全面素质为基础、以能力为本位"的职业教育新观念愈发重要。根据高等职业教育要求和酒店行业特点,在管理系主任谢彦波的精心统筹策划和总体协调下,我们精心编写了这本《酒店前厅客房服务与管理》。本教材是酒店管理专业中央财政支持的"高等职业学校提升专业服务产业发展能力"项目建设成果之一。

高等职业教育教学内容的确定应以职业岗位的专项性和操作性为依据,以培养学生具有扎实的职业技能、专深的岗位业务知识、较强的全面素质为目标,对理论的要求以"够用"和"实用"为度。本教材根据职业岗位所需的技能结构来确定大纲,强调职业岗位的针对性,在把握理论科学性、现代性的同时,将理论进行变通,体现出理论的实用性和可操作性,引导学生不仅能够掌握知识,还学会如何去应用知识,做到学以致用。

本教材尽可能用关键词或短语、图表进行操作程序总结,帮助读者更好地理解各章内容;并加入案例分析、情景模拟等环节,使学生能够较直接地理解应掌握的内容,真正体现教材的实用性。

本教材在编写过程中,得到了业内人士的帮助和指导,参考了同行大量相关资料,在此表示衷心感谢。管理系谢彦波主任对本书的编写给予了鼎力支持,并对书稿进行了审核,提出了许多宝贵的意见和建议,在此对谢彦波主任的关心和支持一并致谢。本教材的编写分工为:姚玉英编写项目一、项目二、项目三;陈丽云编写项目四、项目八、项目九;林文曼编写项目五、项目六;蔡凤娃编写项目七、邓丽娜编写项目十、李贺编写项目十一。

"酒店前厅客房服务与管理"是一门涉及内容广泛、理论性与实践性都很强的旅游类专业核心课程。本教材结合高职高专的教学特点,在强调学科理论性的基础上,突出其实用性,讲述了前厅客房服务与管理主要工作岗位的服务技能,以此来着力提高学生的实践技能和综合素质。本教材适用于高等职业院校旅游类专业学生,也可作为酒店岗位培训教材和酒店管理人员的自学读物。

由于编者水平所限,书中难免存在不足之处,欢迎广大读者指正。

目　录

项目十　前厅和客房安全服务　　　　　　　　　　　　　190

项目十一　前厅和客房人力资源管理　　　　　　　　　　205

项目一　前厅部概述

学习目标

1. 能够对前厅部的地位、任务和业务特点进行流利的描述。
2. 熟悉前厅部的组织结构和岗位职责。
3. 能够针对不同酒店的规模,设计前厅部的组织机构与岗位职责。

任务一　前厅部的地位、任务与业务特点

【案例导入】

当场对质,谁的错?

一位客人和朋友们在前台办理退房时,对房间浴巾污染产生异议,值班经理将污染的浴巾拿到前台与客人确认,惹怒了有朋友在场的结账客人,与前台员工发生争吵,严重影响到前台的正常接待工作。

前厅部(Front Office),也称前台部、总服务台或客务部,是酒店负责招徕并接待宾客(组织客源)、销售酒店客房商品、组织接待和协调对客服务、销售餐饮娱乐等服务产品、沟通与协调酒店各部门、为客人提供各种综合服务的对客服务部门。

一、前厅部的地位

前厅部是每一位客人抵达、离开酒店的必经之地,是酒店对客服务的开始和最终完成的场所,也是客人形成对酒店的第一印象和最后印象之处。前厅部是整个酒店服务工作的核心。

(一)前厅部是酒店的"窗口",是酒店形象的代表

前厅部是酒店对外的营业窗口,酒店宾客通常会通过服务与管理来判断酒店的服务质

量、管理水平和档次的高低。前厅服务质量的好与坏不仅取决于大堂的各项硬件设施,更取决于前厅部员工的精神面貌、礼貌礼节、服务方式、服务态度、服务效率等方面,前厅的服务与管理水平会直接影响到酒店在宾客心中的形象。因此说,前厅部是酒店的门面,对于客人及社会公众形成良好、深刻印象起着重要作用。

(二)前厅部是酒店信息中心和对客服务协调中心

前厅部是酒店的代表,是建立良好宾客关系的重要环节。前厅部好比是酒店的"神经中枢",在很大程度上控制和协调着整个酒店的经营。前厅部不但要向客人提供及时、准确的各类信息,还要把有关客人的各种信息准确地传达至客房、餐饮、娱乐、财务等相关部门,协调各部门的工作,使各部门能够有计划地完成各自的接待服务任务。从前厅部发出的每一条信息、每一项指令,都可能直接影响到酒店对客人的服务质量。

(三)前厅部是酒店管理机构的参谋与助手

前厅部是酒店的业务中心,可以收集到关于酒店活动的各种信息,并定时定量地将这些信息进行整理和分析,提供给酒店其他部门,为酒店制定今后的发展战略和服务计划提供参考。比如,海南某酒店根据前厅部的数据统计,每年冬季住店客人中,有15%的客人来自北方,而其他月份不到3%。结合这一数据分析,酒店营销部门结合自身了解的情况和前厅部的数据分析得出,这是由于每年冬季是海南的气候优势季,有很多北方的宾客来过冬。这些信息的反馈与整理有助于为宾客提供更加人性化和优质的服务。

二、前厅部的任务

前厅部的基本任务就是最大限度地推销客房商品及酒店产品,并协调酒店各部门,向客人提供满意的服务,使酒店获得理想的经济效益和社会效益。

(一)销售客房

前厅部的首要工作任务就是销售客房。前厅部的全体员工必须尽力组织客源,推销客房商品,提高客房出租率,实现客房商品价值,增加酒店经济收入。前厅员工要参与酒店的市场调研与市场预测,参与房价及促销计划的制定,配合营销部进行宣传促销活动,开展客房的预订业务,掌握并控制出租率,在酒店总体销售计划的指导和管理下,具体完成未预订客房的销售和已预订的实际销售任务。前厅部销售客房的数量和达成的平均房价水平,是衡量其工作业绩的一项重要客观标准。

(二)提供各种综合服务

前厅部作为对客服务的集中点,除了开展客房预订、控制客房状态、办理入住登记手续、销售客房商品、协调各部门对客服务外,还担负着大量的直接为客人提供系列服务的工作,比如行李服务、问讯服务、商务中心服务、委托代办服务、贵重物品保管服务等。

（三）提供信息服务

前厅是宾客活动的中心，因而也是各类信息的集散地，包括外部市场和内部管理等各类信息，旅游业大致的发展状况、经济发展信息，酒店开房率、客人的住店、离店和预订情况等，前厅部不仅要收集这类信息，而且要对其进行加工、整理，送传到相应的经营管理部门。

（四）协调对客服务

酒店是一个多部门组合的系统，各部门既有分工又有协作，是相互联系、互为依赖的一个有机整体，服务质量的好坏取决于宾客的满意程度，而宾客满意程度是对酒店的每一次具体服务所形成的一系列印象的总和，在对客人服务的全过程中，任何一个环节出差错，都会影响到服务质量，影响到酒店的声誉。因此，现代酒店强调统一协调对宾客的服务，使分工的各个部门都有效地运转，发挥具体作用。而这其中的协调工作，大多数由前厅部去运作。

（五）负责管理客账

酒店前厅为登记入住的宾客提供一次性结账服务。在宾客办理入住登记手续时给每一位宾客建立客账，为酒店宾客设立各自的账卡，接受各营业部门转来的客账资料，及时记录宾客在住宿期间的各项消费，保存房客详细的消费账单资料，完成每日审核工作，以便记录和监督宾客与酒店间的财务关系，保证酒店及时准确地回收营业款，同时也是建立酒店良好信誉的重要手段之一。

（六）建立客史档案

酒店前厅部应该为住店客人建立客史档案，记录客人在店期间的主要情况及数据，形成客史资料库，供酒店研究分析客源市场状况，了解客人的消费项目及评估客人的消费能力。客史资料库的建立还有助于酒店开展有针对性的促销宣传活动，同时有助于为常住客人提供更加人性化的服务，从而赢得更多的回头客。

三、前厅部的业务特点

前厅部是一个为客人提供综合性服务的部门，承担着宾客接待服务和运营责任，要保证不间断地为客人提供细致、周到的服务。

（一）以提供接待服务为主，对员工素质要求较高

前厅服务不像客房产品和餐饮产品，有具体的实物。前厅部主要提供的是无形服务，其产品的主要组成部分是各种接待服务及各类综合性服务，而这类综合性服务的整体质量由宾客感受来评价，因此，前厅部工作需要素质较高的员工来承担才可能为顾客提供更满意的服务。

（二）工作内容宽泛

作为直接向客人提供各类服务的部门，前厅服务的范围延伸到机场和车站接送服务、门

童行李服务、钥匙管理服务、问讯服务、票务代办服务、邮件报刊服务、电话通信服务、商务文秘服务等。前厅服务应遵循这样一种理念:在完成前厅服务的过程中,促使前厅服务与酒店其他服务,诸如客房服务、餐饮服务、安全服务等方面共同构成酒店的整体服务,强调服务到位,使客人留下满意和深刻的印象。

(三)接待服务广泛,业务复杂

前厅服务包括预订、接送、迎宾、行李、接待、问讯、客户关系、电话总机、商务中心、收银结算、客史管理、委托代办、服务协调等,业务专业性强,范围广,与客人接触多,需求随机性强,信息量大而且变化快。因此,前厅的每项工作都应设立相应的规范与要求,前台员工在具体的操作过程中必须严格遵守并灵活处理各类问题,才可能使宾客满意。

(四)直接展示酒店形象,具有较强的政策性

酒店前厅是窗口型的部门,在经营、管理、服务过程中,员工既要遵循酒店内部的有关政策和制度,又要执行国家相关的法令及涉外条例,因此,前厅部的工作有很强的政策性。

【实训练习】

利用课后时间去酒店前厅观察前厅业务的地位、任务和特点。

任务二 前厅部的组织机构和岗位职责

一、前厅部组织机构设计的依据

(一)酒店的规模和等级

酒店的规模通常以客房的数量为依据。我国通用的分类标准为:拥有 100～300 个客房的称为小型酒店,提供一般性的服务;拥有 300～600 个客房的酒店为中型酒店,能够为一般的旅游者提供理想的休息娱乐场所,价格比较合理,服务项目较齐全,设施也比较现代化;拥有 600～1000 个以上客房的酒店,我们一般称之为大型酒店,大型酒店的设施和服务项目十分齐全,基本上能够满足宾客的各类需求。在规模较小的酒店,员工的职责范围比较广,前厅部员工分工不细,人员相对较少;相反,在规模较大的酒店,前厅部分工较细,专业化程度高,人员相对较多。在我国,旅游酒店分为五个等级(一星到五星),国家旅游星级酒店标准对酒店的岗位和服务有明确的要求,不同级别的酒店对组织的设计有不同的要求。

(二)酒店服务的专业化程度

一般来说,规模越大的酒店,其服务的专业化程度就越高。前厅部向宾客提供的服务专业化程度也和酒店规模及其档次成正比,即规模越大、档次越高,其服务的专业化水平就越高。服务专业化带来的必然是分工的精细化,因此前厅部的组织结构设计得依据酒店服务的专业化程度,程度越高,组织结构相对就越复杂。

（三）酒店的管理幅度与管理层次

管理幅度与管理层次是组织的基本架构,是影响酒店组织结构的两个决定性因素。幅度构成组织的横向结构,层次构成组织的纵向结构,水平与垂直相结合构成组织的整体结构。酒店组织结构中的管理幅度,指的是一个酒店管理能直接有效地领导的下级人员的数目;酒店的管理层次,指的是酒店管理组织的纵向系统的层级。在酒店组织条件不变的情况下,管理幅度与管理层次成反向关系,即管理幅度大,管理层次就少,管理幅度小,管理层次就多。因此,在做前厅部组织结构设计时必须综合考虑管理幅度与管理层次的问题。管理层次多可能会导致沟通滞后,而管理幅度大可能会导致管理不到位的情况发生,在做组织结构设计时必须确定一个合理的管理幅度与管理层次,达到组织结构相对较优。

二、前厅部的组织机构模式

（一）小型酒店模式

前厅部不单独设立部门,其功能由总服务台承担,总服务台作为一个班级直接归属于客房部,只设主管（或领班）和服务员两个层级。这种组织结构通常被小型酒店所采用,其优点是动作灵活,同时节省管理成本。

（二）中型酒店模式

前厅部与客房部并列,直接向酒店总经理负责。前厅部内设部门经理、主管或领班、服务员三个管理层级。也有些中型酒店将前厅部与客房部合一,统称为房务部,这样不仅可以降低管理成本,而且可以加强两个部门的联系与合作。

（三）大型酒店模式

大型酒店通常设房务总监,下设前厅、客房、洗衣与公共卫生四个部门,统一管理预订、接待、住店过程中的一切接待住宿业务,实行信息化管理。在前厅通常设有部门经理、主管、领班和服务员四个层级。

三、前厅部主要机构及其职能

（一）预订处（Room Reservation）

1.熟悉掌握酒店的房价政策和预订业务。

2.受理客房预订业务。

3.负责与有关公司、旅行社等客源单位建立良好的业务关系。

4.加强与总台接待处的联系,及时向前厅部经理及总台相关岗位和部门提供有关客房预订资料和数据。

5.参与客情预报工作,向上级提供 VIP 客人抵店信息。

6.参与前厅部对外订房业务的谈判及合同的签订。

7.制订各种预订报表(每月、半月、每周和翌日客人抵达预报)。

8.参与制订全年客房预订计划。

9.加强和完善订房记录及客史档案。

(二)接待处(Check-in/Reception)

1.销售客房。

2.接待住店客人,为客人办理入住登记手续,分配房间。

3.掌握住客动态及信息资料,控制房间状态。

4.制订客房营业日报等表格。

5.与预订处、客房部等保持密切联系,及时掌握客房出租的情况。

6.协调对住客的服务工作。

(三)问询处(Information)

1.负责回答客人的问询。

2.接待来访的客人。

3.及时处理客人邮件。

4.提供留言服务(住客留言和访客留言)。

5.分发和保管客房钥匙。

(四)礼宾服务处(Bell service/Concierge),又称"大厅服务处"

1.在门厅或机场、车站迎送宾客。

2.负责客人的行李运送、寄存,确保其安全。

3.雨伞的寄存和出租。

4.公共区域找人。

5.引领客人进客房,并向客人介绍服务项目、服务特色等,适机进行宣传。

6.分送客用报纸、信件和留言。

7.协助管理和指挥门厅入口处的车辆,确保交通畅通和安全。

8.回答客人问询,为客人指引方向。

9.传递有关通知单。

10.为客人提供召唤出租车和提供泊车服务。

11.负责客人其他委托待办事项。

（五）电话总机（Switch Board）

1.转接电话。

2.为客人提供叫醒服务（Wake up Call）。

3.提供"请勿打扰"（DND）电话服务。

4.回答客人电话问询。

5.提供电话找人服务。

6.受理电话投诉。

7.接收电话留言服务。

8.办理国际、国内长途电话事项。

9.播放或消除紧急通知、说明；播放背景音乐。

（六）商务中心（Business Center）

1.为客人提供打字、翻译、复印、传真、长途电话以及互联网服务（商务服务）。

2.可以根据客人需要提供秘书服务。

3.提供文件加工、整理和装订服务。

4.提供计算机、幻灯机等物品的租赁服务。

5.提供代办邮件和特快专递服务。

6.提供客人委托的其他代办服务。

（七）大堂副理（Lobby Manager）

1.代表酒店迎送 VIP 客人，熟记贵宾姓名，处理主要事件及记录贵宾、值得注意客人的有关事项。

2.决定是否受理客人支票及处理关于客人结账时的问题和其他询问，根据酒店的有关规定和授权处理。

3.负责迎接及带领 VIP 客人到指定的房间，并介绍房间设施，做 VIP 客人离店记录，落实贵宾接待的每一细节。

4.负责处理换锁、换钥匙的工作并做好记录。

5.负责处理客房部客房报表上与接待处有误差的房间，并亲自锁定该房间。

6.负责处理客人投诉，以本人对酒店的认识及针对客人心理解决问题，替生病或发生意外事故的客人安排护理或送院事宜。

7.发生紧急事件时，必须（在没有请示上级的情况下）做出主动决断的指示；与保安部及接待处联系，取得资料做出"意外"或"病客"紧急报告。

8.应尽量参与接待工作，了解当天及以后房间的销售状况，巡查酒店内外部以保证各项功能正常运行，及时排除隐患。

9.与客人谈话的过程中可适当推广酒店设施。

10. 服从管理人员(如总经理、副总经理、总经理助理及直属上级)的安排。

11. 与保安人员及工程部人员一起检视发出警报的房间区域。

12. 与财务人员配合,追收仍在酒店住宿客人拖欠的账款,必要时可以指挥其他部门人员协助工作。

13. 遇危险事故(如火警、匪警等)而没有高层管理人员可请示时,应做出适当决定,需要时视情况疏散客人。

(八)商务楼层(行政楼层或贵宾楼层)接待处

主要职能与大堂前台接待处相同,但服务对象主要是所负责楼层的客人。

(九)收银处(Check-out/Cashier)(收银处隶属酒店财务部,通常设置在前厅部)

1. 办理离店客人的结账手续。

2. 受理入住酒店客人住房预付金。

3. 提供外币兑换和零钱兑换服务。

4. 与酒店各营业部门的收款员联系,催收、核实账单。

5. 建立客人账卡,管理住店客人的账目。

6. 夜间统计酒店当日营业收益情况,制作营业报表。

7. 为住客提供贵重物品的寄存和保管服务。

8. 负责应收账款的转账。

9. 夜间审核全酒店的营业收入及账务情况。

四、前厅部主要岗位及其职责

(一)前厅部经理

1. 对总经理负责,主持前厅部的全面工作。

2. 对各分部主管下达工作任务并指导、落实、检查、协调。

3. 负责培训所有前厅部接待人员,使之达到本酒店要求的接待服务效率、标准,符合接待礼仪及服务程序标准。

4. 负责本部门的人力调度,确保前厅部营业各岗的运行顺利。按照奖惩条例对各岗员工进行定期评估。

5. 检查前厅部各岗人员的仪容、仪表、仪态、工作程序、工作效率,保证员工对客热情有礼,服务周到。

6. 负责做好客房出租率预测,确保房间出租情况、订房情况、到店和离店情况以及房账收入和其他一些由管理部门要求的统计情况的准确性。

7. 控制前厅部劳务费用,保证前厅部合理的人员配备及每人合理的劳动强度。

8.控制前厅部营业费用,制定预算,量化消耗,合理使用物料用品。

9.爱护各项设备设施,保证完好和正常工作。

10.负责客人对客房和其他服务区域的投诉。同时要跟踪检查落实对客人投诉的补救措施,最终赢得客人的满意和谅解。

11.负责前厅部的安全和消防工作。

12.确保前厅部与酒店各部门、社会团体对酒店业务有关企业、公司、商社、机构的良好公共关系,以便保证酒店有一个宽松的经营环境。

13.组织参与 VIP 客人的接待入住、迎送工作。

14.主持召开部门会议、业务会议、例会等,提出工作疑难、工作计划、工作建议等。

15.完成总经理交办的其他工作任务。

（二）前厅部副经理

1.直接参与所负责部门每天的日常接待工作。

2.直接督导总台及各部门主管工作,深入了解员工事务、服务态度及工作质量,及时向前厅部经理汇报,解决各种工作问题。

3.负责培训所负责分部员工的业务技能、服务标准、礼仪规范、外语等。

4.检查前厅部各岗人员的仪容、仪表、仪态、工作程序、工作效率,保证其对客人热情有礼,服务周到。

5.掌握当天客情及预订情况。

6.制定本部门的物资设备供应计划。

7.参加主管例会,了解员工的思想状况。

8.检查、负责本部门的安全、防火工作。

9.完成上级交办的其他任务。

（三）接待部主管

1.制定总台工作计划,定期总结,推动总台工作。

2.调整和完善总台规章制度以适应发展。

3.主持总台全面工作,上传下达,与有关部门协调、沟通、密切合作。

4.指导总台班组的日常运转,向客人提供最佳服务,与客人建立起良好的顾客关系。

5.制定培训计划,编写培训教材,组织实施培训。

6.收集各种宾客意见,及时反馈。

7.与其他主管及时沟通,协调处理总台问题。

8.记录当日工作中存在的问题、建议并及时向部门经理汇报,将上级指示及时传达给每一位员工。

9.做好总台的安全、消防工作及各项清洁卫生的检查工作。

10.完成经理或其他管理部门所交办的任务。

（四）接待部领班

1.受部门经理的领导，直接接受本班组主管的工作指示。

2.熟练掌握业务知识及操作技能，负责有关住房、房价、酒店服务设施的查询和推销工作。

3.检查、督导员工履行工作职责，严格按照工作程序为客人服务。

4.重视客人的投诉，要尽最大努力答复，遇到不能解决的问题及时报告主管。

5.及时、详细、准确办理入住手续（登记、输入电脑），符合有关部门的规定。

6.督促总台全体员工为宾客提供迅速、准确、礼貌的服务。

7.详细记录交班事项，如有重要事件必须下一班继续完成的都应详细记录。

8.在熟悉业务知识的基础上，协助主管培训新员工，担当培训者的职责。

9.注意检查员工的仪容、仪表及精神面貌，确保为客人提供优质服务。

10.对工作中发生的重要问题及时向上级汇报，完成主管交办的其他事项。

（五）接待部员工

1.接待住店、来访客人（包括团体客人、散客），为客人办理入住登记手续。

2.做好 VIP 客人入住的准备工作，高规格地为宾客办理登记入住手续。

3.为客人排房（包括预先排房）和确定房价，并做好有关客人资料的档案工作。

4.正确地显示客房的实时房态。

5.协调对客服务，保持并发展与相关部门的沟通联系。

6.接待投诉客人，解决不了的问题及时上报领班或主管。

7.制定客房营业日报表等表格。

8.迅速、准确地回答客人的问讯（包括介绍店内服务信息、市内观光、天气、交通情况等）。

9.处理客人留言以及分发、回收钥匙，保管客人寄存的物品。

10.提供查询、寻人服务。

11.掌握住客信息，了解当天的酒店餐饮宴席、会议活动、VIP 客人抵离、房间预订情况。

（六）商务主管

1.检查每天的交接班记录。

2.检查总机房、商务中心工作用品情况，及时申领补充，保证工作正常进行。

3.检查员工的仪容、仪表及各班出勤情况。

4.督导话务员准确、迅速、耐心、周到地提供服务和保持良好的语音、语调，确保总机房和商务中心的各项服务符合标准和规范。

5.确保各班良好的工作秩序和环境的清洁卫生。

6.处理电话业务中和商务服务中的意外事件和特殊情况。

7.在业务繁忙时参与电话服务工作和商务中心服务工作。

8.熟悉常住客、长住客、重要客人的姓名及特殊服务要求,熟悉酒店当日的重大接待活动及要求,及时布置、跟办有关事宜。

9.负责与电信局、外单位相关部门及酒店各部门的联系,处理与这些部门有关的事宜。

10.月底打印酒店各部门话单和商务中心公关费用并送交财务部。

11.每周进行工作小结,每年进行年终总结。

(七)总机领班

1.直接参与电话服务工作。

2.掌握总机房机器设备的功能、操作使用和注意事项。

3.热情、耐心解答客人的各种问讯。

4.处理客人的投诉电话和无理取闹电话,并及时向上一级请示汇报。

5.熟悉常住客、重要客人的姓名及特殊服务要求,熟悉酒店当日的重大接待活动及要求,处理本班组接线生发生的问题。

6.当班结束时,与下一班次交接清楚。

(八)总机话务员

1.迅速、准确地接转每一个通过交换台的电话。

2.时刻保持良好的工作状态,礼貌地回答客人提出的问题。

3.注意接班后 MORNING CALL、电话转移及 IDD&DDD 情况。

4.熟悉了解各营业点的作息时间以及位置所在。

5.牢记酒店内部各部门及主要负责人的电话号码,熟悉市内各大酒店电话号码。

6.遇到投诉及其他问题及时向领班汇报。

7.保持总机房内清洁卫生。

8.认真填写交班日记,注意交接事项,如 VIP 客人、住房情况、叫醒服务情况、电话留言情况等。

9.合理使用、保养机房设备,遇到机器故障应立即联系相关人员予以维修。

10.对于总机房内部资料应严格保密,遵守机房制度。

11.在日常工作中不断收集新信息、资料,做好记录,以使话务工作更完善。

(九)商务中心领班

1.精通商务中心各种设备设施的操作技术,熟悉商务中心各项业务工作流程。

2.当值时负责商务中心、商务总台的各项服务。

3.每天检查员工的仪容仪表、安排,督促员工的工作。

4.每天检查、清洁商务中心及商务总台的各种设备设施。

5. 负责保持商务中心和商务总台工作环境的整洁。

6. 收集并为宾客提供本市商务、贸易等方面的最新信息。

7. 帮助员工解决工作中遇到的难题,处理工作差错和事故。就工作中发现的各种问题及时向主管汇报,以便及时设法解决。

8. 掌握客情和预订资料,并做好客人的资料登记,督促并检查电脑输入人员输入资料的准确性。

9. 负责商务中心和商务总台各种文件、资料的整理归档工作。

10. 做好每天的工作日志记录。

11. 积极参加各级、各类培训,不断提高专业水准。

12. 发挥工作主动性与积极性,搞好员工间的团结与协作,完成上级交办的其他任务。

(十)商务中心文员

1. 保持良好的仪容仪表和服务态度,热情为宾客提供商务中心各项服务。

2. 熟练操作商务中心的各项设备设施。

3. 做好 VIP 宾客入住的准备工作,高规格地为宾客办理入住登记手续。

4. 处理宾客的各种问询与要求,为其提供有关旅游、购物等方面的最新信息。

5. 负责接受宾客的换房业务。

6. 每天早班上班及晚班下班前都应认真进行检查,确保设施设备处于良好状态。

7. 为宾客提供各种最新商务信息。

8. 自觉参加各级、各类培训,不断提高服务水准。

9. 随时向商务中心主管、领班报告工作中发现的各种问题,接受上级的督导。

10. 记好每个班次的工作日记。

11. 发挥工作主动性与积极性,搞好同事间的团结与协作,完成上级交办的其他任务。

(十一)礼宾部主管

1. 负责督导大厅行李员及迎宾员最大限度地为客人提供满意的服务,合理安排散客和团队行李。

2. 调查并处理涉及本组工作的客人的投诉,并整理成案例分析,进行留档。

3. 与相关部门保持密切联系,确保优质服务。

4. 督促行李员在仪容仪表、行为举止、服务用语等方面达到酒店要求。

5. 培训及考核本部领班和员工。

6. 做好考勤工作,合理安排人员。

7. 管理监督行李房、行李员休息室及服务台的卫生工作。

8. 定时检查核对行李房行李的库存情况。

9. 做好本班组的安全、消防工作。

10.完成领导交办的其他任务事项。

11.做好每日的工作日志记录,把工作情况汇报给经理,并将经理指示传达给各员工。

12.制订班组计划和培训工作计划。

（十二）礼宾部领班

1.负责确保本班次行李员及迎宾员最大限度地为客人提供满意的服务,合理安排散客和团队行李。

2.及时协调解决服务中的突发事件和疑难问题。

3.与相关部门保持密切联系,确保优质服务。

4.督促行李员在仪容仪表、行为举止、服务用语等方面达到酒店要求。

5.协助主管完成本部门培训任务。

6.做好考勤工作,合理安排人员。

7.管理监督行李房、行李员休息室及服务台的卫生工作。

8.定时检查核对行李房行李的库存情况。

9.做好本班组的安全、消防工作。

10.完成领导交办的其他任务事项。

11.做好每日的工作日志记录,定时汇报工作情况并且把经理指示传达给各员工。

（十三）礼宾部行李员和迎宾员

1.迎送客人,为进出酒店的客人开车门。

2.宾客到达时通知行李员搬运行李,在行李未抵达前帮助照顾客人的行李。

3.为客人指引方向,回答客人的问询。

4.雨天负责为客人提供雨具寄存服务。

5.为客人安排出租车。

6.协助保安做好车辆疏通工作。

7.为坐出租车进店客人提供车号服务(以便客人遗失物品时可以查找)。

8.为进出店客人运送行李。

9.为客人提供订车服务。

10.递送宾客邮件、酒店报表、报纸等。

11.完成客人的委托代办业务。

12.为宾客提供问询服务。

13.为客人提供寄存行李业务。

14.邮政服务(寄取包裹投递信件等)。

15.为客人开店门。

16.为客提供店内寻人服务。

17. 提供出借自行车、雨伞服务。

18. 完成交接班内容并协同领班做好行李盘点工作。

19. 领班不在时起代理领班作用。

20. 保持岗位区域内的清洁工作。

（十四）大堂副理

1. 掌握酒店各项设施、功能及营业时间。

2. 保证本部门各分部与酒店其他相关部门保持良好的沟通及协调。

3. 及时、准确、认真地处理宾客投诉、记录反馈，事后做好案例分析，并在酒店宾客档案"REMARK"处标出，进行有针对性的工作。

4. 每日征询宾客对酒店的建议，拨打"COURTESY CALL"，并将记录反馈给管理层。

5. 大堂副理各班次必须做好当日值班记录工作，并将需要"FOLLOW UP"的重要事项标明，并给下班次做明确交代。

6. 如遇有宾客生病应及时协助处理，向上级及时汇报，并做好事后慰问工作。

7. 及时处理宾客遗留在酒店的物品，主动帮助宾客联系查找。

8. 督导前台工作，协助前台主管、领班做好宾客的接待工作。

9. 处理外电、外访的酒店总经理等领导接待工作，并代表总经理迎送 VIP 宾客。

10. 负责大堂各岗位运作情况：员工仪容仪表、劳动纪律、服务质量，以及公共区域清洁卫生、秩序、设备完好情况。

11. 大堂副理需配合保安部做好安全、消防工作，以及检查前台工作人员对外籍宾客户籍录入及发送情况。

12. 如遇突发事件，大堂副理需及时上报，并积极与相关部门主管协调处理，事后做好记录。

13. 认真完成上级领导交办的其他各项任务。

（十五）宾客关系主任

1. 掌握酒店各项设施的功能、使用方法及酒店营业时间。

2. 协调本部门和其他部门之间的工作沟通。

3. 及时、准确地引导进店宾客，协助大堂副理解决宾客投诉。

4. 每日征询宾客对酒店的建议，修订成册。

5. 协助进店团队宾客的入住登记工作。

6. 如遇有宾客生病应及时协助处理，向上级及时汇报，并做好事后慰问工作。

7. 及时处理宾客遗留在酒店的物品，主动帮助宾客联系查找。

8. 协助本部门各个岗位的日常工作，及时补充岗位空缺。

9. 协助上级领导对 VIP 客人的迎送工作，负责处理 VIP 客人在店期间的事务。

10.负责大堂各岗位运作情况：员工仪容仪表、劳动纪律、服务质量，以及公共区域的清洁卫生、秩序、设备完好。

11.认真完成上级领导交办的其他各项任务。

【实训练习】

写出一个你感兴趣的前厅岗位，通过实践调查，写出这一岗位的典型一天工作日志。

任务三　前厅部的沟通与协调

【案例导入】

从温暖到恼火

钱先生早上七点半到前台办理退房，前台人山人海，前台服务员建议："钱先生先用早餐，我们会帮您准备好账单，您用完早餐就可以直接结账，这样可以帮您节省时间。"钱先生感觉十分温暖，办理了早餐手续就用早餐了。十五分钟后，前台依旧忙碌。钱先生到前台，刚才承诺他的服务员已经下班，因此承诺又变成了等待，钱先生有一股抑制不住的恼火……

一、沟通协调的基本原理

（一）沟通协调的定义

沟通是传递信息。但是，要使沟通具有效果，不仅要达到信息的传递，还要使信息传递者的思想、感情、意见和态度能全部被对方所了解，才能称作有效的、成功的沟通。沟通协调从管理科学的角度来讲，是指相关对象之间所进行的信息传递和接受的过程，以及从合作角度对有关事项，如完成服务任务，解决冲突、矛盾等方面所进行的配合和努力。

（二）沟通协调的作用

为了更好地进行与客人及部门之间的沟通和协调，要求各部门的工作人员都能明确沟通协调的作用，掌握沟通协调的方式，运用正确的沟通协调渠道来进行具体的工作。

沟通协调所起到的作用通常有以下几点：

1.通过沟通协调来向对方说明某事，使对方理解你的意图。

2.通过沟通协调了解对方的真实意见及打算。

3.通过沟通协调使双方的意见和观念能相互接受。

4.通过沟通协调使双方能够澄清误解，解决冲突、矛盾，以便相互协作。

在服务过程中，通过服务人员与客人良好的沟通协调，能够使服务人员了解客人的服务需求,使客人真正地了解酒店所能提供的服务内容及相关服务设施情况。服务人员根据与客人的沟通情况进行同其他部门的沟通协调,各部门同心协力、相互配合,共同完成客人的服务要求及对客服务过程。尤其是在解决客人投诉及处理由于工作原因而产生的部门工作之间的矛盾冲突过程中,有效的沟通协调可以澄清相互之间的误解,解决具体的问题,避免因客人投诉及部门之间矛盾而对酒店的经营及对外声誉产生不良的影响。

(三)酒店沟通协调的内容

1.各部门之间目标的协调。

2.各部门之间服务项目、服务内容的相互协调。

3.各部门之间服务质量的协调。

4.各部门之间服务时间与服务过程的协调。

5.各部门之间接待能力的协调。

6.各部门之间人际关系的协调。

7.各部门之间在利益分配上的相互协调。

(四)酒店沟通协调的渠道

在酒店运行过程中,常见的沟通协调渠道有:

1.书面形式。书面形式,即内部相关服务事项的备忘录、接待通知单、各种报表、表格、专题报告、相关文件、批示,对客的"宾客意见调查表",有关酒店服务内容的简介、杂志告示。

2.口语交流。在利用口头语言进行沟通协调时一定要注重语言使用的技巧性及准确性。

3.会议形式。会议是一种面对面的最直接的、最率真的联系和交流方法。会议也是一种主要沟通协调途径,如由总经理召开的各种协调会、各种例会、各班组的班前会和班后会等。通过会议可以帮助与会者就有关事项进行讨论、声明、达成协议,并可公开解决一定的冲突和矛盾。

4.计算机系统。计算机系统具有迅速、准确、方便和信息共享的特点,是现代酒店沟通协调和信息处理的一个重要手段。

二、前厅部与各部门的沟通与协调

前厅部各部门之间的相互协调以及前厅部与酒店其他部门之间的相互配合能保证操作程序的正常运行,完成对客服务。

(一)接待处与预订处

接待处应每天将实际抵店、实际离店、提前离店、延期离店和临时取消的客房数,预订但未抵店的客房数及换房数等信息,书面通知预订员,以便预订员及时根据上述数据修改预订总表,确保客房预订信息的准确性。同时,预订处也应每天将更改预订、延期抵店、取消预订及次日抵店等情况,以书面形式通知接待处,以最大限度地销售客房。

(二)接待处与前厅收银处

接待处应及时将已办理入住登记手续住客的账单交前厅收银处,以便收银处开立账户,累计客账。若住客换房,房价发生变化,也应将此信息迅速书面通知收银处。同时,双方的夜班员工应就白天的客房营业收入,进行细致认真的核对,确保正确反映、显示营业情况。客人结账后,前厅收银处应立即将此信息通知接待处,以便更改客房状态,通知客房部清扫、整理,以便再次出租、销售客房。预订处与前厅收银处之间需就客人定金的收取问题,进行有效的沟通,以确保保证类订房客人接待工作的顺利进行。

(三)前厅部与客房部

1.前厅部应及时向客房部通报客人入住和结账离店情况。

2.前厅部应每天将必要的客情信息以书面的形式通报客房部,递交《一周客情预报表》、《贵宾接待通知单》、《次日抵店客人名单》、《团队、会议用房分配表》等文件,以便其对客房进行布置及控制。

3.前厅部应及时递交《特殊要求通知单》,以便客房部提前做好准备工作,以满足客人的特殊要求。

4.向客房部递交《客房、房租变更一览表》,以通知有关用房和变动情况。

5.递交《客房状态报告》、《客房状态差异表》等,以协调好客房销售(前厅部职责)与客房管理(客房部职责)的关系。

6.应积极参加客房清扫、维修、保养的检查。

7.客房部应及时将在走客房内所发现的遗失物品情况通知总服务台,以便进行处理。

8.客房部应根据指令,派楼层服务员探视对叫醒服务无反应的客人。

9.客房部应及时向总服务台通报客房异常情况,如双锁客房、紧急维修、在外过夜等。

10.客房部应安排楼层服务员协助前厅行李员搞好团队行李的运送、收集等服务,尤其是当住客不在房内时。

11.前厅部与客房部员工互相接受交叉培训。

(四)前厅部与营销部

1.双方进行半年客房销售预测前的磋商,并研究决定酒店团队、会议客人与散客的接待比例。

2.讨论决定出现超额预订时,酒店应采取的补救措施。

3.总服务台以书面形式向营销部通报有关客情信息,如发送《一周客情预报表》、《团队、会议用房分配表》、《次日抵店客人名单》等表格。

4.营销部将已获准的各种订房合同副本递交前厅部,以便落实执行。

5.营销部应将团队、会议客人的详细订房情况,以书面形式报送客房预订处,以便预留客房。

6.营销部应将团队、会议用房的变动情况以及活动日程安排情况通报总服务台,做出相应的变更及解答客人的询问,以便提供所需的服务。

（五）前厅部与餐饮部

1.前厅部应每天以书面形式发送报表给餐饮部,通报客情信息。

2.将订房客人用餐的特殊要求及房内鲜花、水果篮布置的要求,以书面形式通知餐饮部做好准备工作。

3.掌握餐饮部营业点的服务项目、服务特色及最新收费标准等。

4.协助餐饮部进行促销,如获取《宴会/会议活动安排表》,解答客人的问讯,发放餐饮推销的宣传资料等。

（六）前厅部与总服务台

1.双方应对信用限额、预付款、超时房费收取以及结账后又再次发生费用等情况进行有效的沟通、协调。

2.总服务台递交已制作好的散客账单、登记表及复印好的信用卡消费单等,以便前厅收银处开立客人账户,累计客账等。

3.总服务台递交已制作好的团队主账单,供前厅收银处签收并合计客账。

4.通报客情信息（抵店、离店）,以便正确显示客房状况。

5.将有关住客变换房间的信息,尤其涉及房租变化等信息,以书面形式通报前厅收银处,以便正确累计客账。

6.双方应对每天的客房营业情况进行细致核对,以确保准确。

（七）前厅部与总经理室

1.及时向总经理室请示、汇报前厅部在对客服务过程中发生的重大事件。

2.转交有关的邮件及留言单等。

3.了解总经理的值班安排、去向,以便提供紧急的联系渠道。

4.定期呈报酒店的《客情预报表》。

5.递交《贵宾接待规格审批表》及《房租折扣申报表》等,供总经理审阅批准。

6.通报每天的客情信息及客房部营业情况。

7.与营销部配合,草拟酒店的客房销售政策（如信用政策、免费/折扣政策、定金/预付款政策等）,呈报总经理室批准,并就执行过程中存在的问题进行沟通、协调。

（八）前厅部与其他部门

1.与人事部、培训部进行沟通、协调,开展前厅新员工的录用和上岗前的培训工作。

2.与保安部、工程部进行沟通、协调,处理客房钥匙遗失后的问题。

3.及时向康乐部传递客人的健身娱乐要求,满足客人的需要。

4.了解各部门经理的值班安排与去向,以便提供紧急的联系渠道。

5.出现突发事故时与其他部门相互沟通、协调。

【实训练习】

通过角色模拟,演练沟通技巧。

项目二　客房销售与预订

学习目标

1. 熟悉客房类型。
2. 掌握客房销售的基本业务知识。
3. 能够针对不同的顾客进行客房推销。
4. 掌握客房预订的基本业务流程并能实际进行预订。

任务一　客房销售

【案例导入】

"拉不回"的老客户

某酒店发现不少老客户去了其他酒店,销售经理感到压力很大,于是立即着手调查和说服工作。在所调查的客户中,有一位曾先生已经有两个月没来入住了,以往他每月有三间次的开房率,一年多一直住在该酒店,应该是一位忠诚的客人了。调查中,曾先生很是直言不讳:"你们的房价太高,还以为自己是老品牌,不主动调价,打折又少,我只好另投他店。"销售经理同曾先生比较熟,说话也较随便:"房价好说,我保证给您一个满意的答复。您还是回去住,就算是帮我啦。"客人说:"其实我对你们酒店还是很有感情的,也比较习惯。现在既然房价问题解决了,下次我就去住吧。"得到了这种肯定的答复,销售经理很高兴,把老客人拉回来其实也很简单。一晃半个月过去,销售经理终于等到了曾先生的电话,谁知是一通劈头盖脸的责问:"你搞的什么名堂?拉我来住就叫我住不开空调的房间?商务吧也没人接待。还有,房价为什么比其他酒店还高?"销售经理不知所措,但他很快明白了是怎么一回事。原来该酒店为了节约能源,空调在可开可不开的时间就没开;房价的事,总经理说不能一下降太多,要进行统一部署。销售经理因为感到离客人的要求还有距离,原打算找个机会再跟客人沟通一下,谁料想客人已经住进来并刚好碰上了这几件事。没等他解释,客人就挂断了电话。销售经理赶忙了解情况,得到的说法是商务楼层的所有服务员正在参加业务培训,安排的一名服务员正好打开水去了。这几个不巧凑在了一起,导致客人大发雷霆。考虑到该客人回头的重要,销售经理想在房价和空调问题上再找总经理通融一下,但得到了否定的回答。无奈,销售经理转过来准备和客人沟通,却再也联系不上了。销售经理此时已经预感到"拉回来"的客人可能又要走,却无计可施。

一、迎合客人心理需求

(一)给客人进行比较的机会

客人住店,要享受住宿、饮食、娱乐等有形服务并达到物质满足;同时还要达到其心理满足,这就是客人的心理需求。前厅接待人员可根据客人的特点,向他推荐两种或三种不同房型、价格的客房,供客人比较、选择,激发客人的潜在需求,从而增加酒店收益。如一个看上去很有身份的商人,要订一间普通标准房,可提供一间商务房给客人选择,并加以描述性语言,可能会收到比较好的效果。在推销过程中,接待员应避免将自己的观点强加于客人,切记接待人员的责任是推销,而不是强迫对方接受。过分的"热情"会适得其反。某些时候,即使客人因员工的坚持而勉强接受了某种房间,酒店多赚了一些钱,但永远补偿不了他因被迫接受而以后可能不再光顾该酒店的损失。因此,应尊重客人的选择,即使客人最终选择了一间较便宜的或档次相对较低的客房,也要表示赞同与支持。

(二)坚持正面的介绍

前厅接待员在介绍不同的房间时,要着重介绍各类型客房的特点、优势,给客人带来的方便和好处,指出它们的不同点供客人比较。接待员应擅长将客房或客房所处环境的不利因素转化为给予宾客的便利。但需注意的是,在坚持正面介绍的同时,不能硬性推销,更不能欺骗顾客。

二、选择适当的报价方式

(一)"夹心式"报价

"夹心式"报价方式适合于中、高档客房,可以针对消费水平高、有一定地位和声望的客人进行。

(二)"鱼尾式"报价

"鱼尾式"报价方式适合推销中档客房。先介绍所提供的服务设施、服务项目及客房特点,最后报出房价,突出产品质量,减弱价格对客人入住的影响。

(三)"冲击式"报价

"冲击式"报价方式适合推销价格比较低的房间,以低价打动客人。即先报出房间价格,再介绍房间所提供的服务设施和服务项目等。

总之,价格放在什么阶段报、报价的顺序以及报几种房价等,都要根据不同客人的特点与需求,有针对性地进行。

(四)利益引导法

利益引导法和高码讨价法是客房部两种有效的销售技巧,可以在客房销售过程中加以运用。利益引导法是对已预订到店的客人,采取给予一定附加利益的方法,使他们放弃原预订客房,转向购买高一档次价格的客房。

(五)高码讨价法

高码讨价法是指在客房销售中向客人推荐适合其地位的最高价格客房,根据消费心理学,客人常常接受接待员首先推荐的房间。如果客人不接受,再推荐价格低一档次的客房,并介绍其优点。这样由高到低逐层介绍,直到客人做出满意选择。高码讨价法适合于向未经预订、直接抵店的客人推销客房,从而最大限度地提高高价客房的销售量和客房整体经济效益。

三、客房销售中的沟通技巧

(一)语言沟通技巧

在销售过程中常用的语言沟通方式有陈述式、提问式和讨论式。

1.陈述式主要用于产品介绍。陈述语言应该简洁、流畅、准确、生动,力保客人在短时间内能够全面准确地了解产品。

2.提问式常有引导式提问、探索式提问、澄清式提问、评价式提问、结论式提问。在推销客房过程中,应注意把握时机,采用适当的提问方式,促使客人心甘情愿地做出自己的选择。

3.讨论式主要用于回答客人问题的过程中。讨论式可以使推销不至于生硬,促使推销氛围趋于轻松活跃,从而更有利于交易的达成。

(二)非语言沟通技巧

非语言沟通是下意识的表达,从某种意义上讲,非语言沟通更真实更客观。非语言沟通通常表现为语音语调、表情、体态和环境语言等形式。在推销客房时,推销人员除了应具备相应的语言技巧外,还应注意自己的非语言状态,这对能否达成交易也是至关重要的。

四、客房销售过程中的其他技巧

(一)适当让步法

在市场经济条件下,市场的多变性决定了价格的不稳定性,价格因不同客人而异也早已成为十分正常的现象。因此,对于确实无法承受门市价格的客人,适当地给予优惠也是适应市场、适应竞争的重要手段,否则,就会出现将客人主动地送到竞争者手中的现象。但要注意优惠幅度应控制在授权范围内,要求员工尽量不以折扣作为达成交易的最终手段,并配合各种奖励措施,鼓励员工销售全价房。

(二)对犹豫不决的客人多提建议

许多客人并不清楚自己需要什么样的房间,在这种情况下,接待员要会观察客人的表情,设法理解客人的真实意图,了解客人的特点喜好,然后按照客人的兴趣和爱好,有针对性地向客人介绍各类客房的特点,消除其疑虑。假若客人仍未明确表态,接待员可以运用语言和行为来促使客人下决心住客房。

【实训练习】

通过角色模拟,运用客房推销相关知识,向不同的客人推销客房。

任务二 客房预订业务知识

【案例导入】

打过电话?

客人预订了房间,20:00左右客人来到酒店前台,但前台服务员却告知预订的客人房间已经被取消,而且当时酒店也已经满房,客人非常生气,称自己订好的酒店,为什么在自己没有来电取消的情况下就把房间给了其他客人,也没有事先通知他,来了以后又没有房间了。服务员称打过电话,但留的电话号码不存在。

一、客房预订的意义和任务

预订(Reservation)是指在客人抵店前,要求酒店为其保留客房的预先约定,也称订房。

对于客人而言,客房预订可以保证客人的住宿需求,特别是在旅游旺季。对于酒店而言,预订具有重要意义。

(1)预订可以帮助酒店更好地协调各部门业务,提高工作效率和服务质量。开展客房预订业务,客人的基本情况及其他要求均得到确认。预订处将这些信息资料传递给各有关部门,可协调各部门的经营活动,准备好人力、物力和财力,共同安排好接待工作,提高工作效率,保证服务质量。

(2)良好的客房预订能够为酒店争取客源,提高客房出租率。

二、客房预订的渠道、方式和种类

(一)客房预订的渠道

客房预订渠道可分为两大类:一类为直接渠道即直接向酒店订房;一类为间接渠道,包括通过与酒店签订商务合同的公司预订、通过酒店所加入的订房网络预订、向旅行代理商(旅行社)预订、向航空公司或其他交通运输部门预订、向会议组织机构预订等。

1.直接向酒店预订。客人不经过中介直接联系酒店预订处订房。

2.通过与酒店签订商务合同的公司预订。为发展业务,许多商社、大公司等与酒店订有合同,为来本公司的客人或本公司出差职员订房。

3.通过酒店所加入的订房网络预订。酒店主动和一些知名的订房网站联系,将酒店的客房产品上传到网络销售平台,从而通过第三方的网络平台,供客人在网上预订。

4.旅行代理商(旅行社)预订。酒店通常与旅行社有合作关系,旅行社负责为酒店提供客人,并按房价的比例收取回扣。旅行社订房在一定程度上可保证酒店客源。

5.航空公司或其他交通运输部门预订。酒店主动与一些交通部门取得合作,给对方一定比例的回扣或提成,让这些交通部门为其代办预订业务。

6.会议组织机构预订。酒店主动开拓会议预订渠道,会议组织机构预订时,一般还要对酒店其他产品进行预订,主要包括会议设备、餐饮和用车等,从而增加酒店产品的市场营销额。

(二)客房预订的方式

1.电话预订。订房人通过电话向酒店订房。电话预订的优点是能够进行直接、迅速且清楚的沟通,能够更好地当场确认客人的订房要求,从而及时达成订房协议。

2.面谈预订。面谈订房指的是订房人直接到酒店,与订房员面对面地洽谈订房事宜。这种方式更加直接和有效,能够当面了解订房人的具体需求,也能更有效地推销酒店产品,酒店方可以直接带领订房人参观酒店,从而更有效地达成订房意向。

3.传真预订。传真预订指的是订房人通过传真预订客房,这种方式传递信息迅速、准确且有据可查,较适用于大中型酒店。

4.网络预订。网络预订指的是订房人通过互联网平台进行订房的一种形式。网络预订是酒店市场营销的手段之一,也是目前被年轻一代较为青睐的一种订房方式。网络预订方便快捷、性价比高且图文并茂,渐渐被越来越多的人所选择。

5.信函预订。信函预订指的是订房人以信件等方式预订客房,是比较老的一种订房方式,现在越来越少被使用。信函订房较适用于提前时间较长的客户和以接待度假或会议为主的酒店客人。信函订房的优点是,订房内容完整准确,且信函犹如一份订房协议,对酒店和客人均能起到一定的约束作用。

(三)客房预订的种类

1.临时性预订(Advance Reservation)。临时性预订是客房预订种类中最常见的一种预订。临时性预订是指客人的订房日期与抵店日期非常接近,甚至在抵达当天才联系订房。临时性订房由于时间紧迫,只能进行口头确认,而将客房留住,酒店无法要求客人预付订金,这种预订通常由总台接待处受理。接受此类预订时,要问涉及客人抵店航班、车次及到店时间,复述客人的订房,让客人核对。另外要特别提醒客人酒店将客房保留的时间,即留房截止时间(cut-off time),超过留房截止时间以后酒店有权将房间出租给其他客人。

2.确认类预订(Confirmed Reservation)。确认类预订是指客人提前较长时间向酒店提出订房要求,酒店以口头或书面方式给予确认,并答应为订房客人保留房间至某一事先约定时间。如果订房客人在规定时间仍未抵店,也未与酒店联系,酒店可将预留房间出租给其他客人。确认预订的方式有两种,一种是口头确认,一种是书面确认。相比较而言,书面确认更有利于确保双方的权益。因此,如果时间充足,应尽量对客人的预订进行书面确认。

3.等候类预订(Waiting Reservation)。等候类预订指的是在客房预订已满的情况下,将继续预订的顾客列入等候名单,如果有人取消预订,或有人提前离店,酒店就会通知等候预订的客人。在处理等候类预订时,预订员应征求订房人的意见,是否可将其纳入等候名单,并向客人解释清楚什么是等候类预订,以免发生纠纷。

4.保证类预订(Guaranteed Reservation)。保证类预订是指宾客通过使用信用卡、预付定金、签订合同等方法,来保证酒店权益,同时酒店会保证为这类宾客提供所需的客房,使双方建立起一种更为牢靠的关系。保证类预订可以通过预付定金、使用信用卡和签订合同等形式进行担保,以保护双方的合法利益。

三、客房的类型

客房的分类方法很多,可按房间配备床的种类和数量划分,也可按房间所处的位置划分。客房类型多样,价格高低有别,才能满足不同旅游者的需求,尤其是适应具有不同消费能力的消费者的需要。客房主要有以下几种类型。

(一)根据单间房所配备的床的种类和数量分类

1.单人间(Single Room),又称单人客房,是在房内放一张单人床的客房,适合单身客人使用。酒店单人间一般数量很少,并且多把面积较小或位置偏僻的房间作为单人间,属于经济档。

根据卫生间设备条件,单人间又可分为无浴室单人间(Single Room without Bath)、带淋浴单人间(Single Room with Shower)、带浴室单人间(Single Room with Bath)。

2.大床间(Double Room),其是在房内放一张双人床的客房。主要适用于夫妻旅行者居住。新婚夫妇使用时,称作"蜜月客房"。高档商务客人很喜欢大床间的宽敞舒适,也是这种房间的适用对象。目前高星级酒店出现的商务客房就是以配备双人床并增设先进办公通信设备为特色。在以接待商务客人为主的酒店,大床间的比例逐渐增加,多者可占客房总数的50%～60%。

3.双床间(Two-Bed Room),种类很多,可以满足不同层次客人的需要。有的配备两张单人床,中间用床头柜隔开,可供两位客人居住,通常称为"标准间"(Standard Room)。这类客房占酒店客房数的绝大部分,适合于旅游团队和会议客人的需要。普通散客也多选择此类客房。有的配备两张双人床(Double-Double Room),可供两个单身旅行者居住,也可供夫妇或家庭旅行客人居住。这种客房的面积比普通标准间大。有的配备一张双人床、一张单人床(Double-Single Room),或配备一张大号双人床、一张普通双人床(Queen-Double Room)。这类房间容易满足家庭旅行客人的需求。

4.三人间(Triple Room),内放三张单人床,是属经济档客房。中高档酒店这种类型的客房数量极少,有的甚至不设。当客人需要3人同住一间时,往往采用在标准间加一张折叠床的办法。这种客房在新兴城镇或市郊的酒店还是有客源的。

(二)根据构成套房的房间数量及内部装潢布置的档次分类

1.普通套间(Junior Suite),一般是连通的两个房间,称双套间,又称双连客房。一间作卧室(Bed Room),另一间作起居室(Living Room),即会客室。卧室中放置一张大床或两张单人床,并附有卫生间。起居室也设有供访客使用的盥洗室,内有便器与洗面盆,一般不设浴缸。

2.豪华套间(Deluxe Suite),其室内陈设、装饰布置、床具和卫生间用品等都比较高级豪华,通常备大号双人床或特大号双人床。此类套间可以是双套间,也可以是三至五间。按功能可分为卧室、客厅、书房、娱乐室、餐室或酒吧等。

3.总统套间(Presidential Suite),通常由5间以上的房间构成,多者达20间。套间内男女主人卧室分开,男女卫生间分用。还设有客厅、书房、娱乐室、会议室、随员室、警卫室、餐室或酒吧间以及厨房等。还有的设室内花园。房间内部装饰布置极为讲究,设备用品富丽豪华。因房价昂贵,出租率很低,一般四星级以上酒店才设。总统套间并非总统才能住,只是标志该酒店已具备了接待总统的条件和档次。

(三)客房按位置划分

1.外景房(Outside Room),窗户朝向公园、大海、湖泊或街道的客房。

2.内景房(Inside Room),窗户朝向酒店内庭院的客房。

3. 角房(Corner Room),位于走廊过道尽头的客房。

4. 连通房(Adjoining Room),室外两门毗连而室内无门相通的客房。

5. 相邻房(Connecting Room),隔墙有门连接的客房。

（四）客房按经济等级划分

1. 经济间。经济间是相对标准间而言的,价格比较实惠。

2. 标准间。标准间是指四星级以上酒店内的双人独卫房间,每个酒店双人独卫房间必须达到75%以上。房内摆放两个床,桌面上摆放住宿指南,应有中央空调、冰箱、台灯、落地灯、沙发椅、放置被子的厨柜、客人放置衣服厨柜,卫生间须有马桶、大号浴池、淋浴喷头、洗脸池,并备有浴巾、毛巾、梳子以及一次性的牙膏、牙刷等。这样的房间称为"标准间",也叫"双人独卫标间"。

3. 豪华间。豪华间是为了满足要求较高的客人而设置的,其客房设置相对标准间更好,但价格相对较高。

（五）其他特殊客房种类

1. 连通房。相邻的房间,内部有连通门连接。

2. 商务房。布局、家具等考虑商务客人需要。

3. 残疾人房。通道宽敞地面无障碍,墙上有扶手,不用旋转开关。

4. 公寓房。为长住客人设计,布局功能家庭化,有厨房、餐室、较大的储存间。

四、房价的种类及计价方式

酒店有多种房价种类和计价方式,预订员应掌握酒店的基本报价方式,以满足不同顾客的需求。

（一）房价种类

1. 标准价(Rack Rate):即酒店价目表上明码标注的各类客房的现行价格,未含任何服务费或折扣等因素。标准房价亦可称为"门市价""散客价"。

2. 团队价(Group Rate):主要是针对旅行社的团队客人住店的折扣价格。其目的是与旅行社建立长期良好的业务关系,确保酒店长期、稳定的客源,提高客房利用率。团队价可视旅行社客源多少和酒店客房利用率的不同加以确定。

3. 家庭租用价(Family Plan Rate):酒店为携带孩子的父母所提供的折扣价格,以刺激其他消费。

4. 淡季价(Slack Season Rate):在营业淡季,酒店为经营需要而采用刺激需求、吸引客人的价格,一般在标准价的基础上下浮一定的百分比。

5. 旺季价(Busy Season Rate):在营业旺季,酒店为最大限度地提高客房经济收益而采用的价格,一般在标准价的基础上上浮一定的百分比。

6. 商务合同价(Commercial Rate):酒店与有关机构签订合同,并按合同规定向对方客人以优惠价格出租客房,以求双方长期合作。优惠房价幅度应视对方提供的客源量、客人住店天数和在酒店的消费水平而确定。

7. 小包价(Package Rate):是酒店为客人提供的一揽子报价,通常包括房租费、餐费、交通费、游览费等,以方便客人做预算。

8. 折扣价(Discount Rate):酒店向常客或长住客或其他有特殊身份的客人提供的优惠价格。

9. 免费(Free):由于种种原因,酒店有时需要为某些特殊客人提供免费房,但酒店应健全免费的具体实施制度,只有酒店总经理才有权批准。

10. 白天租用价(Day Use Rate):酒店收取白天租用价,大部分酒店按半天房费收取,也有些酒店按小时收取。通常,在下列情况下,酒店可按白天租用价向客人收取房费:

(1)客人凌晨抵店入住。

(2)客人离店结账超过了酒店规定的结账时间。

(3)客人入住与离店发生在同一天。

另有加床费(Rate for Extra Bed)等。

(二)计价方式

按国际惯例,酒店的计价方式通常有以下5种:

1. 欧式计价(European plan,EP)。欧式计价指的是客房价格只包括客人的住宿费用,不包括其他服务费用的计价方式,即房价=住宿费。这种计价方式源于欧洲,世界上绝大多数酒店使用这种方式,我国的旅游涉外酒店基本上也采用这种计价方式。

2. 欧陆式计价(Continental plan,CP)。欧陆式计价指的是客房房价包括客人的住宿费和每日一顿欧陆式简单早餐的计价方式。欧陆式早餐主要包括冻果汁、烤面包、咖啡或茶,即房价=住宿费+欧陆式早餐,有些国家把这种计价方式也称为"床位连早餐"计价。

3. 美式计价(American plan,AP)。美式计价指的是客房价格不仅包括客人的住宿费用,而且包含了一日三餐的全部费用,即房价=住宿费+早、中、晚餐费,因此也被称为全费用计价方式。这类型计价方式通常适用于度假型酒店。

4. 修正美式计价(Modified American plan,MAP)。修正美式计价是指酒店客房价格不仅包括客人住宿和早餐费,还包括一顿午餐或中餐(二选一)的费用,即房价=住宿费+早+中、晚餐费(二选一),这类计价方式通常适用于旅行社组织的旅游团。

5. 百慕大计价(Bermuda plan,BP)。百慕大计价方式是指客房价格包括客人的住宿费和一顿美式早餐的计价方式。美式早餐除了包含欧陆式早餐的内容外,通常还有火腿、香肠、咸肉等肉类和鸡蛋。即房价=住宿费+丰盛的西式早餐。

一般团体客人通过旅行社订房时,会在订房上注明计价方式,如果没有注明则均以欧式计价方式计算。

【实训练习】

去酒店做调研,写出这家酒店的客房种类、计价方式等。

任务三 客房预订过程

【案例导入】

酒店前厅部案例——客房重复预订之后

销售部接到一香港团队住宿的预订,在确定了客房类型和安排在12楼同一楼层后,销售部开具了来客委托书,交给了总台石小姐。由于石小姐工作疏忽,输入电脑发生差错,而且与此同时,又接到一位台湾石姓客人的来电预订。因为双方都姓石,石先生又是酒店的常客,与石小姐相识,石小姐便把12楼1218客房许诺订给了这位台湾客人。

当发现客房被重复预订之后,总台的石小姐受到了处分。因为她不仅工作出现了差错,而且违反了客人预订只提供客房类型、楼层,不得提供具体的房号的店规。因为这样一来,酒店处于潜在的被动地位。如何回避可能出现的矛盾呢?酒店总经理找来了销售公关部和客房部的两位经理,商量了几种应变方案。

台湾石先生如期来到酒店,当得知因为有香港客人来才使自己不能如愿时,表现出了极大的不满。换间客房他是坚决不同意的,无论总台怎么解释和赔礼,这位台湾客人仍指责酒店背信弃义,坚持先预订先住店。销售部经理向石先生再三致歉,并道出了事情经过的原委和对总台失职的石小姐的处罚,还转告了酒店总经理的态度,一定要使石先生这样的酒店常客最终满意。

这位台湾石先生每次到这座城市,都下榻这家酒店,而且特别偏爱住12楼。他对12楼的客房的陈设、布置、色调、家具都有特别的亲切感,会唤起他对逝去的岁月中一段美好而温馨往事的回忆。因此他对12楼情有独钟。

销售部经理想,石先生既然没有提出换一家酒店住宿,表明对我们酒店仍抱有好感,便对石先生说住12楼比较困难,因为要涉及另一批客人,会产生新的矛盾,请石先生谅解。看着酒店方态度诚恳,石先生同意换楼层,但要求房型和陈设、布置各方面要与1218客房一样。

10楼有一间客房与1218客房完全一样。销售部经理说,事先已为先生准备好了。但石先生比较忌讳10这个数字,销售部经理马上给他安排了18楼,并征询石先生的意见。

"您刚才不是说只有 10 楼有同样的客房吗?"石先生疑惑地问。

"18 楼有相同的客房,但其中的布置、家具可能不尽如石先生之意。您来之前我们已经了解石先生酷爱保龄球,现在我陪先生玩上一会儿,在这段时间里,酒店会以最快的速度将您所满意的家具换到 18 楼客房。"销售部经理说。

"OK。"石先生愉快地应允了。

销售部经理拿出对讲机,通知有关部门:请传达总经理指令,以最快速度将 1012 客房的可移动设施全部搬入 1808 客房。

一、预订准备工作

(一)班前准备

预订员应该按照酒店的相关规定规范上岗,做好交接班。按要求查看上班预订的资料,了解清楚情况,掌握需要处理的、优先等待的、列为后备的和未收取订金的等不准确的预订名单及相关事宜。另外,交接好班后,预订员应检查订房控制盘或系统等设备是否完好,准备好预订单、预订表格等各种资料和用品,摆放整齐规范,避免客人订房临时查找等现象发生。

(二)预订可行性掌握

预订员上岗后,必须迅速准确地掌握当日及未来一段时间预订的客房数量、等级、类型、位置、价格等情况,对可预订的各类客房心中有数,保证向客人介绍可订房间的准确性和及时性。

二、受理客房预订

(一)接受预订

当客人用电话或亲自接触前厅部工作人员要求订房时,应礼貌地询问客人需要订房的具体要求,并迅速查看有无房间能满足客人需求。决定是否达成预订,需要考虑下面四个方面的因素:一是客人预期到店日期;二是客人所需的房间类型;三是客人所需的房间数量;四是客人预期逗留的天数。掌握了以上四个信息后,预订员要能快速判断客人的订房要求与酒店客房的可供量是否相吻合,从而决定是受理预订还是婉拒预订。如果受理预订则意味着对预订客人的服务工作已经开始,预订人员填写"客房预订单",并继续进行客人预订的确认工作。

填写客房预订单时,要认真地写清楚,并向订房人重复预订单的主要内容。客房预订单一般包括以下内容。

1.填上接受订房日期。

2.在订房的小方格内打钩,表示此表已有订房显示。

3.将全部来客的姓名,以清楚的字体书写。

4.填写到达日期及离开日期,在此应与客人讲明住多少个晚上,以免误会。

5.填写客人是乘什么交通工具、火车及飞机班次、到达时间。

6.填写客人所需房类及数量,如:1×普通房——表示1人进住一间普通房;2××高级房——表示2人进住一间高级房;3××××家庭房——表示4人进住一间家庭房。

7.填上房价,并说明是否另附附加费及政府税。

8.向客人要求预付订金,通常是一晚的房租,以便落实预定。

9.备注是用以填写特别事项的,如有关折扣、餐饮、车辆接送及旅游安排等。

10.填写订房者的姓名及其电话号码。

11.填写订房者的公司名称及地址。

12.询问客人是否需要酒店订房证明书,若需要,可将订房表复印1份,邮寄或发给客人。

13.接受订房人员在经办人栏内签名。

14.若有关预订需要通知其他同事,应在副本分发一栏内填上该部门,然后照数复印副本分发。

完成订房之后,应感谢客人并交订房表给订房部主任处理,并告知客人要注意的事项:

(1)没有订金的预订,且又没有到达时间资料的,如遇订房紧张时,会在下午6时后自动将订房取消。

(2)没有订金的预订,而有火车或飞机班次时间的,如客人在该班次抵达后两小时尚未能前来登记,则酒店有权将预定自动取消。

(3)所有订金不会退还。

(二)预订过程中应注意的事项

1.若遇满额,应向客人表示抱歉并提议其他有空房的日期和客房介绍,也许客人可以通过更改行程来配合。

2.等待名单。如客人行程不能改变,应提议为客人做一个等待名单的预定,向客人解释由于所订日日期房间现已满额,但可将资料记录下,待其他日期相同的预定取消时,便可将这个预定接上,若客人同意等待名单提议,应如同以上正常预定程序把资料填在订房表上,但须在等待名单的小方格上打钩,由订房部主任处理,待订房情况有变,需要在那天接收订房时,便由订房部主任以电话通知客人。

3.无法接受客人预定。若因日期不合,不能为客人完成订房,也应提供其他酒店之电话号码,协助客人尝试别的酒店,并礼貌地感谢客人来电(或前来),希望日后有机会再为他服务。

(三)预订变更或取消的控制

酒店接受并承诺了预订,客人常会因为各种原因对原来的预订提出变更要求,甚至可能取消预订。预订员应重视并处理好预订的变更工作。

由于客人抵店前经常出现取消或更改订房的情况,因此,需要做好订房核对工作,发现问题及时更正或补救,以保证订房工作的准确无误。订房核对工作一般分三次进行,分别为客人到店前一个月、一周和前一天。若重要客人或大团提前预订时间长,还应增加核对次数。如果出现预订变更或取消,则应按程序进行处理。

1. 预订取消。已经跟酒店做好预订,但需要取消时,酒店的经办人应取出一张新的订房表,在取消一栏的小方格上打钩,以表示有关取消的预定;在此表上列出预定来客的姓名;填上预订来客的到达及离开日期;填上预订的房间数量及房类;将通知者的姓名写在订房者一栏;填上有关通知者的公司名称、电话号码及地址,作为记录;经办人签名后,应向客人道谢,以示日后有机会,仍希望能有机会为其服务;取消订房表应交给订房部主任,便于在订房记录上配合把这预订取消。

2. 更改预订。已经做好预订,但要求更改一些资料,如:飞机或火车班次时间,到达或离开日期,客名和房间数量等,经办人应取出一张新的订房表,然后在"更改"一栏的小方格上打钩,再在旁边横线上写上是有关何种更改,如:更改飞机班次;列出来客的原本姓名、到达日期、班次资料,再填上更改后的资料;将此有关更改预订的订房表,交给订房部主任,做好应有的更改。

三、超额订房及订房纠纷处理

(一)超额订房及超额预订幅度

超额订房是指在酒店预订已满的情况下,再适当增加订房数量,以弥补因少数客人订房不到或临时取消而可能造成的空房损失。超额预订通常出现在旅游旺季或是常年开房率较高的酒店。超额预订的目的在于充分利用酒店的客房,提高客房出租率。超额预订是酒店提高经营效益的策略之一,同时也是一种风险行为。因此超额预订得有个"度",避免出现因超额预订导致客人不能入住,或者超额不足导致客房闲置。超额预订"度"的把握是超额预订策略成功与否的关键,超额预订房数量不是随意的,而是有根据的,酒店应根据自己的客源信息进行市场预测和客情分析,从而制定一个合理的超额预订幅度。

(二)超额订房的影响因素

1. 超额预订数和超额预订率。根据酒店历史订房资料统计出不同客人的数量和比率。可以利用下面的公式计算超额订房数量和超额预订率:

$$X=(A-C+X)\times r+C\times f-D\times g$$

$$X=[(A-C)\times r+C\times f-D\times g]/(1-r)$$

其中：X 表示超额预订房数；A 表示酒店可供出租客房数；C 表示续住客房数；r 表示预订不到及临时取消和变更的比率；D 表示预期离店客房数；f 表示提前离店率；g 表示延期住宿率。若超额预订率为 R，则可以得出下列公式：

$$R=X/(A-C)\times 100\%$$

【例】 某酒店有客房 300 间，根据资料统计分析，12 月 10 日预计续住房间为 100 间，预期离店房间数 50 间，根据总台预订历史资料分析，预订不到及临时取消和变更的比率为 10%，提前离店率为 3%，延期住宿率为 5%，问预订处 12 月 10 可接受多少超额预订房？超额预订率是多少？

解：(1)超额预订数为

$$X=[(A-C)\times r+C\times f-D\times g]/(1-r)$$

$$=[(300-100)\times 10\%+100\times 3\%-50\times 6\%]/(1-10\%)$$

$$=18(\text{间})$$

(2)超额预订率为

$$R=X/(A-C)\times 100\%$$

$$=18/(300-100)\times 100\%$$

$$=9\%$$

根据公式计算可得出该酒店 12 月 10 日可超额预订 18 间房，超额预订率为 9%。这种情况下，酒店应将超额预订率控制在 9% 左右，如果超额率过高，可能会出现客人到店无房的情况，而超额率过低可能会出现客房闲置的情况。超额预订数和超额预订率是酒店根据自身的历史数据分析得出的，但也只能是个参考，要确保一个合理的超额预订数量或超额预订率，还需要综合考虑其他一些因素。

2.掌握好团队订房与散客订房的比例。一般情况下，团队订房的计划性较强，预订不到或临时取消预订的可能性较小，就算是有变化也会提前通知到酒店；而散客订房的随意性相对较大，经常因各种原因不能如期到店而事先又不通知酒店。因此在现有的订房中，如果团队预订多而散客预订少，那酒店的超额预订率就应该相应低些；相反，如果酒店散客预订多而团队预订少，那其超额预订率应相应高些。

3.另外，淡旺季的差别、预订类别的比例、本地区有无其他同等级同类型的酒店、酒店在市场上的信誉度等同样影响着超额预订率。

(三)订房纠纷处理

1.诚恳地向客人道歉，请求客人的谅解。

2.在酒店客房允许的情况下，视情况给予客人免费升级待遇；如果条件不允许，应立即与另一家同等级酒店联系,请求援助。同时,派车免费将客人送往这家酒店。如果找不到相同等级的酒店,可安排客人住在另一家稍高级的酒店,高出房费由酒店支付。

3.保证类订房,除采取以上措施以外,还应视具体情况为客人提供以下帮助:免费为客人提供1~2次长途电话或传真费用,以便其将地址变更情况通知相关方面。

【实训练习】

通过角色模拟,演练完整的客房预订程序。

项目三 前厅部日常服务与管理

📖 **学习目标**

1. 熟悉礼宾、接待和问讯服务的主要内容。

2. 明确前厅部日常服务的重要性。

3. 掌握礼宾和问讯服务技能。

4. 掌握接待服务的具体操作流程。

任务一 礼宾服务

【案例导入】

微笑的力量

北京郭先生每次到深圳都会选择大富酒店,原因可追溯到他第一次入住大富酒店的经历。郭先生第一次到这个城市时由于很偶然的原因选择了大富酒店,入住期间感觉还不错,但印象深刻的还是在离店的时候。行李生叮嘱郭先生清点完行李以后便将行李装车,然后将郭先生送上了出租车,汽车启动,缓缓驶出,在汽车即将驶出酒店大门的一刻,郭先生偶然回眸一望,发现行李生居然还在酒店前厅门口向他微笑着挥手道别。这一举动让郭先生感动而难忘,也是他以后多次入住大富酒店的原因所在。

礼宾服务,是由法语"concierge"一词翻译而来,也可译为委托代办服务。许多高档次的酒店都设立了礼宾部,这是为了体现酒店的档次和服务水准。而在一些中小规模的低星级酒店中,则称为行李部。礼宾服务由酒店的礼宾部提供,其主要职责就是围绕客人需求提供"一条龙服务"。前厅礼宾服务提供迎宾、行李等各项服务。

礼宾服务是现代酒店对客服务中的一种新概念,它把迎送宾客服务和为进出店客人提供行李服务合为一体,并做出具体分工。按照服务程序标准化要求对上述两项服务做合理分工,突出宾客应享受的礼宾待遇。它较过去传统的行李服务的概念更能体现酒店与宾客之间的关系,拓宽了对客服务的内容。

礼宾部代表酒店直接负责迎送每一位客人,是前台部的一个分部门,为客人提供搬运行李及行李的寄存服务,此外,还要整理客人的邮件及负责整个酒店的报纸和邮件的派送,并负责客人车辆的安排。礼宾部的工作渗透于其他各项服务之中,缺少这项工作,会直接影响到酒店内部沟通以及酒店对外的声誉和形象。客人入住酒店第一个接触的部门便是礼宾部,而离店时最后所接触的也是礼宾部,所以,礼宾部的言行举止直接代表着酒店,是酒店前台的"门面"。

礼宾部的工作特点是:人员分散工作,服务范围大。在大中型酒店中,礼宾部一般下设迎宾员、门童、行李员、派送员、机场代表等几个岗位。礼宾部的工作人员在客人心目中常被视为"酒店代表",其服务态度、工作效率和质量都会给酒店的经济效益带来直接的影响。

一、迎送宾客服务

(一)门厅迎送宾客服务

门厅迎送宾客服务,是对宾客进入酒店正门时所进行的一项面对面的服务。门厅迎接员(doorman),亦称迎宾员或门童,是代表酒店在大门口迎接宾客的专门人员,是酒店的"门面",也是酒店形象的具体体现。因此,迎宾员必须服装整洁,仪容仪表端正、大方,体格健壮,精神饱满,与保安员、行李员相互配合,保证迎客、送客服务工作的正常进行。迎宾员要承担迎送,调车,协助保安员、行李员等工作的任务。迎送宾客服务程序如下:

1.迎宾服务。当客人抵店时,迎宾员要主动相迎,为来店客人拉开车门,热情欢迎客人;协助客人下车并卸下行李,提醒客人清点行李以防物品遗留在车上,并招呼前厅行李员,将客人引领入店。

2.送行服务。当客人离店时,迎宾员要将客人的用车召唤至大门口,协助行李员将客人的行李装上车,并请客人核对行李,协助客人上车坐好,轻关车门,向客人致意送别,并表示欢迎客人再次光临。

3.贵宾迎送服务。贵宾接待是酒店给下榻的重要客人的一种礼遇。迎宾员要根据预定处发出的通知,做好充分准备,要讲究服务规格并在向贵宾致意时有礼貌地称呼其姓名或头衔。根据接待规格的需要,迎宾员还要负责升降国旗、店旗或彩旗等。

4.安全保卫。迎宾员要负责注意门厅出入人员动向,做好防爆、防盗工作。协助保安人员做好贵宾抵离时的安全保卫工作。

5.门前调度。迎宾员要确保酒店门前车道畅通,指挥正门前交通及车辆停放事宜。为住客召唤出租车,负责大门口附近车辆的清理工作。

6.检查环境。迎宾员要负责检查门厅环境卫生及室温。

7.机场代表的迎送服务。酒店根据自身的服务规格及要求,在机场、火车站、码头等派出代表,即"酒店代表"(有些酒店在机场、火车站等设有固定的接待点),代表酒店对客人的抵达表示热烈欢迎,并致亲切问候,热情协助他们去酒店或送客离去。

8.回答客人问讯。因工作岗位所处位置的特殊性,迎宾员经常会遇到客人问讯,对此,应以热情友好的态度,准确地答复客人的问讯,对没有把握的问题,应向客人表示歉意,并礼貌地请客人到问询处讯问,决不可使用"不知道""不清楚"等简单生硬的否定性语言答复客人。

【操作示范】

门厅迎送宾客服务程序:

迎送宾客的主要操作程序如表 3-1 所示。

表 3-1　迎送宾客程序

操作程序	主要操作内容	注意要点
1.准备工作	1.了解当天即将抵店的重要客人和团队; 2.了解酒店当日举行的大型活动	准备工作要充分
2.迎接客人	1.将客人所乘车辆引领到适当的地方停车,以免门前交通阻塞; 2.趋前开启车门,用手臂挡车门为客人护顶,并协助客人下车,原则是应优先女宾、老年人; 3.面带微笑地使用恰当的敬语欢迎前来的每一位客人; 4.协助行李员卸下行李,注意检查有无遗漏物品	1.热情礼貌; 2.动作规范; 3.配合行李员工作; 4.老人、儿童及行动不便的要搀扶
3.欢送客人	1.离店时,为客人打开大门,问候并询问客人离店后所去地点,调度、召唤出租车,并注意看管随客人而出的行李; 2.协助行李员将客人行李放入车后行李箱,为客人拉开车门,护顶,请客人上车,并祝客人旅途愉快; 3.驱散可疑闲杂人员,维持店前秩序	1.根据客人的需要,及时提供服务; 2.送别时招手示意,直到看不见车为止

(二)驻机场代表服务程序和标准

一般情况下,驻机场代表服务的程序和标准如表 3-2 所示。

表 3-2　驻机场代表服务程序和标准

程序	标准
1.准备工作	①定时从预定处取得需要接机的客人名单; ②掌握客人的姓名、所乘的航班(车次)、到达的时间、车辆要求及接待规格等情况; ③根据预定航班时间提前做好接机准备,写好接机的告示牌,安排好车辆,整理好仪容仪表,提前半小时至 1 小时到站等候; ④备好接机牌,正面刻有酒店的中、英文名称,反面是客人的姓名,牌子手把的长度在 0.5 米左右

续表

程　序	标　准
2. 到达机场迎接客人	①注意客人所乘航班到达时间的变动,若有延误或取消,应及时准备通知酒店总台; ②站立在显眼位置举牌等候、主动问好、介绍自己、代表酒店欢迎客人; ③根据预抵店客人名单予以确认; ④帮助客人搬运行李并确认行李件数,挂好行李牌,迎领客人前往接机车前
3. 送客人上车	①开车前10分钟应将客人送到开车地点,引导客人上车,协助客人将行李装上车; ②然后向客人道别,开车时站在车前右方2米左右,微笑着并挥手向客人道别; ③如果需要随车同行,在行车途中,可以根据具体情况,或简要介绍酒店服务项目内容和当地风貌,或陪同客人聊天,或放音乐让客人自便; ④将客人接到酒店后,引领客人到总台办理入住手续,并询问客人是否需要提供离店服务。VIP客人接机到店后,请大堂副经理为客人办理入住登记手续
4. 通知客人抵店信息	①电话通知大厅值班台客人到店的有关信息:客人姓名、乘车号、离开机场时间、用房有无变化等; ②若没有接到VIP客人或指定要接的客人,应立即与酒店接待处取得联系,查找客人是否已乘车抵达酒店。返回酒店后,要立即与前台确认客人具体情况并弄清楚事实及原因,向主管汇报清楚,并在接机登记簿和交班簿上写明

（三）VIP客人的迎送服务规格标准

A级迎送。总经理和部分服务员在大厅门口列队迎送客人。

B级迎送。总经理、大堂副理、迎宾员等人员在大厅门口迎送客人。

C级迎送。总经理或副总经理或大堂经理在大厅门口等候迎送客人。

VIP客人的服务操作程序如表3-3所示。

表3-3　VIP客人的服务操作程序

操作程序	主要操作内容	注意要点
1. 准备工作	1. 了解当天即将抵店的重要客人和团队; 2. 了解VIP客人的接待规格	准备工作要充分
2. 迎接客人	1. 将客人所乘车辆引领到店门前停车; 2. 趋前开启车门,用手臂挡车门为客人护顶,并协助客人下车; 3. 面带微笑并使用恰当的敬语欢迎前来的客人; 4. 协助行李员卸下行李,注意检查有无遗漏物品	1. 热情礼貌; 2. 动作规范
3. 欢迎仪式	1. 按VIP客人接待级别,安排接待礼仪规格; 2. 视VIP客人级别安排欢迎仪式;列队欢迎,致欢迎词; 3. 驱散可疑闲杂人员,维持店前安全秩序; 4. 大堂经理(部门经理或总经理)陪同客人上电梯,到客房	1. 提前下发VIP客人接待报告; 2. 根据VIP客人接待报告安排迎接

二、行李服务

（一）散客行李服务

1. 散客入住行李服务，包括：

（1）散客乘车抵店时，行李员应主动上前迎接，向客人表示欢迎，帮助客人卸下行李，并请客人清点过目，准确无误后帮客人提携。但对于易碎物品和贵重物品不必主动提携，如客人需要帮助时，行李员应特别小心，注意要轻拿轻放，以防丢失破损。

（2）行李员提着行李走在客人的左前方，引领客人到接待处办理入住登记手续，如属大件行李，则需要行李车。

（3）引领客人到达接待处后，行李员应放下行李，站在总台前客人后侧1.5米处，并随时听候接待员及客人的召唤。

（4）客人办完入住手续后，应主动上前从接待员手中接过房卡，引领客人入住客房。

（5）引领客人到达电梯门时，应放下行李，按电梯按钮。当电梯门打开时，用一只手扶住电梯门，请客人先进入电梯，然后进入电梯靠右边侧站立并按楼层键。电梯到达后，请客人先出，行李员随后提行李跟出，继续引领客人到所在房间。

（6）到达客房门口时，行李员先放下行李，按酒店既定程序敲门、开门，以免碰到重复租房给客人造成不便。房内无反应再用钥匙开门。

（7）打开房门后，将房卡插入取电盒内使房间通电，开灯，退出客房，手势示意请客人先进。

（8）将行李放在客房行李柜上，然后简要介绍房间设施、设备及使用方法，介绍时手势不能太多，时间不能太长，应控制在2分钟以内，以免给客人造成索取小费的误解。如果客人以前曾住过本店，则不必再介绍。

（9）房间介绍完毕，应征求客人是否还有吩咐，在客人无其他要求时，应礼貌地向客人道别，并祝客人在本店住得愉快。离开时，将房门轻轻拉上。

（10）离开房间后，迅速从员工通道返回礼宾部，填写"散客行李（入店/出店）登记表"。

2. 散客离店行李服务，包括：

（1）当礼宾部接到客人离店搬运行李的通知时，要问清客人的房号、姓名、行李件数及搬运行李的时间，并决定是否要带上行李车，然后指派行李员按房号收取行李。

（2）在征得客人同意后才可进入房间，并与客人核对行李件数，检查行李是否有破损情况，如有易碎物品，则应贴上易碎物品标志。

（3）弄清客人是否直接离店，客人需要行李寄存，则填写行李寄存单，并将其中的一联交给客人作为取物凭证，向客人道别，将行李送回行李房寄存保管。待客人来取行李时，核对并收回寄存单。

(4)若客人需直接离店,装上行李后,应礼貌地请客人离开客房,主动为客人叫电梯,为客人提供电梯服务,引领客人到前厅收银处办理退房结账手续。

(5)客人离店时协助行李装车,向客人道别,并祝客人旅途愉快。

(6)完成行李运送工作后,将行李车放回原处,填写"散客行李(入店/出店)登记表"。

(二)团队客人行李服务

团队客人的行李一般由单位从车站、码头、机场等地装车运抵酒店,而酒店行李员的工作只是按团队名称清点行李件数,检查行李有无破损,做好交接手续,负责店内行李的运送与收取。

1. 团队入住行李服务,包括:

(1)团队行李到达时,行李员推出行李车,与行李押运员交接行李,清点行李件数,检查行李有无破损,然后双方按各项规定程序履行签收手续。如发现行李有破损或短缺,应由行李押运单位负责,请行李押运人员签字证明,并通知陪同及领队。如行李随团到达,则还应请领队签字确认。

(2)填写"团队行李(入店/出店)登记表",如表3-4所示。

表 3-4　某酒店团队行李(入店/出店)登记表

团队名称		人数		入店日期		离店日期	
	时间	总件数	酒店行李员		领队	行李押运员	车号
入店							
出店							
房号	入店件数			离店件数			备注
	行李箱	行李包	其他	行李箱	行李包	其他	
合计							

(3)清点无误后,立即在每件行李上贴上行李标签或系上行李牌。如果该团队行李不能及时分送,应在适当地点摆放整齐,用行李网将该团队所有的行李罩在一起,妥善保管。要注意将入店行李与出店行李,或是几个同时到店的团队行李分开摆放,避免出错。

(4)在装运行李之前,应再清点检查一次,无误后才能装车,走行李通道送行李上楼。装运行李时应遵循"同团同车、同层同车、同侧同车"的原则。

(5)行李送到楼层后,按房号分送行李。

(6)送完行李后,将每间客房的行李件数准确地登记在团队入店行李登记表上,并按团队入住单上的时间存档。

2.团队离店行李服务,包括:

(1)根据团队客人入住登记表上的离店时间,做好收取行李的工作安排,带上该团队订单和已核对的登记行李件数的记录表,领取行李车,上楼搬运行李。

(2)在规定的时间内依照团号、团名及房间号码到楼层收取客人放在房门口的行李,并做好记录。收取行李时要核实行李上所挂或所贴的标签是否一致。

(3)行李员收取行李时,应从走廊的尽头开始,以避免漏收和走回头路。如有客人的行李未放在门口,应通知该团陪同,并协助陪同通知客人把行李拿出房间,以免耽误时间。对置于房间内的行李则不予运送。

(4)将团队行李汇总到前厅,再次核对并严加看管,以防丢失。核对行李件数与记录是否相符,领队或陪同一起过目,并签字确认。与团队的行李押运员一起检查、清点行李,将行李罩好,并贴上表格。做好行李移交手续;特别要和领队核批实该行李总件数是否包含领队的行李。

(5)行李集中,运到行李部,检查后,在"行李进出店登记单"上签字。

(6)行李完成交接后,由领班填写"团队行李(入店/出店)登记表"并存档。

【操作示范】

(一)散客的行李服务与标准

1.散客抵店的行李服务与标准,如表3-5所示。

表3-5　散客抵店的行李服务与标准

操作步骤	主要操作内容	注意要点
1.出门迎接	1.行李员主动迎接抵达酒店的客人,为客人打开车门,请客人下车,并亲切问候; 2.从出租车内取出客人行李,请客人确认行李数,以免遗漏; 3.迅速引导客人走进店门,到前台办理入店登记手续	1.要热情礼貌; 2.易碎或贵重物品请客人自己拿; 3.检查行李件数
2.引领客人入店,办理入店手续	1.行李员引领客人至前台,把行李放置在离前台4米以外的地方,系好本店行李牌,手放背后、直立站在行李后方,直到客人办理完毕全部入店手续; 2.对于住在豪华楼层的客人,需引导客人至豪华楼层办理入店手续,并需帮助客人搬开并放好登记台前的座椅,请客人入座,退后3~4米,站立等候客人办完手续	1.用左手提行李,行走时身体要自然; 2.过重、过大的行李要用行李车; 3.等待客人办理入住登记时不可左顾右盼,随时听从客人吩咐

续表

操作步骤	主要操作内容	注意要点
3.引导客人入住房间	1.客人办理完入店手续后,行李员从前台服务员手中接过客房钥匙,清晰地将房间号码登记在行李牌上; 2.如果几位客人同时入店,应在办理完手续后,请每位客人逐件确认行李,在行李牌上写清客人的房间号码,并礼貌地告诉客人在房间等候,然后迅速将行李送入房间; 3.引导客人至电梯厅,按叫电梯;在途中向客人介绍酒店设施和服务项目,使客人初步了解酒店; 4.电梯到达,请客人先进电梯间,并为客人按下相应楼层示意键,然后将行李推进电梯间,靠边放置在电梯里,继续向客人介绍酒店有关情况,回答客人问讯; 5.电梯到达目的地楼层后,请客人先走出电梯,行李员随后赶上,走在客人之前,引领客人进入客房	1.准确地在行李牌上写上房号; 2.引领时应走在客人左前方两三步远,用右手指示方向; 3.边走边向客人介绍酒店的设施和服务项目; 4.介绍安全通道; 5.上下电梯,客人先进先出
4.房间服务	1.引导客人到达房间,把行李放在房门外左侧,并简短地向客人介绍紧急出口及客人房间在酒店的位置; 2.开门之前,向客人介绍如何使用钥匙开房门及其他钥匙的用途(如小酒吧钥匙); 3.为客人打开房门,介绍电源开关,并把钥匙插入开关内; 4.请客人先进入房间,行李员进入后把行李放在行李架上,并帮助客人把脱下的外衣及要挂的物品挂入壁橱内,帮助客人打开或拉上窗帘; 5.向客人介绍如何使用电视和收看各频道节目,以及酒店内提供的节目; 6.向客人介绍电话使用方法,店内各主要服务部门的电话号码及空调、收音机、床头灯等电器设备; 7.告知客人写字桌上放有酒店介绍,以便客人更多地了解酒店服务信息; 8.向客人介绍小酒吧,并提醒客人注意放在酒吧上的价格表; 9.向客人介绍卫生间内设施,提醒客人注意电源的使用; 10.向客人介绍店内的洗衣服务电话号码; 11.介绍完毕,询问客人是否还有其他要求,最后祝愿客人居住愉快	1.先敲门,再开门; 2.按规定介绍房间里的设施设备使用情况; 3.如果客人没事,介绍完迅速退出
5.登记	1.待送完客人后,回到行李台登记房号、行李件数、客人入店时间; 2.如遇到早到而暂时无法进入房间的客人,应将行李放在行李台旁,代客人保管,并标明"入店"字样,待客人房间安排好后,再送入房间; 3.如果客人没有进入房间,应由行李员将行李送入客房	记录及时、准确、完整

2.散客离店的行李服务与标准,如表 3-6 所示。

表 3-6　散客离店的行李服务与标准

操作步骤	主要操作内容	注意要点
1.接到通知, 收取客人行李	当客人离店打电话要求收取行李时,行李员必须问清客人房间号码、行李件数和收取行李时间	问清房号、行李件数
2.登记	行李员在离店登记单上填写房间号码、时间、行李件数,并根据房间号码迅速去取客人行李	做好记录
3.收取客人行李	1.在 3 分钟之内到达客人房间,轻敲 3 下,并告知客人"行李服务"或待客人开门后,向客人问候; 2.和客人一起确认好行李件数,并帮助客人检查是否有遗漏物品;如发现遗留物品,应直接还给客人或交给行李部经理; 3.行李员把客人行李放置在行李台旁边,告知领班客人房间号码,站在一旁等候客人	1.及时收取行李; 2.查清行李件数; 3.放好行李,以免拿错
4.帮助客人离店	1.确定客人已付清全部房费、办理完毕离店手续后,引导客人出店,帮助客人将行李放入出租车内; 2.为客人打开车门,并请客人上车,为客人护顶; 3.向客人礼貌告别:"欢迎下次再来"	及时将行李放到车上,热情招手送客直到远去

(二)团队的行李服务与标准

1.团体进店时的行李服务与标准,如表 3-7 所示。

表 3-7　团队进店的行李服务与标准

操作步骤	主要操作内容	注意要点
1.接收行李	1.当团队行李送到酒店时,由领班向团队行李员问清行李件数、团队人数,并请团队行李员在入店登记表上登记姓名和行李车牌号等; 2.由领班指派行李员卸下全部行李,并清点行李件数,检查行李有无破损;如遇破损,须请团队行李员签字证实,并通知团队陪同及领队; 3.整齐排放行李,全部系上有本酒店标志的行李牌,并用网罩住,以防止丢失、错拿	1.分清团队、人数; 2.分清行李件数; 3.系好行李牌
2.分拣行李	1.根据前台分配的房间号码分拣行李,并将分好的房间号码清晰地写在行李牌上; 2.与前台分房处联系,问明分配的房间是否有变动,如有变动,须及时更改; 3.及时将已知房间号码的行李送至房间; 4.如遇行李姓名卡丢失,行李应由领队帮助确认	1.分送行李要准确; 2.同房间同车,同侧同楼层同车; 3.不同团队的行李分车送

续表

操作步骤	主要操作内容	注意要点
3.送行李到房间	1.将行李平稳摆放到行李车上,在推车入店时,注意不要损坏客人物品和酒店设施; 2.在进入楼层后,应将行李放在门左侧,轻轻敲门三下,报出"行李服务"; 3.客人开门后,主动向客人问好,固定房门,把行李送入房间内,待客人确认后方可离开;如果客人的行李不见了,应婉转地让客人稍候并及时报告领班; 4.对于破损和无人认领的行李,要与领队或陪同及时取得联系,以便尽快解决	1.运送行李动作要文明; 2.按规定敲门
4.行李登记	1.送完行李后,应将送入每个房间的行李件数准确登记在团队入店登记单上; 2.如果是开门直接送入,则应注明"开门"字样,并核实总数是否与刚入店时一致	及时记录

2.团体离店时的行李服务与标准,如表3-8所示。

表3-8　团队离店的行李服务与标准

操作步骤	主要操作内容	注意要点
1.准备	1.仔细审阅前台送来的团队离店名单; 2.提前3天将欲离店团队的团号、房间号、人数与电脑内档案核实; 3.与团队入店时填写的行李表核对,并重新建立新表; 4.夜班领班将核实后的表格转交下一班领班	1.查清要离店团队的编号名单; 2.夜班编制离店表,交接班时,如有特殊情况要交代清楚
2.收取行李	1.依照团号、团名及房间号码到楼层收取行李; 2.与客人确认行李的件数,如客人不在房间,则检查行李牌号及姓名; 3.如客人不在房间,又将行李放在房间外,则应及时报告领班解决; 4.根据领班指定位置摆放行李并罩好,以免行李丢失	1.仔细对照名单收取行李; 2.不同的团队分别收取、摆放
3.核对	1.统计行李件数的实数是否与登记数吻合; 2.由领班与陪同或领队一起确认件数,若无误,请其在团队离店单上签字; 3.从前台得到该团行李放行卡后,方可让该团队离开	1.按规定确认、签字; 2.有放行卡,方可放行
4.行李放行及资料存档	1.由领班问清行李员所取的团队行李的团号和团名; 2.待团队行李员确认行李件数后,请其在离店单上签上姓名和车牌号; 3.领班把团队离店登记单存档	记录存档

三、行李寄存和提取服务

(一)对寄存行李的要求

1.行李房不寄存现金、珠宝、玉器、金银首饰等贵重物品,以及护照等身份证件。上述物品应礼貌地请客人自行保管,或放到前厅收款处的保险箱内免费保管。已办理退房手续的客人如想使用保险箱,须经大堂副经理批准。

2.酒店及行李房不得寄存易燃、易腐烂、易碎及具有腐蚀性的物品,不得寄存违禁物品。

3.不接受宠物寄存,一般酒店不接受带宠物的客人入住。

4.提示客人行李上锁,对未上锁的小件行李须在客人面前用封条将行李封好。

(二)行李寄存程序

1.客人前来寄存行李时,行李员应热情接待、礼貌服务。

2.应弄清客人行李是否属于酒店不予寄存的范围。

3.问清行李件数、寄存时间、姓名及房号。

4.填写"行李寄存单",并请客人签名,上联附挂在行李上,下联交给客人留存,并告知客人下联是领取行李的凭证(见表3-9)。

5.将短期存放的行李,如寄存半天或一天的行李放置于方便搬运的地方;如一位客人有多种行李,应用绳索系在一起,以免拿错。

6.经办人须在"行李寄存记录本"上进行登记,并注明行李存放的件数、位置及存取日期等情况(见表3-10)。如属非客人寄存、客人领取的寄存行李,应通知客人前来确认领取。

表3-9 某酒店行李寄存单

行李寄存单(酒店联)		
姓名 NAME:	日期 DATE:	房号 ROOM NO:
行李件数 LUGGAGE:		时间 TIME
客人签名 GUEST'S SIGNATURE		
行李员签名 BELLBOY'S SIGNATURE		
行李寄存单(顾客联)		
姓名 NAME:	日期 DATE:	房号 ROOM NO:
行李件数 LUGGAGE:		时间 TIME
客人签名 GUEST'S SIGNATURE		
行李员签名 BELLBOY'S SIGNATURE		

表3-10 某酒店行李寄存记录本

日期	时间	房号	件数	存单号码	行李员	领回日期	时间	行李员	备注

(三)行李领取服务

1.客人前来领取行李时,须收回"行李寄存单"的下联,请客人当场在下联单上签名;将上、下联进行核对,看两者的签名是否相符,核实无误后将行李交给客人,最后在"行李寄存记录本"上做好记录。

2.如果是客人寄存、他人来领取,须请客人把代领人的姓名、单位或住址写清楚,并请客人告知代领人凭"行李寄存单"的下联及证件前来领取行李。行李员须在"行李寄存记录本"的备注栏内做好记录。

3.如果客人遗失了"行李寄存单",须请客人出示有效身份证件,核查签名后,请客人报出寄存行李的件数、形状特征、原房号等。确定是该客人的行李后,须请客人写一张领取行李的说明并签名(或复印其证件)。

4.来访客人留存物品、让住店客人前来领取的寄存服务,可采取留言的方式通知客人,并参照寄存、领取服务的有关条款进行。

5.帮助客人把行李送到指定地方,并礼貌地向客人道别。

【操作示范】

行李寄存和提取的操作程序,如表 3-11 所示。

表 3-11　行李寄存和提取的操作程序

操作步骤	主要操作内容	注意要点
1.填写行李寄存牌	1.有礼貌地递给客人行李寄存牌,并向客人介绍行李寄存牌上需填写的项目,提醒客人本店对散客过期不取行李仅保留 30 天; 2.向客人询问所存行李件数和提取行李时间,并亲自在行李寄存牌的上联和下联为客人填写清楚; 3.请客人填写行李寄存牌,须写清当天日期、客人姓名、房间号码; 4.行李员同时在单据上写清自己姓名,撕下下联收据递给客人,并提醒客人凭此提取行李	仔细检查行李寄存牌,要填写清楚
2.保管客人所存的行李	1.将存放半天或一天的行李放在屋外侧,以便搬运;将长期存放的物品放在存贮室的行李架上,如果一位客人有多件行李,应用绳子连在一起,以免错拿; 2.在行李寄存登记本上登记所有行李情况,标明位置、件数、日期、颜色及存放人姓名和寄存牌编号等,如有贵重物品,应作明显标志; 3.如发现客人逾期不取行李,应及时通知行李部经理	1.分类存放; 2.存放时间长的行李放里面; 3.易爆、易腐蚀、易碎等物品不能寄存
3.为客人查找提取行李	1.礼貌地收回客人寄存行李牌下联收据; 2.礼貌地向客人询问行李的颜色、大小及存放时间,以便查找; 3.根据收据上的编号,翻查行李存放登记本,找到行李; 4.把行李取出后,交与客人核实,确认后撕掉行李上的寄存牌和客人的寄存收据,并划去行李存放登记本上的原始记录; 5.帮助客人将行李搬运出店或送到房间; 6.如遇客人遗失收据,应报告当班领班;检验客人身份,核对无误后,方可领取	1.应按寄存单查找行李; 2.准确将行李交给客人; 3.对丢失寄存单的客人应自己核对,防止行李被冒领

知识链接　金钥匙服务

一、"金钥匙"的起源

"金钥匙"的原型是19世纪初欧洲酒店的"委托代办"(CONCIERGE)。而古代的 CONCIERGE 是指宫廷、城堡的钥匙保管人。从委托代办的含义可以看出金钥匙的本质内涵就是酒店的委托代办服务机构,演变到今天,已经是对具有国际金钥匙组织会员资格的酒店的礼宾部职员的特殊称谓。金钥匙已成为世界各国高星级酒店服务水准的形象代表,一个酒店加入了金钥匙组织就等于在国际酒店行业获得了一席之地;一个酒店拥有了金钥匙这种首席礼宾司,就可显示不同凡响的身价。换言之,大酒店的礼宾人员若获得金钥匙资格,他也会倍感自豪。因为他代表着酒店个性化服务的标志,是酒店内外综合服务的总代理。

金钥匙的服务理念是在不违反当地法律和道德观的前提下,使客人获得满意加惊喜的服务,让客人自踏入酒店到离开酒店,自始至终都感受到一种无微不至的关怀和照顾。金钥匙的服务内容涉及面很广:向客人提供市内最新的流行信息、时事信息和举办各种活动的信息,并为客人代购歌剧院和足球赛的入场券;为城外举行的团体会议做计划,满足客人的各种个性化需求,包括计划安排在国外举行的正式晚宴;为一些大公司做旅程安排;照顾好那些外出旅行客人和在国外受训的客人的子女;甚至可以为客人把金鱼送到地球另一边的朋友手中。现在国际酒店金钥匙组织已拥有超过4500名来自34个国家及地区的金钥匙成员。

在中国一些大城市里,金钥匙委托代办服务被设置在酒店大厅,他们除了照常管理和协调好行李员和门童的工作外还负责许多其他的礼宾职责。

二、金钥匙在中国的发展

国际酒店金钥匙组织拥有34个成员国(地区),分别是:澳大利亚、奥地利、比利时、巴西、加拿大、中国、丹麦、英国、捷克、法国、德国、俄国、希腊、荷兰、中国香港、匈牙利、爱尔兰、以色列、意大利、日本、卢森堡、马来西亚、墨西哥、摩洛哥、挪威、新西兰、菲律宾、葡萄牙、罗马尼亚、新加坡、西班牙、瑞典、瑞士、美国。在1997年1月意大利首都罗马举行的国际金钥匙年会上,中国被接纳为国际酒店金钥匙组织的第31个成员。

现在在中国的酒店里,出现了这样一群年轻人,他们身着一身考究的西装和燕尾服,衣领上别着一对交叉的金钥匙徽号,永远彬彬有礼,永远笑容满面,永远机敏缜密。他们是国际金钥匙组织的成员——中国酒店金钥匙。

酒店金钥匙的服务哲学,是在不违反法律的前提下,使客人获得满意加惊喜的服务。特别是目前中国的旅游服务必须考虑到客人的吃住行娱游购六大内容,酒店金钥匙的一条龙服务正是围绕着宾客的需要而开展的。例如从接受客人订房,安排车到机场、车站、码头接客人;根据客人的要求介绍各特色餐厅,并为其预订座位;联系旅行社为客人安排好导游;当客人需要购买礼品时帮客人在地图上标明各购物点等。最后当客人要离开时,在酒店里帮助客人买好车、船、机票,并帮客人托运行李物品;如果客人需要的话,还可以订好下一站的酒店,并与下一城市酒店的金钥匙落实好客人所需的相应服务。让客人从接触到酒店开始,一直到离开酒店,自始至终都感受到一种无微不至的关怀。从而,人们不难想象酒店金钥匙对城市旅游服务体系、酒店本身和旅游者带来的影响。

酒店金钥匙在中国的逐渐兴起,是我国经济形势的发展以及旅游总体水平的发展的需要。它将成为中国各大城市旅游体系里的一个品牌,即代表着热情好客、独具酒店特色的一种服务文化,并将成为该城市酒店业的一个传统。

三、国际金钥匙组织中国区申请入会条件和程序

(一)基本条件

申请人必须是年满21岁,品貌端正,是在酒店大堂工作的礼宾部首席礼宾司。需具备至少五年酒店从业经验(在酒店的任何职位均可,且至少有三年以上从事委托代办服务工作经验和必须达到一定的工作水平),至少掌握一门以上的外语,参加过国际金钥匙组织中国区的服务培训。

(二)必备文件

1.申请人必须把申请书(申请表格)连同7份证明和文件递呈国际金钥匙组织中国区总部。

2.申请人标准一寸彩色照片两张。

3.申请人工作场所照片。

4.两位会员(具备资格三年以上的正式会员)的推荐信,在一个月内答复申请。

5.如果该地区没有符合资格的推荐人,则应把申请表格直接寄至总部。

6.申请人所在酒店总经理的推荐信。

7.参加金钥匙学习的资格证书复印件。

8.在酒店工作的新旧证明文件。

9.申请人在前厅部期间服务的案例(三篇)。

(三)批准程序

如果申请人被审核符合入会资格,总部行政秘书会把金钥匙组织的相关资料交给申请人(包括交会员费通知等)。申请人完成以上程序并被审核符合所有申请资格后将收到由总部行政秘书发出的授徽通知。经总部授权专人授徽后,该会员及其酒店才正式成为国际金钥匙组织成员。相关文件按照程序分别会递呈国际金钥匙组织中国区主席、国际金钥匙组织中国区首席代表、秘书长和申请人所在城市地方的金钥匙分会备案。

四、我国酒店金钥匙组织会员的能力及业务要求

(一)能力要求

1.交际能力:善于与人沟通,亲和力强。

2.语言表达能力:表达清晰、准确。

3.协调能力:能正确处理好与相关部门的合作关系。

4.应变能力:能坚持原则,并以灵活的方式解决问题。

5. 身体素质:身体健康、精力充沛,能适应户外工作及长时间的站立工作。

(二)业务知识与技能要求。

1. 熟练掌握本职工作的操作流程。

2. 普通话标准流畅,至少掌握一门外语。

3. 熟练掌握中英文打字及计算机文字处理等技能。

4. 熟练掌握所在酒店的详细信息资料,包括酒店的历史、服务设施、设备、服务时间、产品价格等。

5. 熟悉本地区三星级以上酒店的基本情况,包括地理位置、主要服务项目、特色及价格水平等。

6. 熟悉本地区的主要旅游景点,包括地点、特色、开放时间及消费价格等。

7. 掌握本市高、中、低档的餐厅、娱乐场所、酒吧等各 5 个(小城市 3 个)的基本情况,包括地点、特色、营业时间、价格水平及联系人电话。

8. 能帮助客人购买各种交通票据;了解售票处的服务时间、业务范围和联系人电话。

9. 能为客人代办物品修理,如眼镜、手表、小电器、行李箱、皮鞋等,掌握维修处的地点、服务时间等。

10. 能为客人代办邮寄信件、包裹、快件,懂得办理邮寄事项的要求及手续。

11. 熟悉本市的交通情况,掌握从本酒店到车站、机场、码头、旅游景点、主要商业街的路线、路程及乘出租车的大概费用。

12. 能帮助客人查找航班托运行李的去向,掌握相关部门的联系电话和领取行李的手续。

13. 能帮助外籍客人解决办理签证延期等问题,掌握有关单位的地点、工作时间、联系电话和相关手续。

任务二　前厅接待

【案例导入】

细致服务温暖客人

李先生入住酒店,因脚受伤行动不便,前台服务员主动帮其安排二楼最靠近电梯的房间(同时考虑二楼电梯距离房间较远,不吵),以方便客人出入。餐厅也为客人协助提供送餐服务,还主动了解了促进骨质恢复的汤谱,给客人熬制,客人被酒店的周到服务所感动。

在前厅接待工作中，入住登记是对客接待服务全过程中的一个必要的关键环节，此阶段的工作效果将直接影响到前台的客户销售、信息的提供、对客服务的协调、客账及客史档案管理等的进行。为使客人在入住时顺利高效地完成入住登记，前台接待员应在保证服务质量的前提下，根据不同类型客人做好充分的准备工作。

一、入住登记

(一)接待处的工作职责

接待处的人员一般配备有主管、领班和接待员。其主要职责是：

1.安排住店宾客。

2.办理入住登记手续，分配房间。

3.积极推销出租客房。

4.协调对客服务，掌握客房出租的变化。

5.掌握住客动态及住客资料。

6.正确显示客房状态。

7.制作客房营业月报表。

(二)登记工作的目的

1.公安部门和警方的要求。出于国家及公众安全的需要，各国警方及公共安全部门都要求酒店有客人在住宿时应履行住宿登记手续。

2.可以有效地保障酒店的利益，防止客人逃账。

3.酒店取得客源市场信息的重要渠道。住宿登记表中有关客人的国籍、性别、年龄以及停留事由（商务、旅行、会议等）、房价等都是酒店客源市场的重要信息。

4.酒店为客人提供服务的依据。客人的姓名、房间号码、家庭住址、出生日期、民族等都是酒店为客人提供优质服务的依据。

5.可以保障酒店及客人生命、财产的安全。通过住宿登记，查验客人有关身份证件，可以有效地防止或减少酒店不安全事故的发生。

(三)登记入住的工作程序

客人到店前的准备—识别客人有无预订—填写入住登记表—核对有关证件—排房定价—确认付款方式—发放房卡以及房间钥匙（完成入住登记手续）—引领客人进房间—将信息输入电脑—建立相关档案（客人账单、客史档案等）。

(四)认识相关表、卡

1.入住登记表（registration form），内宾、外宾以及团队会议客人登记表（见表3-12、表3-13）。住宿登记表至少一式两联，一联留酒店前台收银处保存，一联交公安部门备案。

正确填写这些内容对于搞好酒店经营管理具有重要意义。

(1)房号:便于查找、识别住店客人及建立客账,保障客人安全。

(2)房价:是结账、预测客房收入的重要依据。

(3)抵离店日期、时间:正确记录客人抵离店日期、时间,对结账及提供邮件查询服务是非常必要的,因此,客人办理完入住手续后,接待员应按规定在登记表的一端,用时间戳打上客人的入住时间。

(4)通信地址:掌握客人准确的通讯地址,有助于客人离店的账务及遗留物品的处理,还有助于向客人提供离店后的邮件服务及便于向客人邮寄促销品等。

(5)接待员签名:可以加强员工的工作责任心,是酒店质量控制的措施之一。

表 3-12　国内旅客住宿登记表

房号:　　　　　　房租:　　　　　　接待员:

姓名	性别	年龄	籍贯	工作单位	职业
			省　　市 县		

户口住址		从何处来	
身份证或其他有效证件名称		证件号码	
来宿日期		退宿日期	

同宿人	姓名	性别	年龄	关系	备注

宾客须知:	离店时我的账目结算将交付:
1.退房时间是中午 12:00 前。	□ 现金
2.贵重物品请存放在收款处之免费保险箱内,阁下一切物品之遗失,酒店概不负责。	□ 旅行社凭证
3.来访客人请在晚上 11:00 前离开房间。	□ 信用卡
4.离店请交回锁匙。	客人签名:
5.房租不包括房间里的饮料。	

表 3-13　外国人住宿登记表
Accommodation Registration Form for Foreign Nationals

英文姓 Surname		英文名 Given Name		中文姓名（选填） Name in Chinese (If Any)	
性别 Sex	男（M）○ 女（F）○	国　籍 Nationality		职　业 Occupation	
出生日期 Date of Birth	日　月　年 dd　mm　yy	身份证件 Passport/Certificate of Identification	种类 Type		
			号码 No.		
停（居）留证件 Visa/Resident Permit	种类 Type		有效期限 Validity		
	号码 No.		签证机关 Issued by		
来华事由 Purpose of Stay in China			工作机构 Employer		
入住日期 Move-in Date	日　月　年 dd　mm　yy		拟离开日期 Date of Departure	日　月　年 dd　mm　yy	
住房种类 Type of Accommodation	宿舍 Dormitory ○　居民家 Home Stay ○　出租房屋 Rented House ○ 自购房屋 Self-purchased House ○　其他 Others ○				
住　　址 Address			本人联系电话 Telephone Number		
房主姓名 Name of Home Owner		房主身份证件号码 ID No. of Home Owner			
		房主电话 Home Owner's Telephone Number			
紧急情况下的联系人 Contact in Emergency			联系电话： Telephone Number		
备　注 Remarks					

No.

申报人签名：　　　　　　　　　　　　　　　填表日期：　日　月　年
Signature：　　　　　　　　　　　　　　　　Date：　　dd　mm　yy
公安派出所盖章：
Seal of Police Station：

　　2.房卡（hotel passport），其主要作用是：

（1）向客人表示欢迎。

（2）表明客人的身份。

（3）起一定的促销作用。

（4）起向导作用。

（5）起声明作用。

3.客人入住通知单。

4.押金单据。

5.账单:散客账单、团队账单。

(五)接待程序

1.散客入住登记程序

(1)识别客人有无预订。抵店的客人可以分成两类:已办订房手续的客人和未办订房手续而直接抵店的客人。这两类客人办理入住登记的过程不完全相同,接待员要首先识别客人有无预订。接待员应面带微笑,主动问候前来办理入住登记的客人,对他们的光临表示热情欢迎,然后询问客人有无预订,如客人已办理预订,则应复述客人的订房要求,然后请客人填写登记表。

(2)对于未经预订而直接抵店的客人,接待员应首先了解客人的用房要求,热情向客人介绍酒店现有的可出租的房间种类和价格,确认客人能够接受的房价、折扣、房间种类、付款方式和离店日期,设法使此类客人留宿酒店。

(3)如是自付的客人应写清楚房价并请客人交付押金。

(4)检查客人的登记表内容是否与证件一致,是否清晰、正确和齐全,最后填上房间的号码并签上接待员的名字。

(5)向客人介绍和推销酒店的服务设施和项目,询问客人是否需叫醒或其他服务。

(6)将钥匙交给迎宾员,安排引领客人进房并向客人致以祝愿语:"希望您在这住得愉快。"

(7)如客人有电报、传真、邮件、留言等,应在办理入住登记时一并交给客人。

(8)对于已订房的客人,接待员应注意检查下列八个方面的内容:客人的姓名(旅行团号)、酒店名称、居住天数、房间类型、用餐安排、抵店日期、离店日期和订房单位。

2.团队入住登记程序

团体客人是酒店的重要客源,接待好团体客人对建立稳定的客源市场、提高酒店的出租率、保持与增加收入有重要的意义。在团体客人抵店前,接待处应做好一切准备工作,如是大型团体,酒店可以在指定区域或特别场所为客人办理入住手续。做好团体客人抵店前的准备工作,可以避免在客人抵店时,酒店大厅内出现拥挤阻塞的混乱现象。以下是团体客人入住登记的基本程序:

(1)团体客人均有接待计划且一般都预订了房间,在团体客人抵达酒店的前一天,必须做好房间预报,并于客人到达的当天早上就将房间分配好,做好一切准备工作,客人房间数按两个人一间房为原则来安排(不负责自然单间,但要预备陪同床位),除非预订计划明确要求单人间或三人间。

(2)团体客人抵达时,接待员向领队、陪同致意,对清团号、核实人数、房数、用餐等有无变化和是否相符,如有变化,则要与领队、陪同弄清情况,取得一致意见后方可给予开房。

(3)请领队、陪同分配房间,并呈上致领队、陪同的有关注意事项,在领队分房的同时,与陪同落实该团的住宿计划,如确定叫醒时间、用餐时间、有无特别要求及领队房间号码等。

(4)向领队、陪同要回团体客人住宿登记表,如是台湾客人,表内应有台胞证号码、签注号码、签注有效期、客人姓名、性别、出生年月日、永久地址等项目;如是港澳客人,表内应有回乡证号码、回乡证有效期;如是外国客人,表内应有团体入境签证印章,如无团体签证,则要每个客人填写一份外国人临时住宿登记表,这是国家的法律规定,必须严格执行,认真检查。

(5)团体客人临时提出加房、加床的要求,要严格按照合同和操作程序处理,首先应明确订房机构是否能够给予确认,如订房机构同意确认,应请陪同、领队书面注明原因、挂账单并签名,然后将说明书面单交订房部负责追订房机构确认单,底单连同客人资料一起交财务部前台收银处。如订房机构不同意负担客人加房、加床的费用,则加房、加床的费用需向客人按门市价现收,应请客人即时现付加房、加床的费用或交押金,并请领队、客人在书面通知上签名,然后将书面通知的底单连同客人资料一同交给财务部前台收银处,面单由接待处存底备查。

(6)重要团入住时,可先发房间钥匙给客人,让客人先上房间,留下领队及陪同办理入住手续即可。

(7)完成接待工作后,接待员要将该团全部资料集中在一起,将团体接待单、更改通知单、特殊要求通知单、客人分房名单等资料尽快分送有关部门,将该团全部资料转给财务部前台收银处。

(8)制作团体总账单,交团体客人资料分类整理好。

3.VIP 客人的接待

优先为 VIP 客人办理入住登记,按客人的入住习惯安排楼层和房间,如果酒店制度允许可让 VIP 客人先入住再登记,免得客人等待。

二、接待工作中常见问题的处理

(一)接待无预订的客人

1.有客房:快速办理入住手续(三分钟)。

2.无客房:①建议改变房类;②联系其他酒店;③等待预订,客人的行李可临时存放本酒店。

(二)预订客人但查无订房

1.客人无预订,酒店经查没有客人的预订,客人又无确认函,向客人说明,可按无预订客人对待,尽快给客人安排房间。

2.如果因酒店疏忽漏订,应诚恳地向客人道歉,及时补救,如只有高档房,则酒店自己补贴差额,一旦有房间迅速将客人搬回。

3.与酒店有售房合同的订房中心或旅行社的预订,客人到店没房应按酒店疏忽漏订处理。

(三)填写住宿登记表时应注意的问题

1.分类填写:国内客人住宿登记表、境外客人住宿登记表、团队人员住宿登记表。

2.不宜公开的房价,不宜写在住宿登记表上。

3.对团队登记表需经领队签名,并将表格复制分发到各相关部门。

(四)客人提前抵店

客人提前到店的处理应根据提前的时间而定。如客人提前一天到店后没有空房,可帮助联系其他酒店;如客人提前半天到店,可让客人在大堂等候或存放行李后去用餐或先去办其他工作;如果客人在订房付款合同规定时间前入住,则告知客人提前的时间内不能享受合同价。

(五)排房

1.要尽量使团体客人(或会议客人)住在同一楼层或相近的楼层。

2.对于残疾、年老、带小孩的客人,尽量安排在离服务台和电梯较近的房间。

3.把内宾和外宾分别安排在不同的楼层。

4.对于常客和有特殊要求的客人予以照顾。

5.要照顾客人对房号的忌讳。

(六)入住登记时容易出现的问题及对策

1.繁忙时刻,客人等候办理入住手续的时间过久,以致引起抱怨。

事实上,客人抵店办理入住登记的程序并不像写在纸上的程序那样一成不变,在客人抵店的繁忙时刻,会有许多客人急切地等候办理入住登记手续,在办理的过程中,他们会提出很多问题与要求,大厅内有可能会出现忙乱的现象,前台服务人员必须保持镇静,不要慌乱。为避免出现客人等候过久的现象,在工作中要努力做到:

(1)客人抵店前,接待员应熟悉订房资料,检查各项准备工作。

(2)根据客情,合理安排人手,客流高峰到来时,要保证有足够多的接待人员。

(3)繁忙时刻保持镇静,不要打算在同一时间内完成好几件事。

(4)保持正确、整洁的记录,接待工作的有效性要依靠这些记录。

2.客人暂不能进房。

在接到客房部关于客房打扫、检查完毕的通知前,接待员不能将客房安排给抵店的客人,因为客人对客房的第一印象是十分重要的。出现这种情况时,接待员可为客人提供寄行李服务或请客人在大堂稍候,同时与客房部联系,请他们加派人手赶快打扫,当客房打扫、检查完毕后,才可让客人上房间。

3.酒店提供的客房类型、价格与客人的要求不符。

接待员在接待订房客人时,应复述其订房要求,以获得客人确认,避免客人误解,房卡上填写的房价应与订房资料上的一致,并向客人口头报价(仅指自付客人)。如果出现无法向订房客人提供所确认的房间,则应向客人提供一间价格高于原客房的房间,按原先商定的价格出售,并向客人说明情况,请客人谅解。

任务三 问讯服务

【案例导入】

粗心的服务员

客人退房后发现有一把刷子遗留在房间,客人打电话到酒店询问物品下落,前台员工在没有看登记本的情况下,直接回复客人有此物品。几天后客人到前台领取时发现物品已找不到了,客人非常伤心,说刷子已跟随其38年,非常有纪念意义。最终酒店与客人协商免6天房费解决此事。

问讯服务是前厅对客服务的重要内容,主要通过收集客人需要的各种信息,为客人提供免费的咨询服务。大型酒店一般在总服务台设立专门的问讯处,在中小型酒店为了节省人力,问讯则由前台接待员负责。问讯服务的内容主要包括信息服务、留言服务、邮件服务、委托代办服务。

一、信息服务

(一)问讯处员工应掌握的信息范围

酒店及酒店所在的城市对大多数客人来讲是个陌生的地方,问讯处员工要耐心、热情地解答客人的任何疑问,要做到百问不厌,态度和蔼可亲。为了能正确、迅速地向客人提供问讯服务,问讯处员工必须熟悉下列信息。

1.了解主要客源国的风土人情、生活习惯、爱好、忌讳等。

2.熟悉酒店的所有服务设施、服务项目及收费标准。

3.了解酒店的组织体系、各部门的职责范围及有关负责人的姓名。

4.熟悉酒店的有关政策。

5.熟悉国际、国内主要航班所属的航空公司的名称及抵离时间。

6.熟悉高铁、动车及有关快车的车次及抵离时间。

7.了解酒店与周围主要城市的距离及抵达方法。

8.了解酒店所在城市的电影院、音乐厅、戏院、大型展览馆等主要活动场所的地址、正在上演的节目、剧情简介、入场费等信息。

9.了解与酒店挂钩的医院名称、电话号码及地址。

10.熟悉本市主要银行的名称、地址、电话号码、营业时间等。

11.熟悉本市的市内交通情况。

12.熟悉本市各参观游览点的名称、概况、特色以及与酒店之间的距离。

13.熟悉本市各体育场所的地址、开放时间、收费方法、与酒店间的距离。

14.熟悉本省乃至全国各主要风景点的名称、特色及抵达方法。

15.掌握世界各主要城市的时差计算方法。

16.了解本市政府机关、公安保卫部门、外事旅游领导部门的地址、负责人姓名、电话号码。

17.熟悉本市各使、领馆的地址及电话号码。

18.了解本市各著名餐馆的经营特色、地址、营业时间。

19.熟悉本市各宗教场所的名称、地址、开放时间。

20.熟悉本市各商场、购物中心的经营特色、地址。

21.了解当天的天气预报。

(二)问讯处员工需要掌握广泛的信息

客人所提的问题,有些很容易回答,有些则不易回答,对于不能立即解答的问题,问讯处员工应该通过查询资料或请教他人的方法给客人以答复,尤其要切记,在任何时候,都绝不能对客人说:"我不知道"。为更好地解答客人的疑问,问讯处还应备有下列资料:

1.飞机、火车等交通工具的时刻表、价目表及里程表。

2.世界地图、全国地图、本省及本市的地图。

3.旅游部门出版的介绍本国各风景名胜点的宣传册。

4.本酒店及本酒店所属集团的宣传册。

5.电话号码簿。

6.邮资价目表。

7.酒店当日活动安排表。

8.当地电影院、剧院的节目安排表。

9.当日报纸。

二、留言服务

（一）留言类型

1.留言服务通常分为电话留言、口头留言和书面留言三种。电话留言较多由话务员完成，口头和书面留言较多由前台职员完成。

2.留言服务又可分为访客留言、住客留言。

访客留言是来访客人给住店客人的留言，可由来访者口述、问讯员记录，再请其过目签字，或由来访者自己填写访客留言单，然后问讯员签字，再通知被访的住店客人。

住客留言是住店客人给来访客人或其他住客的留言，可填写住客留言单，并存放在前台。住客留言单一般一式两联，即问讯组、电话总机各保存一联，且要在上面注明留言内容的有效时间。

（二）留言操作规范

1.为客人留言，应记录房客的姓名及房号，核对清楚是否正确。

2.用清晰的字体把口信内容记录下来。

3.把留口信者的姓名及电话号码记录下来。

4.记录留口信的时间及日期。

5.接办人签名。

三、查询服务

问讯处经常会遇到有关询问住客情况的问讯，如客人是否在酒店入住、入住的房间号、客人是否在房间、是否有合住及合住客人姓名等。问讯员遇到这类问讯应该具体问题具体应对。

1.客人是否入住本店

客人是否入住本店，问讯员应如实回答（住客事先要求保密的除外）。

2.客人入住的房号

为了保证住客的人身财产安全，问讯员不可随便将住客的房号告诉第三者，除非已经取得了住客的许可或让访客通过电话与住客取得预约。

3.客人是否在房间

问讯员应先确认被查询客人是否为本酒店住客，如果是则应核对房号，问明访客的姓名，然后打电话给住客，如住客在房内，征求住客同意后再将电话转给访客；如果住客外出，则要征询访客意见，是否需要留言。

4.住客是否留言

当访客查询本店住客是否有留言时，问讯员应先核查访客证件，确认访客身份后，再按相关程序转交留言给访客。

5.打听房间住客情况

遇到访客打听住客情况时,问讯员应保持警惕,不可随便将住客姓名及其单位透露给访客。

四、问讯服务的操作规范

1.聆听:主动、热情、耐心、仔细地听明白来询者的需求;必要时可重复来询者的意思进行确认。

2.回答:在回答来询者时,问讯员应主动、热情、耐心;可以回答的问题回复要准确、肯定,不能模棱两可。

3.结束:结束时要礼貌。

五、邮件服务

(一)邮件的种类

邮件的种类,大约可分为信件、挂号信、快递。

1.信件:每天由邮务员直接交与总台。

2.挂号信及快递:挂号信是由邮务员送达总台,一般都要总台接待员在收据上签收。快递由行李部签收及暂存,再与总台联系,送发收件人。因此,在接收挂号信及快递时,应先察看此人是否在酒店进住或订房。

(二)处理邮件的基本规则

1.不可拆阅或扔掉任何信件及包裹。

2.熟悉各部门主管的名字,不至与客人的信件混淆。

3.如收信时发觉信件已被破坏,应以铅笔在信面注明,以使其他同事知悉。

(三)邮件服务程序

1.总台在接收任何信件时,都应记录接收的日期及时间。

2.将邮件分为两类:一类是属于酒店其他部门,另一类是属于酒店住客。

3.将属同一部门的信件,用橡皮胶扎在一起,送交行李部,派发至部门的信箱(如属急件,应马上递交部门办公室)。

4.用电话通知客人,请他前来总台取信,如客人要求送到房间,可由行李员送上。

(四)其他情况处理

1.收件人尚未搬入

应将信件放好,并在订房记录单上写上"有信件"等字句,写上客人预定搬入之日期,并放在暂存邮件盒内。

2.客人已迁出

(1)若得悉客人是当天迁出,应马上询问行李部,查看客人是否仍有行李暂放或仍未离开酒店,以将信件交送客人;(2)若客人已经离去,可查看客人是否在离开前留下转寄地址,以便可以将信件转寄给客人;(3)若信件在暂存邮件盒内放置14天后仍没有转交客人,则应寄回给原寄者。

【实训练习】

通过角色模拟演练问讯服务。

任务四　收银服务

【案例导入】

前台上白班的服务员小李急着下班,把客人存放在前台预订押金200元只对上夜班的小王做了口头交接,没有写入交接班本,三天后客人来结账时未找到,造成严重投诉。

问题思考:前台收银日常工作应该注意哪些问题?

前台收银业务是一项细致工作。酒店每天都接待众多的客人,酒店除了住宿外,还有餐饮、康乐、洗衣、商务等各项消费。为了方便客人,现代酒店通常采用一次性结账的方式,即客人在酒店内享受酒店提供的其他消费时并不需要在每笔交易发生时支付,而是凭着酒店的房卡和身份证在消费账单上签字即可,等待客人离店时一次性结清。

一、前台收银工作流程

酒店前台的主要工作就是办理和服务入住顾客及处理相关退房业务,酒店前台收银工作流程包括入住流程和退房流程。

(一)入住流程

1.见到客人入住,在前台为客人办理入住手续时询问客人付款方式。

2.收取客人押金或刷卡。

3.开具押金收据单,红色一联交客人保管。

4.将剩下两联收据单附在押金或信用卡纸上用回形针夹好,放置于收银抽屉内保管。

5.客人给的如果是信用卡,最好在收据单上抄下信用卡号,刷完卡后,就在卡纸封面用小字轻写上此卡纸所属房号,以防止忙中弄乱。

6.按正常程序拿授权或查支付名单。

7.从接待处交接过账单,装入套内放入相应账栏内。

8.如客人属于免收押金类,应请客人在入住时于账单上签名认可。

9.如客人房账属于其他房账内的,取得其他房房主的签名认可方生效,两房须分别注明"入××房"及"付××房"。

10.除备用金外的所存现金在每班前须放置保险箱内妥善保管。

(二)退房流程

1.向客人索回红色一联的押金单,并根据此联找出相应的白联收据单,对照无误后,方可进行结算。

2.取出退房客人账单,等候查房通知及总机通知。

3.如果客人遗失红色收据单,收银员须在账单上注明"红色遗失"字样。

4.收银员在等候总机通知时,须对各人解释:请稍后,现在正查房。不要一声不吭,让客人误会你的等候是忽视他。

5.客人在结算前所有当天消费须立即如数进账单内。

6.在得到总机确认该房无任何消费的通知后,收银员应将账单交与客人过目。客人如对账单有任何疑问,收银员则应耐心地对其进行解释,切不可含糊其辞或不耐烦地催促客人。

7.在客人认可其消费的所有款项的总数后,须请客人在账单上签名,收银员方可进行结算。

8.结算后把账单红色一联交给客人,白单与绿单钉在一起放置一旁以备案做表。

二、收银员交接班

1.检查接班人仪容仪表。

2.交接内容:特殊事项,了解客情,掌握房态(预订、预离、特殊需求)。

三、投银

1.投银柜的日常安全由前台人员负责,不得空岗。

2.收款员投款,必须按投款单规定格式认真、真实地填写投款记录;投款单不得涂改。

3.投款记录填写完毕后交监投人检查钱袋及投款单各项内容填写是否一致,并在监投人的监督下将钱袋投入投银柜中。

【实训练习】

通过角色模拟演练入住和退房过程中的收银服务。

任务五 总机与商务中心服务

【案例导入】

细心的话务员小王

小王是一家五星级酒店的话务员,一天晚上她接到营销部团队联络员的通知,住店的一个旅游团次日早上7:10要求叫醒服务,小王立即为这批外宾做了叫醒服务的安排。两个小时后,1815房客人的电话到总机要求次日早上6:10叫醒,为了避免客人口误将房号报错,小王问清了客人姓名,于是与电脑信息进行核对,细心的她发现客人电脑信息备注栏注明的同来客人正是次日早上7:10要求叫醒的这个旅游团,也就是说1815房客人就是这个旅游团的一位。"为什么这位客人单独要的叫醒时间与酒店营销部团队联络员通知的时间不一样?"小王有了疑虑,但是并没有惊动1815房客人,而是按照客人的要求为其安排了叫醒服务,之后立即将情况反馈给营销部团队联络员。团队联络员大吃一惊,叫醒时间前后差了一个小时,究竟是客人口误还是自己工作失误?团队联络员连夜打电话给这个旅游团的领队,原来客人要赶次日早上8:10的航班,所以叫醒时间是早上6:10。话务员小王的细心避免了一次叫醒服务的失误。

一、内外线电话接听转流程

1. 电话铃响三声之内接听,不得让客人久等。接起后,应按规定先作自我介绍。接听电话时,语音语调适当,并使用礼貌用语。通话完毕,要等对方先放下电话后才可挂上电话。

2. 接线员应牢记内线电话号码,转接电话时可提高效率。

3. 接线员应对酒店的各项活动设施十分清楚,便于正确回答客人的咨询。

4. 如果正在接听电话时,有别的电话进入,应对正在讲话的客人表示歉意,然后马上接听第二通电话。

5. 打给住客的电话要核实住客姓名及房号正确后,联系客人,询问客人是否愿意接听,如果客人说可以,方可转接。否则,要向来电者婉拒,并询问客人是否需要留言。

6. 客人不在房间或表示不愿接听电话时,询问客人是否需要留言。如果需要,可将来电者的姓名或电话内容记下告诉客人。

7. 如果有电话要求转至某部门,而该部门电话正处于繁忙之中,应向客人致歉,并建议稍后再拨。如客人要求等候,接线员应每隔半分钟拨打一次,直至拨通为止。

8. 如遇外来电话打错时,接线员应有礼貌地说明酒店名称。如果外线电话打来,不知分机时,应主动帮助客人查找。

9.客人打电话来要求帮忙时,要尽快为客人提供相应的服务。记下对方的要求并将内容复述一遍。

二、紧急电话程序

1.总机人员接到有关火警电话的报告,首先要弄清火警发生的地点、报告人的姓名、火势的严重情况,并记录下时间。

2.通知消防中心。

3.接到消防中心通知后,确定是否情况属实,问明火灾发生的确切位置、火灾性质、火灾事态,然后电话通知宾客关系经理、部门经理、保安部经理。

4.总机房应停下一切日常工作,把总机房作为信息传递中心,同时把火灾情况通知有关部门和岗位,以安抚员工与客人的紧张情绪。

5.当收到或接到有关火灾情况的问询时,对外线来电要询问对方从何处打来,叫什么名字,对这些情况询问要记录,以便火灾后做资料,供相关部门查询。对内线房间打来的电话,应回答客人:"酒店正在调查,请您保持镇静。当您听到火警仍连续不断并接到电话通知时,请您迅速离开你的房间,走最近的安全楼梯,绝对不能使用电梯,请您离开房间到酒店的正门集合,我们将尽最大努力帮助您,谢谢。"

6.当接线员接到现场总指挥的授权,通知所有部门做好疏散工作,并用电话系统的叫醒功能,就火灾地点最近楼层的客房分别输入即时的叫醒。

7.总机房接到疏散通知时,关掉所有电器,保证所有员工离开。

三、电话服务管理制度

（一）员工素质要求

1.从事电话总机服务的工作人员必须会1～2种外语,会标准的普通话和地方话等多种语言。

2.电话总机工作人员要求吐词清楚,注意语音语调,使人感到悦耳动听。

3.接听电话与客人会话时,要注意态度诚恳,热情友好。

4.熟练掌握电话总机的性能和操作方法。

5.熟悉酒店全部内线电话号码。

6.熟悉酒店总经理、各部门经理的家用电话和手机号码。熟悉经理的声音和讲话习惯。

7.熟悉各大机关、公司、交通部门（如民航、铁路、轮船客运等）、海关、公安局（如消防队、防盗等）、医院、自来水公司、供电局、各大酒店总机、大专院校总机等单位的电话号码。

8.熟悉世界各地的国际时间与北京时间的时差。

9.熟悉各地长途电话的收费标准。

(二)电话服务的项目

1.转接内部电话

(1)打给住客的电话必须询问清楚来电者的姓名及来电的事项,然后核实住客是否是来电者要找的。若是,则征询住客意见,是否可转接进房间,客人同意后方可转进。若客人表示拒接时,可婉拒来电者。

(2)若有来电查询住客,也要征询住客意见,经同意后才可告诉来电者。住客及其房号要遵循保密原则,一般不可告知外人。

(3)若住客不在房间或表示拒接来电时,可将来电者的姓名及电话内容记录下来转告住客。致总经理的电话也按上述程序处理。

2.电话咨询服务

(1)若客人来电咨询表达欲在酒店开房的意愿时,要及时与预订处联系,及时答复客人。

(2)若客人询问酒店的服务设施及项目的相关情况时,要热情耐心地向客人介绍。

(3)若客人想了解本地区的游览胜地、商业中心、单位地址、电话号码等情况时,要尽可能向客人介绍。

3.电话叫醒服务

(1)凡是客人申请叫醒的,均要将客人的房号、叫醒时间登记好,记录在"住客叫醒登记表"上。夜班和早班人员要交接好班,根据"住客叫醒登记表"上的时间准时叫醒客人。

(2)叫醒客人时要有礼貌地用英语和普通话重复讲"早晨好,现在的时间是早上(几)点钟,这是您的叫醒服务,祝您愉快"。若一段时间如五分钟或十分钟无人听电话,要请楼层服务员去敲门,直到叫醒客人为止。对晚醒的客人要告诉他:"先生/小姐,按叫醒时间,您已晚起了多少分钟"。

(3)将客人晚起的时间登记入档案,日后客人投诉时,可以此作为解释。

【实训练习】

通过角色模拟演练电话叫醒服务的整个工作流程。

项目四 客房部概述

📖 **学习目标**

1. 对客房、客房部有初步的了解,能够正确认识和评价客房部在现代酒店中的作用,明确客房部业务运行的特点。
2. 熟悉客房部的组织机构设置及主要岗位职责。
3. 了解客房部的客房的类型、功能空间及布置。
4. 初步树立客房服务的基本理念,理解客房服务与管理的要求。

【案例导入】

结账退房以后……

一位住客当天中午乘火车回乡,提早在某酒店总服务台办好结账退房手续,他认为虽然结了账,但在中午十二时以前客房的住用权仍是属于他的,因此把整理好的箱物行李放在客房内,没有向楼层服务员打招呼,就出去买东西逛街了。

过了一个多小时,那位客人回到酒店准备取行李离店,谁知进入原住客房一看,已经有新住客在房间内喝茶,而他的行李已不知去向。当找到楼层服务员以后才知道他的行李已送到总台去了,楼层服务员反而责怪他为什么在结账后不和楼层联系。

客人听了以后很生气,"回敬"了几句便到总服务台提意见,谁知总台人员不记得他已结账,还不肯马上把行李交还给他。经过与楼层服务员联系的反复折腾,客人离店时已经快中午了。客人临行时说了句:"如果下次再来这个城市,我发誓不住你们这里!"

【评析】 客人办理结账退房以后并未最后离店的情况并非罕见。通过以上案例,可以看出该酒店在客房服务的程序方面存在漏洞。

一般酒店把房间房卡交给客人保管使用,比较方便,当客人结账时即把房卡交回,如果需要寄存行李也应交给总台,不再回客房了。该酒店是采用由楼层服务员为客人开房门的办法,由于总服务台和楼层服务台之间配合得不好,无法掌握客人的行踪去向,造成服务混乱无章。

正确的做法是楼层服务员心中应当对客人退房离店的时间有个数,主动和客人联系以安排打扫客房、接待新来的客人的有关事宜。

如果客人不通过楼层服务员而直接到总台结账,总台人员也应该同时和楼层服务员联系,如果客人不马上离店,那么房间也不可急于打扫,总台也不可把新的客人安排入住该房间。假如客人想再进房间,而已把行李寄放到总台,那就另当别论了。

上述案例中酒店的最大失误之处,在于客人虽已办理结账退房手续,但行李仍放在房间内,本人尚未最后离店。在客房未重新整理打扫好之前,马上又安排新的客人入住,这显然是错误的,因为这间客房还未满足重新出租的条件。

任务一 客房部的地位与作用

客房部又称房务部或管家部,是酒店向客人提供住宿服务的部门,为住店客人提供各种客房服务项目,负责客房设施设备的维修保养,并承担着客房及酒店公共区域的清洁卫生工作。客房是酒店的主要产品,是酒店最基本的物质基础,是供客人住宿、休息、会客和洽谈业务的场所。其服务活动也是酒店服务活动的主体。

客房部是酒店的基本设施和主体部分,是酒店的主要创收和创利部门。客房部的经营管理和服务水准,直接影响着酒店的形象、声誉和经营效益。

客房部在整个酒店中的重要地位和作用主要表现在如下几个方面。

1.客房部是酒店的重要组成部分

在现代社会中,酒店的功能虽然已由最初为在旅途中的人们提供单一的住宿服务转变为向客人提供住宿、购物、餐饮、娱乐、健身、商务等综合性服务,并形成了拥有各种不同等级、类型规模、经营方式的众多酒店组成的酒店业,但是客房仍然是酒店最基本的物质基础,客房部是接纳客人的最主要的场所,是带动和促进酒店其他部门运转的重要枢纽和中介。

2.客房服务是酒店服务的主体

客房是宾客留住酒店时的主要活动场所与生活的区域,也是客人在酒店中逗留时间最长的地方。客人下榻酒店在客房的时间一般超过60%,酒店对其在客房的服务活动也是酒店服务活动的主体。现代酒店服务功能的增加都是在满足宾客住宿要求这一个最根本、最重要功能基础上的延伸。现代酒店客房部的服务系统不断地调整和完善,已形成了一个全面而高效的运作体制,因此酒店的客房服务是酒店的一个不可或缺的组成部分。

3.客房收入是酒店经营收入的主要来源

现代酒店,其经济收入主要来自客房、餐饮及综合服务。其中客房收入是主要来源,约占酒店营业收入的 50%～60%,有的酒店甚至超过 70%。客房部通过把酒店客房出租给宾客而获得的收入是酒店经营收入的主要来源,而且收入稳定可靠、利用率高,是酒店中收入最稳定的部分。而客房的收入是通过客房的基础设施建设和客房部员工提供的服务来获取的,因此客房的优质服务和客房的完美布置是给客房部带来良好经济效益的重要手段和方式。

【案例】

一宗大生意将于今日敲定,张老板高兴地来到王子酒店前台,打算入住已预订过的豪华套房,一心想着在这样寒冷的冬日赶紧到房间洗个热水澡,既能解除旅途的疲劳,又能振作精神参加中午的合同签字仪式。张老板来到房间,脱掉衣服一头钻进浴室,可是放了五分钟的水依然是冷的,美好的心情一下被身体冻得瑟瑟发抖的现实所破坏。他愤怒地抓起电话接通大堂副理,气愤地投诉差劲的客房设施和服务,并说要马上退房搬出这家晦气的酒店。大堂副理提出"换房间"的建议更让张老板不可接受。他在酒店餐厅用餐时对同事及朋友大声地抱怨,不仅惊动了在旁就餐的客人,也引来了餐厅经理的注意。餐厅经理一边安抚客人,为客人周到地点菜和安排服务,一边通知大堂副理要迅速为客人解决所发生的问题。一顿美味佳肴和优质服务、重新调换的房间,使张老板的气恼心情得以缓解,继续住下办理他的签约大事。而张老板进店后的不愉快经历,使酒店管理层真正意识到,要重视提高酒店管理的水平和服务质量。

上述案例告诉我们,完好的客房设施设备及优质服务是客人选择入住的关键所在。而客房是酒店的核心产品,服务员的主动、热情、细致的服务会给客人留下深刻的印象。

任务二　客房部组织机构的设置及主要岗位职责

酒店客房部的组织机构是根据酒店的规模、特点、业务和发展需要而设置的,每个机构都要体现它的作用和效率,都要配备相应的岗位工作人员。其设置的基本原则、形态、岗位的职能和基本的素质要求,对于客房部的运行与管理都具有重要作用。

一、客房部组织机构设置原则

客房部的组织机构是否合理、组织是否严密,是客房部搞好管理、运转、服务等各项工作的重要保证。客房部的组织机构应是一个统一指挥、专职分工、层次分明、沟通顺畅的有机整体。根据客房管理的工作任务,客房部门组织机构的建立及岗位的设置应遵循以下的原则。

1. 从实际出发

客房部机构的设置要根据酒店规模、档次、接待对象、经营思维、劳动力成本、设施设备等实际情况来决定，而不能生搬硬套。

2. 精简高效

为了防止机构臃肿，人浮于事，客房部组织机构要力求精简。尤其要注意因事设岗，而不能因人设事、因人设岗。应该发挥员工的主观能动性，提高效率。值得注意的是，机构精简并不意味着机构的过分简单化，一旦出现职能空缺现象，就会造成服务质量降低。

3. 分工明确

专业分工是将客房部的全部工作按需要划分为若干个较小的部分，分配给具体的岗位或个人去操作，每一个岗位的人员应有明确的职责和明确的上下级隶属关系。分工能够提高工作效率，但只有分工没有协作的机构不可能成为一个有效的组织，因此各岗位之间还要加强协作。酒店规模越大，专业分工就越细，各岗位的协作也变得越来越重要。

二、客房部组织机构设置类型

由于酒店规模、档次、业务范围、经营管理方式、服务模式的不同，客房组织机构也会有所区别。主要表现在两方面：

1. 机构的纵向层次设置不同

一般大型酒店管理层次多，小型酒店管理层次少，如大型酒店一般有经理—主管—领班—服务员四个层次，而小型酒店可能只有经理—领班—服务员三个层次。不过目前酒店的发展趋势是组织机构的扁平化，包括客房部在内的酒店部门将尽可能地减少管理层次，以提高沟通和管理效率，降低管理费用。

2. 机构的横向业务分工不尽相同

比如有的设有楼层服务台，有的设有客房服务中心，也有的两者兼而有之；有的酒店客房部可能设有洗衣场、花房，而有的酒店则没有。

根据客房服务模式不同，客房部组织机构设置类型如图4-1、图4-2、图4-3所示。

客房部组织机构清晰地勾画出部门中的垂直领导关系及内部信息流通渠道。每个员工从组织的顶头上司处接受指示。在酒店里张贴组织机构图，可以让员工清楚地知道自己在整个机构中所处的位置。

客房部经理

客房部经理助理

秘书

楼层服务台　　洗衣房　　布草房　　公共区域卫生

楼层值台员　　　　　楼层服务员

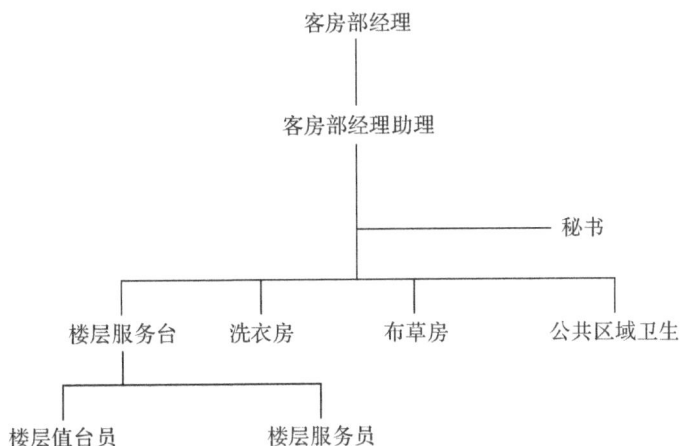

图 4-1　设立楼层服务台的客房部组织结构

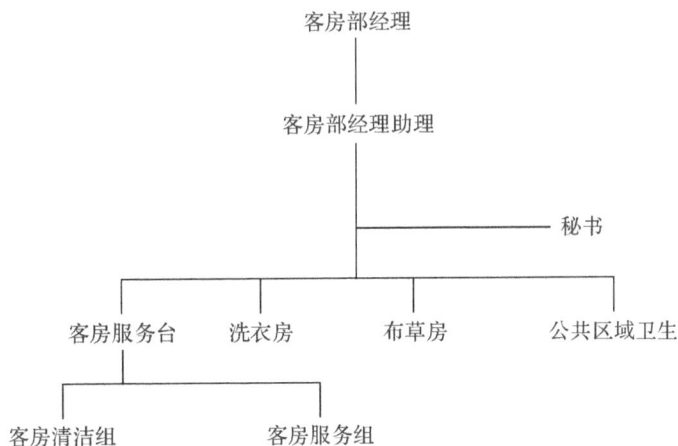

客房部经理

客房部经理助理

秘书

客房服务台　　洗衣房　　布草房　　公共区域卫生

客房清洁组　　　　　客房服务组

图 4-2　设立客房服务中心的客房组织结构

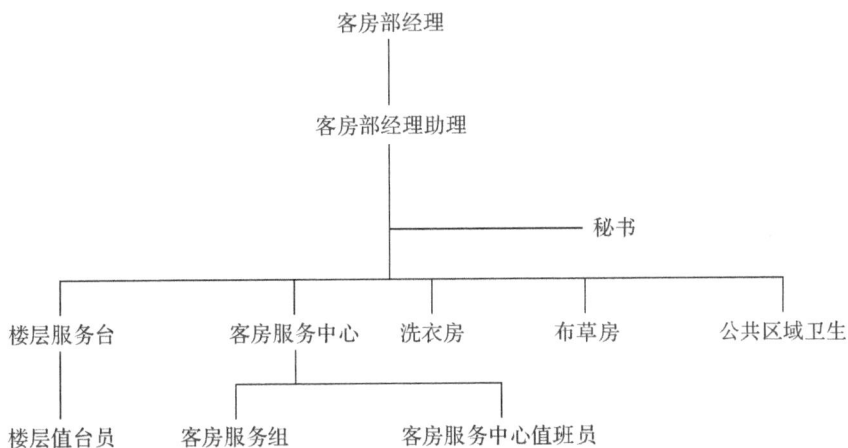

客房部经理

客房部经理助理

秘书

楼层服务台　　客房服务中心　　洗衣房　　布草房　　公共区域卫生

楼层值台员　　客房服务组　　客房服务中心值班员

图 4-3　两者兼有的客房组织结构

三、客房部人员的配备

(一)影响客房部人员配备的主要因素

1.服务模式:最常见的两种服务模式为客房服务中心和楼层值台。前者注重用工效率和统一调控,后者突出面对面的"人情味"的对客服务,因而在人员的配备数量上有较大的差异。

2.酒店规模、档次和管理层次:高档次大型酒店的客房部的管理范围大,服务项目多,分工细,设 4 级管理层次。小型酒店则将主管、领班并为一个层次,同时不设副经理或经理助理,服务员也不做工种细分,服务员是全能型的,不但要做清洁卫生,同时还要做楼层服务接待和安全保卫工作。

3.工作量的大小:客房部管理范围的大小决定着客房部工作量的大小。客房部工作量分为固定工作量和变动工作量。固定工作量是指那些只要酒店开业就会有,而且必须按时去完成的日常例行事务,如计划卫生、环境卫生、设备的保养工作等。变动工作量则是随着酒店业务量等因素的改变而变化的工作量,如走客房的数量、贵宾服务、突发事件的处理。客房部人员的配备与工作量的大小成正比。

(二)定员的方法

1.岗位定员法:根据客房部内部的机构设置、岗位职责和工作量等因素确定员工人数的定员方法。主要适用于行政管理人员,如经理、秘书、文员。

2.比例定员法:根据客房某部分员工人数或客房数量,按一定比例确定工人数的定员方法。主要用于楼面服务员和客房管理人员。如楼层服务台每 2 名清扫员配 1 名接待员,6~8 名服务员配 1 名领班。如果设立客房服务中心,则 50~60 间(套房)配一个日班领班,100~120 间(套房)配一个夜班领班,5~7 个领班配一个主管等。

3.定额定员法:根据劳动任务、劳动定额和员工出勤率来计算员工人数的定员方法。主要适用于客房楼层员工。公式如下:

$$定员人数 = \frac{劳动任务}{劳动定额 \times 年出勤率}$$

$$劳动任务 = 客房间数 \times 年平均出租率$$

$$年平均出租率 = (员工实际工作天数 \div 365) \times 100\%$$

$$= (365 - 年周末总数 - 固定假日 - 年假日 - 病事假) \div 365 \times 100\%$$

四、客房部主要岗位职责

由于各酒店客房部规模不同、管理体制不同,岗位设置也略有不同。这里只介绍主要岗位的岗位职责。

（一）客房部经理

直接上级：总经理。

直接下级：客房部主管、领班、部门文员。

职责：

1.参加店级经理会议，主持客房部管理例会及本部门其他相关会议，传达布置、执行会议决定和上级指令，负责计划、组织指挥客房部工作，检查上级指令的完成情况。

2.制定本部门员工的岗位职责及工作程序，组织、督导本部门为住客提供规范化、程序化、个性化的优质服务。

3.提出客房陈设布置的方案及更新改造计划。

4.对客房部物资、设备进行管理和控制。

5.制定本部门人员编制、员工培训计划，合理分配及调度人力，并检查员工的礼节礼貌、仪表仪容、劳动态度和工作效率，执行有关人事的权限规定，参与管理人员鉴定和工作绩效考核，决定员工调动、奖惩、录免、晋级和增薪事宜，解决人事问题。

6.检查VIP房，迎送客人，探访病客，有效处理投诉，发展同住店客人的友好关系，与保安部紧密协作，确保客人的人身财产安全。

7.协调部门之间的工作关系，不断改进工作，提高效率，建立客房部完整的工作体系。

8.配合监督客房的清洁、维修、保养、设备折旧成本核算与成本控制等工作，拟定上报客房年度财务预算、年度工作计划、季度工作安排等事宜。

9.履行业务管理职能，监督客房服务和公共区域卫生清洁、绿化情况，控制洗衣房的经营管理，监督客衣、布草和制服的洗涤熨烫服务。

10.抓安全生产，严格检查并督促员工按操作规程进行规范操作，防止和杜绝各种事故的发生。

11.不断改进和提高客房管理工作水平，以适应最新标准和要求。

（二）客房部副经理

直接上级：客房部经理。

直接下级：客房部主管、领班、部门文员。

职责：

1.协助客房部经理制定部门各种计划和工作目标。

2.参与客房部的决策。

3.主持客房部的日常运转。

4.负责员工排班、分派工作，决定新员工的录用和人事调配，对员工的提职、降职、奖励、处分等提出意见，解决有关人事问题。

5.帮助主管解决工作中的难题，对主管和领班的工作情况定期做出考核评价，发展良好的上下级关系。

6.核算本部门的各项支出并及时向客房部经理报告。

7.处理客人及员工的投诉。

8.参与员工招聘工作,督导客房部的员工培训。

9.负责培训客房部主管、领班。

10.参与制定岗位职责、工作程序和质量标准。

11.负责员工的考勤和考核,处理员工的违纪行为,制定薪金发放方案。

12.巡视检查,确保员工处于正常的工作状态,确保清洁保养和服务的质量标准。

(三)楼层主管

直接上级:客房部经理。

直接下级:楼层领班。

职责:

1.通过对客房、楼道及工作间的日常检查和抽查,确保责任区内的清洁,保持酒店规定的标准状态。

2.在当班期间,代表客房部经理负责所管楼层服务员的培训工作,指导实习生和新员工在培训阶段了解和掌握酒店和客房部的规章制度和工作程序,并按此检查要求如实汇报情况。

3.观察领班和楼层的规章情况,并定期做出评价,研究解决有关问题,提出改进意见,对人员调动和新员工的选择提供建议,确保所管辖责任区的工作效率。

4.检查客房家具、设备和各种装置,需要更新时做出报告,必要时可与工程部取得联系,以保持酒店的标准。

5.检查记录,控制好客房用品和清洁用具。

6.善于解答工作人员的问题,与工作人员保持密切关系,必要时取得上级的帮助,尽量使管理部门和工作人员双方满意。

7.合理调配人力,科学编排班次,通过与其他部门的密切合作来满足宾客的要求,解决客人的投诉,为客人提供高效的客房服务。

8.分析现有的工作程序和设备,当批准或授权时,为改进现有工作状况、补充新设备和新的工作方案提供建议。

(四)楼层领班

直接上级:楼层主管。

直接下级:楼层员工。

职责:

1.接受楼层主管和分管经理的领导,并经常向楼层主管和分管经理报告本班组的工作情况。

2.负责所辖员工的每日工作安排与调配,督导下属员工的工作,对下属员工工作提出具体意见,领导本班组员工积极工作。

3.负责所辖楼层的财产管理,掌握所辖楼层的物品存贮及消耗情况,并向部门汇报。

4.巡视所负责的楼层及房间,检查房间的清洁卫生达标及设备完好情况。

5.填写领班工作日志。

6.负责班组的考勤管理,掌握当天的出勤情况,安排好班次并做好每月员工的奖惩评定。

7.负责员工的业务培训,组织业务学习,不断提高服务工作质量。

8.熟练掌握操作程序与服务技能,能亲自示范和训练服务员。

9.检查房间的维修保养事宜,安排客房的大清洁计划和周卫生计划。

10.随时留意客人动态,处理客人投诉,有重大事故时须向部门经理报告。

11.负责编制月份工作小结、工作计划、物料申领计划并上报部门。

12.掌握所辖楼层的客情、团体批量、人数、抵店时间、重点客人的人数、标准及时间等。

13.负责将长住房客人离店退房信息报服务中心备案,定期征询长住房客人的意见,以利本班组服务工作的改进。

14.督促检查班组安全工作的落实情况,做好安全保卫工作。

(五)公共区域主管

直接上级:客房部经理。

直接下级:公共区域领班。

职责:

1.负责全酒店公共区域的清洁保养工作。

2.制定并落实公共区域的各项工作计划。

3.负责公共区域员工的工作安排、培训及考核工作。

4.巡视公共区域,督导下属员工工作,检查公共区域清洁保养质量。

5.管理公共区域的清洁设备、工具和用品。

6.完成公共区域的工作日志。

7.与相关部门协调,做好有关场所及某些专项清洁工作。

(六)楼层服务员

直接上级:楼层领班。

直接下级:无。

职责:

1.为住店宾客提供各项对客服务。

2.负责客房及楼层公共区域的清洁保养,承担楼层卫生工作。

3.掌握楼层住客状况,填写房况表。

4.负责客人结账时房间的检查工作。

5.做好客人进店前的准备工作,根据要求布置客房。

6.根据总台通知,提供加床服务。

7.负责杯具的更换、清洗、消毒工作。

8.为住客提供客房整理及夜床服务。

9.负责棉织品交接工作,协助完成客衣的收、送工作。

10.管理工作钥匙及楼层物资。

11.负责本楼层客房小酒吧的存放、补充与调换。

12.协助安全部做好楼层的安全工作。

(七)客房中心服务员

直接上级:客房服务中心主管。

直接下级:无。

职责:

1.接听电话并做记录,将客人的要求或进店、离店、结账等信息准确、迅速地通知到相应人员。

2.负责保存、发放、收取客房部工作钥匙。

3.核对房态。

4.整理、传送通知、报告及客情资料。

5.熟悉客情,熟记当日进店、离店团队及贵宾的抵离时间、接待要求及规格,并督促有关人员提前准备。

6.将客房维修要求通知工程部值班室,并做好当日客房维修的统计工作。

7.接受、登记、保管酒店范围内的遗留物品。

8.负责客房部员工的考勤记录。

任务三 客房的类型、功能空间及布置

客房是酒店最基本、最主要的产品。不同类型、档次的酒店,为了满足客人的住宿需要,设置了不同类型的客房。随着市场需求的变化,酒店为吸引不同消费层次、不同消费需求的客人,客房的种类也日趋多样化。客房分类的方法很多,首先可将客房划分为基本类型和特殊类型两大类,然后再分别按构成的房间数量和床的配备种类、经济等级、房间所处位置、客房设计风格等进行细分。

一、客房的类型

（一）基本类型

1. 按房间构成与床位划分

按客房构成的房间数量和床的配备可分为：

（1）单间客房。只有一个房间的客房就是单间客房。由于客房内床位的配备情况不同，单间客房又有单人间、双人间、三人间等。单人间客房只配备一张单人床，用品也只配备一份；双人间客房配备一张双人床，也可以配备两张单人床，还可以配备一双一单两张床，分别称为大床间、标准间和家庭房；三人间是在房内配备三张单人床，此类房间一般在经济型酒店设立较多。

（2）套间客房。由两个或两个以上房间、卫生间和其他设施组成的客房就是套间客房。根据使用功能和室内装饰标准，套房一般有：

标准套房。标准套房又称普通套房，是由中间有门连通的两间单间客房组成，一间为起居室即会客室，另一间为卧室。卧室包含写字区、睡眠区，并配有衣柜、咖啡台、圈椅、电视机、行李柜等。也有的卧室只放床、床头柜、梳妆柜、电视柜和软沙发。卫生间连在客房内，内配三大件卫生洁具（面盆、浴缸、恭桶），也有的另配淋浴房。客厅包括起居区、客用洗手间，洗手间只设置面盆、云石台、恭桶，供来访的客人使用。这类客房将会客区域与卧室分开，比较适合有朋友来访或几个朋友一起出游的客人，因为它有一个单独的商谈区域，也可做一个小型会议室，会议团的会务组特别喜爱此类房间。

商务套房。此类套房是专为从事商务活动的客人设计布置的。一间为起居与办公室，另一间为卧室。这类客房在办公设施、室内家具、用品的配备和布置等方面充分考虑到商务客人的需要，直通电话、接收传真、上网等服务项目也很周全。有的酒店因商务客居多，就开设商务楼层，在楼层设置服务台，直接快捷地为客人提供入住、离店、打字复印、秘书、会议等服务项目。楼层上设立专门的小餐厅，提供西式点心、咖啡、茶、自助餐等。商务客房以快捷周到、方便舒适赢得了越来越多的客人的青睐，近年来特别在高星级酒店已成迅猛上升之势，因此，商务套房在客房中所占的比例也越来越高。

双层套房。也称立体套间，其布置为起居室在下，卧室在上，两者用内楼梯连接。

连接套房。也称组合套间，是一种根据经营需要专门设计的房间形式，两间相连的客房用隔音性能好、均安装门锁的两扇隔门连接起来，并都配有卫生间。需要时，既可以作为两间独立的单间客房出租，也可以作为套间出租，灵活性比较大。连接套房可以由一个套房加一个标准间组成，也可由两个标准间或两个套房组成。这类客房特别适合家庭出游或亲朋好友出游使用。

豪华套房。豪华套房的特点在于重视客房装饰布置、房间氛围及用品配备，以呈现豪华气派。该套间可以为两套间布置，也可以为三套间布置。三套间中除起居室、卧室外，还有一间餐室或会议室兼书房，卧室中配备大号双人床。

总统套房。又称特大套房，通常由7～8间或更多间组成，包括男主人房、女主人房、会议室、书房、餐室、起居室、随从房等。装饰布置极为讲究，造价昂贵，通常在豪华酒店才设置此类套房，已成为一种档次的象征，标志该酒店已具备了接待总统的条件。通常总统套房的装饰布局决定了一家酒店的档次和豪华程度，因此很多酒店都把总统套房的装饰布局融入企业文化之中，以显示酒店的风格与档次。

2.按客房档次划分

(1)普通房。普通房也叫标准房，是带卫生间的双人间。这类客房的装饰布置与酒店档次一致，为提高客房的利用率，一般配备两张单人床，可安排两位客人同住，较适合旅游团队和会议客人的需要。

(2)豪华客房。豪华客房的客房装饰布置、房间氛围及用品配备比一般客房要豪华高档些。为了体现客房的豪华程度，酒店往往将此类客房做成套房的形式，其中最豪华的套房要数总统套房。但不是所有的酒店都会有总统套房，一般在四星级以上的酒店才设置，表明该酒店已具备接待总统的条件和能力。

3.按客房在酒店中所处的位置划分

(1)外景房。房间的窗户朝向外部景观，如大海、湖泊、公园、景区景点、街道，视野开阔，景色迷人。

(2)内景房。客房的窗户朝向酒店内庭院。

(3)角房。位于走廊过道尽头或拐角处的客房。角房因形状比较特殊，装饰无法循规蹈矩，可能难以获得大部分客人的喜爱。但因其打破了标准间的呆板，反而受到了某些客人的青睐。

(二)特殊客房

现代酒店客人的多元化需求使酒店除拥有各种基本房间类型以外，还必须配置各种特殊房型。现代酒店各种特殊房型的出现，是酒店客房产品适应市场需求的体现。

1.行政客房

行政客房也称商务房，面积一般比标准间稍大，设有标准的办公桌和办公设备，是专为从事商务、公务活动的客人设计的。随着商务客人的不断增多，这类客房的需求也不断增多。对此，一些高星级酒店专门设立了商务楼层，并在楼层配备专门的服务台，为入住行政客房的客人提供入住、离店手续和打印、传真等服务，以便为客人提供更有针对性的服务。

2.女士客房

所谓女士客房主要体现在使用者的性别限制上。传统客房的设计是从大众化角度考虑的，尤其是作为酒店的主要住宿者男性考虑的。随着女性地位的提高，女性在住店客人中的比重越来越大。针对这一现象,突破传统的思想,专门设计为女性客人特别准备的客房将成为趋势。建设完全满足女性宾客要求的女士客房,就必须充分考虑女士的审美观、生活习惯、爱好等多方面因素,客房的室内装饰要富有浪漫情调,室内气氛更为温馨雅致,悉心考虑女性的心理特点,充满女性气息,提供适合女士的房间日用品如浴袍、拖鞋及各类杂志以及女性用品和礼物等。酒店可根据市场需求情况设置几间女士客房,也可设置女士楼层。

3.无烟客房

无烟客房是专供非吸烟客人入住并为客人提供严格的无烟环境的客房。在无烟楼层的客房不仅是指房间里没有烟灰缸,楼层有明显的无烟标志,而且还包括进入该楼层的工作人员和其他客人均是非吸烟者;当吸烟的客房在进入该楼层或房间时会被礼貌地劝阻吸烟,因为非吸烟人士对烟味的敏感程度是非常高的。目前,无烟客房已成为酒店的普遍选择。

4.残疾人客房

残疾人客房是专门为残疾人提供的客房,一切设施设备都以方便客人出入、休息和使用为目的而设置。

酒店电梯的设置与安装应该考虑到更多的残疾人使用方便。如宜安装横排按钮,高度不宜超过 1.5 米;在正对电梯进门的壁上安装大大的镜子;使用报声器等。

客房出入无障碍,门的宽度不宜小于 0.9 米;门上不同的高度分别安装窥视器;床的两侧应该有扶手,但不宜过长;窗帘安有电动装置或遥控装置;房内各电器按钮或插座不得高于 1.2 米。如果没有特殊残疾人楼层的酒店,对于残疾人客房位置的选择不宜离电梯口太远。

残疾人卫生间门的要求和客房门一样,出入要无障碍;门与厕卫间的距离不小于 1.05 米,云石台高度在 0.7 米左右且下面不宜有任何障碍物;恭桶和浴缸两侧装有扶手,且扶手能承受 100 千克的拉力或压力,等等。

5.时权客房

时权客房是指酒店一次性销售客房特定年限内一周或数周的时段使用权。对于消费者来说是指消费者或个人投资者买断了该酒店在每年某一特定时间里若干年使用权。典型的时权酒店是具有类似于公寓式的房间,提供传统度假村所需的餐饮、休闲、娱乐等设施以及与之相应的服务。其经营模式是开发商雇佣管理人员或酒店管理公司来进行管理。

6.主题客房

酒店产品发展到今天,已经明显感觉到"标准间"的乏味。为了满足客人的需求,酒店主题客房的设计开发已成一种趋势。由于主题客房具有独特性、文化性、针对性等特点,逐渐成为消费者的新宠。主题客房有很多种分类方法:以某种时尚、兴趣爱好为主题进行产品设计,如汽车客房、足球客房、邮票客房、电影客房等;以某种特定环境为主题进行客房设计,如监狱客房、梦幻客房、海底世界客房、太空客房等。

7.高科技客房

进入 21 世纪,高科技在客房和管理中得到广泛的应用。比如:客房内可为客人提供网络浏览、邮件收发、TELNET 远程登录、网络游戏、虚拟现实等多项服务,甚至为客人提供更个性化服务。

8.个性化客房

例如,希尔顿集团在美国洛杉矶富豪区的比华利山酒店推出自己的特色概念房——睡得香客房。客房中有加厚的生物钟客调灯箱等。

9.老年人客房

如今,世界人口普遍向老龄化发展,老年人市场越来越受到重视。老年人在酒店的相对停留时间较长,消费较高,因此,"银发市场"已成为酒店新的竞争点。老年人客房的设计、装饰要注重传统的民族风格,配以字画、摆设;其色调以暖色为主,多用调和色;绿化布置上,可多用观赏盆景和常绿植物、鲜花。健康、方便是老人客房的考虑重点。例如:在卫生间要设置防滑把手,门把和开关位置要适宜。要设置多个召唤铃,以便老人可以不用移动太远,就可询问自己需要的服务。

10.绿色客房

随着地球环境的恶化,人们更趋向于与自然和谐共处的"绿色意识"。因此"绿色客房"将是未来客人的向往。绿色客房是指无建筑装修污染,无噪声,有空气过滤装置,室内环境完全符合健康要求的禁烟房间,并且房间内所有用品、用具及对它们的使用都符合充分利用资源、保护生态环境的要求。

在酒店的发展过程中,酒店管理者越来越重视客人的需要,可以说市场上有多少客房类型的需求,酒店就有多少类型的特殊客房。这是现代酒店在经营过程中走个性化服务道路的一个重要手段,也是市场发展的必然规律。

二、功能空间及布置

对于顾客来说,客房要比酒店的外观、大厅或者其他区域给客人留下的印象更深,顾客的大部分时间是停留在客房。这也就决定了客房的布局设计,麻雀虽小,五脏俱全。出现任何一点小差错,像开关不灵,床太高,浴室的镜子设计不合适,都会影响客人对酒店的印象。酒店客房设计不应该只满足是一个住的地方,更应该满足人的心理需要,让人有温馨感,有身份感,有舒适感,有品位感。

(一)酒店客房卫生间设计

卫生间是给人提供方便的地方,而酒店里的卫生间却有着更多的功能和意义。酒店客房卫生间是体现酒店整体硬件的标准最重要的特征之一,要求满足功能需求,力求格局创新、空间变化、视觉丰富和照明光效的专业化标准。具体如下:

1.坐便器的位置可以打破常规,避免正对门的方向,采用隐蔽式的设计,设置独立的小空间,内部净宽 85 厘米、净深 120 厘米(最佳 140 厘米),单独开门,保留采光。

2.把台盆设置在卫生间的小前厅,干湿分区。

3.两种不同的洗浴方式,根据不同酒店的性质,可以只设淋浴间,而不设浴缸,淋浴内设坐位,有摆放洗浴用品的格、龛、架。有高质量的多种水流的淋浴喷头。如果设置浴缸就要考虑客人怎么在泡洗过程中得到放松。

4.卫生间不一定要和卧室以墙相隔,单人卫生间可以和卧室相通或者用玻璃隔断,来增加卫生间和卧室的交流。有的卫生间采用深槽不安装花洒的喷头的独立按摩浴缸,就完全可以与卧室相通。

5.五星级酒店至少在泡澡浴缸侧墙距地高 70 厘米以下的位置安装紧急呼叫按钮或者拉绳式呼叫装置。

6.现代酒店特别是高档豪华酒店的卫生间,不仅要满足功能和舒适要求,还要有文化品位,可以在洗手台或者是浴缸侧台上放置一些工艺品,同时为那些工艺品提供专业的定向照明。

7.进入卫生间的门下地面设一防水石材板,以免卫生间的水流入房间通道。

8.选用抽水力大的静音的马桶,淋浴的设施不要选用太复杂的,而要选用客人常用的和易于操作的设备。

9.设淋浴玻璃房的卫生间,一定要选用安全玻璃,玻璃门边最好设有胶条,既防水渗出,也能使玻璃门开启时更轻柔舒适。

10.手盘水龙头的水冲力不要太大,要选用轻柔出水、出水面较宽的水龙头,有时水流太猛,会溅到客人的裤子上,而造成一时的不便和不悦。

11.镜子要防雾,并且镜面要大,因为卫生间一般较小,由于镜面反射的缘故,而使空间在视觉上和心理上显得宽敞。卫生间巧用镜子会起到意想不到的效果。

12.卫生间的地砖要防滑耐污。地砖与墙砖的收边外最好打上白色或别的颜色的防水胶,让污物无处藏身。

13.卫生间的电话要安放在马桶与洗手台之间,以免被淋浴的水冲到。

14.镜前灯要有防眩光的装置,天花板中间的筒灯最好选用有磨砂玻璃罩的。

15.卫生间的门及门套离地 200 厘米左右的地方要做防水设计,可以设计为石材或砂钢饰面等。

16.淋浴房的地面要做防滑设计,浴缸也可选择有防滑设计的浴缸,防滑垫也是必须配备的。

(二)酒店客房休息区设计

客房的卧室是提供休息、工作、娱乐、通信的主要区域。卧室内的设计需注意以下问题:

1.卧室的床的设计,单人床1.2米×2米为标准式,根据实际需要可做调整,如走道过窄不能满足基本功能,可以让床缩短至1.9米。宽度根据客房的等级可以在1.2~1.5米,床高根据家具的风格可以控制在48~60厘米。

2.床头要设计专用的阅读灯、夜灯和台灯(或者壁灯)。阅读灯需要柔和的光照,台灯可设计成嵌入墙式的(装饰背景墙)。

3.床离卫生间的门起码不得小于200厘米,因为服务员需要一定的操作空间。

4.客房的地毯要耐用、防污甚至防火,尽可能不要用浅色或纯色的,现今有很多的客房地面是复合木地板,既实用又卫生而且温馨舒适,是值得推广的材料。

5.客房家具的角最好都是钝角或圆角的,这样不会给年龄小、个子不高的客人带来伤害。

6.窗帘的轨道一定要选耐用的材料,遮光布要选较厚的,帘布的皱折要适当,而且要选用能水洗的材料,若只能干洗的话,运营成本会增加,得不偿失。

7.电视机下设可旋转的隔板,因为很多客人在沙发上看电视时需要调整看电视的角度。

8.高档的酒店一般设置三部电话,床头一部,工作区一部,卫生间一部。最好有一部是无线电话,顾客可以一边打电话,一边在卧室走动。

9.工作区的椅子和书桌的高度搭配,可以把椅子塞到桌子底下,这样就节约了空间。

(三)入口的通道设计

一般情况下,入口通道部分设有衣柜、酒柜、穿衣镜等,在设计时要注意如下几个问题:

1.地面最好使用耐水、耐脏的石材。因为某些客人会开着卫生间的门冲凉或洗手,水会溅出或由客人的头等带出。

2.过道衣柜的设计要考虑行李箱和挂衣空间、小件衣物的不同分区,不同性质的酒店对衣柜空间的大小的要求也不一样,如城市商务酒店的衣柜较小,因为顾客停留的时间一般较短,休闲度假类的酒店一般衣柜设计得较大些,因为顾客都是一家人出游,住的时间也较长。

3.衣柜的门不要发出开启或滑动的噪声,轨道要用铝质或钢质的。

4.目前流行采用一开衣柜门,衣柜内的灯就亮的设计手法,其实这是危险的,衣柜内的灯最好有独立的控制开关,不然,会留下火灾或触电的隐患。

5.保险箱如在衣柜里不宜设计得太高,以客人完全下蹲能使用为宜,千万不要设计在弯腰的地方,不然客人会感到疲累。

6.穿衣镜最好不要设在门上,因为镜子会增加门的重量,而使门的开启不显得那么轻巧,时间长了,也会导致门的变形。穿衣镜最好设计在卫生间门边的墙上。

7.酒柜烧开水的插座不要离台面太近,起码要有50~60厘米的距离,不然,插入插座时,由于插座的尾线是硬质的不能弯曲而不能使用。

8.柜后的镜子要选用防雾镜,因为烧开水的水会产生雾气。

9.天花上的灯最好选用带磨砂玻璃罩的节能筒灯,如此,不会产生眩光。

(四)客房过道设计

1.客房的过道最好给客人营造一种安静、安全的气氛。过道的门可以凹入墙面,凹入的地方可以使客人开门驻留时不影响其他客人的行走,但凹入不要太深,最好在45厘米左右,太深了,若有客人出门时,恰好别的客人由门前经过时反而会受到惊吓,而失去安全感。灯光既不可太明亮,也不能昏暗,要柔和并且没有眩光。可以考虑采用壁光或墙边光反射照明。在门的上方最好设计一个开门灯,使客人感觉服务的周到。

2.客房过道地面、墙面的材料要考虑易于维护和使用寿命长。有的新酒店使用不到半年就旧了、脏了,除了管理清洁的原因,也有设计师选材不考虑其使用性的原因。客房的过道尽量不要选用浅色的地毯,而要选择耐脏、耐用的地毯。墙边的踢脚板可以适当做高一些,可以做到200厘米高度左右,以免行李推车的边撞到墙纸。有的酒店客房过道甚至还设计了防撞的护墙板,也起到扶手的作用。如此,既防止使用过程中的无意损坏,也为老年人提供了行走上的方便。

3.现在流行不压角线的施工工艺,即墙面的墙纸和天花板直接连接,最好不要这样设计,因为墙与天花板乳胶漆的收边会成为问题,时间长了,会由于热胀冷缩的不同而产生裂痕。如果一定要这样设计,也可以考虑在墙纸与天花板交接处做凹入1.2厘米左右的缝。天花板不宜做得太复杂,空高也不宜太高或过矮,一般不要高于2.6米、低于2.1米。客房入口门上的猫眼不宜太高,要考虑身材不高和未成年人的使用因素。

【本章小结】

客房部是酒店的一个重要部门,客房收入是酒店经济收入的重要来源之一。客房部的设置直接关系到客房管理的科学性和合理性,而各岗位人员的职责和任务的落实,与其他部门的沟通与协调是完成客房部工作的重要保证。客房的种类也直接影响了酒店的经营效果,而服务模式的确定在很大程度上也体现了酒店的管理水平。

【实训练习】

利用课余时间实地调研几家不同类型的酒店,回来课堂分享你对客房在酒店中所处地位的理解。

【综合案例】

台湾商人贾先生在某大酒店总台办完住店手续后,行李员提着箱子送他到7楼。电梯门刚打开,一名服务员已在电梯口迎候着。贾先生走南闯北,住过许多酒店,这样的事情不是第一次遇到。然而,令人惊奇的是,这家酒店是家刚开业不过几个月的新酒店,服务效率如此之高真不简单。

稍事休息后,他打开放在桌上的"服务指南",里面有提示说,客人如有事情请直接打电话到客房服务中心,旁边写有客房服务中心的电话号码。合上"服务指南",贾先生刚坐到沙发上,门铃响起,打开房门,原来是他本打算明天接待的某企业厂长和销售经理。寒暄一番后,他想起要给客人送两杯茶来,便拿起电话拨通了客房服务中心的电话。

3分钟后,楼层服务员出现在门口,手里托着茶盘。"速度这么快!"贾先生不由得夸奖起来。

请问:这家酒店在服务规程方面有哪些可取之处?

项目五 客房卫生清洁服务

📖 **学习目标**

1. 了解客房清扫的规定、客房清洁卫生的质量标准,掌握客房清扫前的准备工作、各种房态及其英文专有名词。

2. 培养实践能力,树立对待清洁卫生的正确态度,能够应对客房服务过程中遇到的突发问题,并妥善处理。

3. 能运用所学的客房清洁的知识和技能,提高自身的职业素养;培养自己做酒店基层服务人员的基本素质。

任务一 客房清洁整理的工作程序

【案例导入】

褥垫上的污渍

北京某高星级酒店的客房部这几天正接待一个会议团体,客人非常多,所以客房服务员清扫客房的任务量很大。某实习生正在一间走客房内做床。他急忙撤下床单,发现褥垫上有一块污渍,因为还有很多间房要做,也顾不得换上干净的褥垫,就将干净床单往上一铺,包好了事。没想到,该房间恰好是酒店用来接待 VIP 客人的特用房,客房部经理亲自来检查房间,发现褥垫上有污渍,十分生气。他说:"不管是什么样的客人住这间房,若发现床单下面铺着有污渍的褥垫,都会影响客人的情绪,休息也不会安心,影响舒适与安全感。很可能使其在北京的整个旅途都不愉快,甚至会拒付房费。失去客人,酒店还要蒙受损失,这后果是非常严重的。"

上述案例告诉我们,客房服务员在客房清洁的过程中应严格按标准程序操作,认真对待每一个细节,否则会给客人和酒店带来不必要的麻烦。

客房是酒店的主体,是酒店的主要组成部门,是酒店存在的基础,在酒店中占有重要的地位。许多客人入住酒店,不一定会在酒店就餐,但一定会使用客房。卫生清洁与管理是客房部的主要工作。客房的清洁程度是客人最关心的问题之一,也是客人选择酒店的标准之一。客房清洁工作的好坏直接影响到客人对酒店的满意程度及酒店的形象和经济效益,清洁舒适的房间和优雅的环境会让入住客人产生宾至如归的感觉,因此,作为一名合格的客房服务员,应做到按时、按服务程序和标准认真高效地清洁客房。

一、客房清洁整理的原则与标准

(一)客房清洁原则

进行客房清洁时应遵循以下原则:

1.从上到下:例如,在擦洗卫生间和用抹布擦拭物品的灰尘时,应采取从上到下的方法进行。

2.从里到外:地毯吸尘和擦拭卫生间的地面时,应采取从里到外的方法进行。

3.先铺后抹:即清洁客房时,应先将布草铺好后再用抹布进行房间抹尘。

4.环形清理:即在擦拭和检查卫生间、卧室的设备用品的路线上,应按照从左到右或从右到左,亦即顺时针或逆时针的路线进行,以避免遗漏死角,并节省体力。

5.干湿分开:在擦拭不同的家具、物品时,要注意分别使用干、湿抹布。

6.先卧室后卫生间:即住客房应先做卧室然后再做卫生间的清洁卫生,这是因为住客房的客人随时有可能回来甚至带来亲友或访客。先将客房的卧室整理好,客人归来就有了安身之处,卧室外观也整洁,客人当着访客的面也不会尴尬。对服务员来说,这时留下来做卫生间也不会有干扰之嫌。但在整理走客房时则可先卫生间后卧室。一方面可以让弹簧床垫和毛毯等透气,达到保养的目的;另一方面又无须担忧客人会突然回来。

(二)客房清洁标准

客房的清洁要做到以下标准,即眼睛看得到的地方无污迹;手摸得到的地方无灰尘;设备用品无病毒;空气清新无异味;房间卫生要达到"十无""六净"。

1."十无"是指:四壁无灰尘、蜘蛛网;地面无杂物、纸屑、果皮;床单、被套、枕套表面无污迹和破损;卫生间清洁无异味;金属把手无污渍;家具无污渍;灯具无灰尘无破损;茶具和冷水具无污痕;楼面整洁,无老鼠、蚊子、苍蝇、蟑螂、臭虫、蚂蚁等"六害";房间卫生无死角。

2."六净"是指清扫后的房间要做到四壁净、地面净、家具净、床上净、卫生洁具净、物品净。

(三)客房清洁的作用

1.客房清洁,可以清除各种脏迹,使被清洁的对象达到酒店所要求的标准。

2.客房清洁还可以达到维护保养的作用,其目的是保证设施及设备处于正常完好的状态,延长其使用寿命,减少维修及更新改造的资金投入。

3.对客房进行清洁,达到杀菌消毒的效果,使环境及物品符合生化要求。

二、客房清洁整理的工作程序

对于客房部的服务员来说,客房日常卫生清洁工作程序为:清扫前准备工作——→进房——→清扫客房——→铺床——→卫生间清理——→房间抹尘——→补充房间用品——→吸尘——→检查——→清扫完毕,离开房间。

（一）清扫前准备工作

1.整理仪容仪表

客房服务员应着工作服上班,将工作牌佩戴在左胸前,将头发梳理整齐,对着镜子检查自己的仪容仪表,女服务员可适当化妆,保持清洁整齐的仪容。

2.签到、签领客房钥匙

楼层主管要根据当天客房的使用情况向客房服务员分配工作任务,服务员应听取楼层主管的工作安排,领取"客房服务员工作日志表"(见表 5-1)和客房钥匙,并根据所分配到的工作任务分析房态。钥匙应在当天上班和下班时领取和签还。

表 5-1　客房服务员工作日志表

楼层:_____　　　姓名:_____　　　日期:_____

房号	房况	时间		入住人数	补充用品																备注
		入	出		肥皂	卷纸	浴帽	洗发液	沐浴液	牙具	梳子	剃须刀	指甲刀	卫生袋	签字笔	拖鞋	购物袋	针线包	擦鞋器	浴袍	

3.了解分析客房状态

客房服务员要根据当天接到的工作任务,分析和了解其负责的客房状况,即俗称的房态,确定清扫房间的顺序,避免打扰客人休息,并及时满足客人的清扫需要。房态的种类见表 5-2。

表 5-2　客房状态表

类别	房态	简称	房态说明
第一类	住客房(Occupied)	OCC/O	表示客人正在租用的客房
	请勿打扰房(Do Not Disturb)	DND	表示该客房的客人因睡眠或者其他的原因不愿服务员打扰
	请即打扫房(Make Up Room)	MUR	表示该客房住客因会客或者其他的原因需要服务员立即打扫
	外宿房(Sleep Out)	SO	表示该客房已被租用,但是住客在外过夜,总台人员应该在计算机上对该客房做外宿未归标记,将此信息通知大堂副理和客房部,大堂副理会双锁该客人的房间,并做记录,客人返回后,则由大堂副理为客人开启房门并做解释说明
	无行李房(No Baggage)	NB	表示该客房住客没有行李,为避免逃账行为发生,应通知总台
	轻便行李房(Light Baggage)	LB	表示该客房的住客行李很少的房间,为了防止逃账,客房部应及时通知总台
	贵宾房(Very Important Person)	VIP	表示该客房的客人是酒店的重要客人
	常住房(Long Stay in Guest)	LSG	又称长包房,即长期由客人包租的客房
	加床房(Extra Bed)	EB	表示该客房有加床
第二类	走客房(Check Out)	CO	表示客人已经结账并已离开客房
	准备退房(Expected Departure)	ED	表示该客房的客人应在当天中午 12 点以前退房,但现在还未退房
	未清扫房(Vacant Dirty)	VD	表示该客房为没有经过打扫的空房
	已清扫房(Vacant Clean)	VC	又称 OK 房,表示该客房已清扫完毕,可以重新出租
第三类	空房(Vacant)	V	表示昨日暂时无人租用的房间
	维修房(Out of Order)	OOO	又称病房,表示该客房因设施设备发生故障,暂时不能出租

4. 决定客房清扫顺序

客房服务员应该先到相关楼层巡查,核实客房的具体状况,然后根据房间的不同状况、开房的急缓先后、客人情况或楼层主管的特别交代,决定房间的清扫顺序。

客房状况不同,清扫的顺序也不一样。一般情况下,客房的清扫顺序为:挂"请速打扫"牌房间→总台或领班指示要打扫的房间→VIP 房间→住客房→长住房→走客房→空房。当然,以上的清扫顺序并不是一成不变的,遇特殊情况时可以灵活处理。如在旅游旺季,酒店开房率较高的情况下,应先打扫走客房,再打扫住客房,使客房可以尽快出租,重新使用。

客房状况不同,对其清扫的要求和程度也有所不同。一般情况下,暂时没人居住但随时可供出租的空房,只需要进行简单清扫;有客人住宿的住客房或尚未清扫的走客房需要进行一般性的清扫;长住客人离店后的客房或是有重要客人光临的客房要进行彻底清扫。

5. 准备房务工作车

房务工作车是客房服务员进行房间清洁与整理时的重要工具。一般情况下,楼层服务员应在当天工作结束时补充和准备好,备齐房间用品和所需的清洁工具。第二天清扫整理房间前,对工作车检查即可,检查工作车上的物品和清洁工具是否和前一天工作结束时准备的一样,然后挂好垃圾袋和布件袋,将工作车推到自己负责的清洁区域,并把车停放在走廊靠墙的一侧,避免影响客人行走。

6.准备吸尘器

吸尘器是清扫客房不可或缺的清洁工具,使用前,要认真检查蓄尘袋内的灰尘是否已倒掉,吸尘器的各部件是否完好,有无漏电现象,如有问题要及时修好。

(二)进房

清洁整理工作是从进房开始的,客房是客人入住后的"私人场所",客房服务员在任何时候进入客人的房间,都必须遵守一定的规程。

1.注意门前指示牌或指示灯。进房前要注意客房的门把上是否挂着"请勿打扰(DND)"的指示牌(见图 5-1)或是房门侧面的墙上是否亮着"请勿打扰"的指示灯(见图 5-2)。如是则不能敲门,而应将工作车轻轻推走,离开此房间。

图 5-1　"请勿打扰"牌

图 5-2　"请勿打扰"灯

【案例讨论】

"笃笃笃,笃笃笃",服务员小刘小心地敲着1208房的门。小刘正想敲第三次门时,门却突然开了,一张充满怒气的脸出现在眼前。"没看到请勿打扰的灯亮着吗?敲什么门啊?我刚躺下一会儿就被你吵醒。真是气死我了!"小刘连忙看了一下手表说:"先生,对不起,现在已经是下午2点40分了,按规定长时间亮着请勿打扰灯的房间,我们是要敲门的,以防止客人发生意外。如果您不需要整理房间,那么我就不整理了。对不起,打扰了。"

"你说什么?怕我出意外?我中午刚刚睡下,休息一会儿就出意外?你胡说什么啊!"客人怒气更盛,声音也更大了。

"你的房间上午不是就亮着请勿打扰灯吗?1208,没错,我的卫生整理报告表上明明做着记号表明上午就亮着请勿打扰灯啊。"小刘还在申辩。

"上午我没睡觉,你不来做卫生。下午刚睡下,你就来敲门。算了,没有时间和你啰唆。"说完,门"砰"的一声重重地关上了。小刘一下子呆住了,眼睛直愣愣地望着门。

这时,领班走了过来,问怎么回事,小刘说完刚才发生的事情,眼泪委屈地流了下来。

讨论:

(1)客人为何如此生气?客房服务员小刘的做法是否合适?

(2)"请勿打扰"的服务规范是什么?

2.按规范敲门或按门铃。敲门时,应将手指微弯曲,以食指和中指第二关节部位轻轻敲门,每次敲3下;或是用食指指尖轻按门铃,每次按1次,不要用手拍门或钥匙敲门。敲门或按门铃应有节奏,每下/次间隔2至3秒。敲门或按门铃后通报"客房服务员(housekeeping)",通报时应面带微笑,平视前方。

3.按规范等候。敲门后应等候3~5秒,不可立即开门或连续敲门,也不能透过猫眼向房内窥视。如听到房内客人回应,服务员应再次通报"我是客房服务员,请问我现在能为您清洁房间吗?",征求客人意见,如客人不同意,则服务员应向客人致歉并离开此房间;或视情况征询何时清扫方便,并把客人要求清扫的时间记录在"客房服务员工作日志表",以免遗忘。

【案例讨论】

某星级酒店客房卫生服务员小王,推着工作车来到668号房间门口,顺手拿出工作钥匙打开房门,径直走进房间去开窗。不料房内一位男客人穿着内裤正在床上休息,见小王进来,已回避不及,又尴尬又气急,恼怒之下拿起电话向酒店投诉。

酒店立即派客房部经理向这位客人赔礼道歉,事后解除了同这位服务员的劳动合同。

请思考:服务员小王错在哪里?客房服务员进入客人房间前可以做些什么?如何才能更好地做到不打扰客人的休息?

4.开门进房。打开房门,将门推至1/2敞开处,将房务工作车横放在房门口,为保护客人房内的财产安全,应用工作车堵住门口,如果房内有客人,则挡住房门1/3,调整工作车的位置,开口向着房内。

(三)清扫客房

1.房间清理。拉开窗帘,打开窗户,关闭空调、熄灭多余的灯,使房内光线充足,空气流通。观察、检查房内情况,清理垃圾与杂物,撤掉使用过的物品,收回可再利用物品,撤走使用过的床单、枕套。

清理垃圾杂物时,将房间和卫生间的垃圾、烟灰缸的烟头、纸篓废弃物等收集倒入工作车的垃圾袋内。注意烟头是否熄灭。将用过的烟灰缸、杯子放入卫生间准备刷洗或放回工作车准备调换。

不经客人同意,不得擅自将客人的剩余食品、饮料、自带用品等撤出房间。尤其是女性化妆品,即使是用完的空瓶、空盒也不得扔掉。客房内可能有保留价值的东西不可随意丢掉。

【案例讨论】

6月9日晚服务员在清理1018房间,把所有的垃圾都收走了,晚上10点张先生回房间后反映,他花费了好长时间才收藏的一只可口可乐瓶子被服务员当垃圾收走了,引起了张先生的极度不满。事后酒店向客人道了歉,主管李世辉去垃圾站找回收藏品,并和总值班王经理一同送到客人房间,再次向客人赔礼道歉,并做了升值服务,以消除顾客不满。

【案例分析】

在对客服务中我们不仅要将房间打扫干净,给客人创造一个整洁、干净的住宿环境,还要给客人以享受,这就包括心理上的享受。除了整理好房间之外,还要给客人营造一种气氛,就是家的感觉,这就要靠用心,在工作过程中要注意客人一切,包括喜好、习惯。另一方面,在清理房间过程中,一定要谨慎,对于客人的东西不能乱动,该清理的要清理掉,遇到自己拿不准的应该及时请示主管或经理,不可擅作主张,以免引起客人不必要的误会和不快,同时也会使我们的工作处于被动。

2.撤床。撤床主要是指拉床、撤换床罩、枕套等床上用品及撤走脏布件。

3.整理器皿。如客人在房内用过餐,则先将房内的送餐桌和餐具移至指定地点。接下来检查烟灰缸内的烟蒂和火柴是否已熄灭,确定熄灭后倒出烟灰缸内的杂物,放入卫生间备洗。撤换脏的茶具、饮具和酒具。

4.收拾垃圾。将纸篓内的垃圾连同清理出的垃圾一起倒进工作车上的垃圾袋内,清洁垃圾桶,更换垃圾袋。

(四)铺床

见任务二西式铺床和任务三中式铺床内容。

(五)清理卫生间

见任务五卫生间清洁内容。

(六)房间抹尘

房间抹尘是指按照一定的路线和方向,用干、湿抹布依次将房内家具、设备和用品擦净擦亮。通常情况下,抹尘顺序为:房门──→衣橱──→行李架──→电视机──→写字台、化妆台──→客房小酒吧──→窗台──→沙发、茶几──→床头板──→床头柜──→空调开关。

抹尘时要认真仔细,做到不漏项、不重复,同时注意检查房内所需补充的客用品和酒店宣传品数量,检查房内设施设备是否运行正常,如有故障,应立即报修,做好记录。

（七）补充房间用品

补充房间内所需客用品和酒店宣传品。卫生间内的用品要按要求统一摆放整齐，面巾纸和卷纸要折角。摆放物品时，不要对房间造成二次污染。

（八）吸尘

吸尘是指按照由里及外的原则，将房间的四边、沙发、窗帘后、墙角、床底等处的灰尘吸出。吸尘后要将家具复位，关好窗户，拉上纱窗帘。

（九）检查

操作完毕后、离开客房前应自我检查，查看家具用品摆放是否整齐干净，清洁用具是否遗留在房内。如发现不妥，应及时处理。

（十）清扫完毕，离开

检查确认无误后，拔出节能电源的取电牌，退出房门，轻轻把门关上。每间客房清扫完毕后，要在"客房服务员工作日志表"上填写登记，详细记录清扫时间、客房用品的使用与补充情况，以及需要维修的项目和特别工作等。

【实训练习】

分别找两组学生（每组两人，一人为客房服务员，一人为住店客人）模拟练习：清扫客房时，进房前的各注意事项（分情况练习）。

任务二　西式铺床

铺床是指按照一定规格和操作程序铺好床上用品。铺床分为西式铺床和中式铺床。西式铺床是以西式规格的床上用品、使用西式席梦思床、按照西式铺法进行整理，而中式铺床则是按照中国的民族特点和生活习惯整理床上用品。下面介绍西式铺床的程序及要求。

一、西式铺床的程序

西式铺床分为四个步骤共八个环节，四个步骤分别是铺垫单、铺盖被、套枕套、铺床罩，八个环节是拉床、撤单、铺垫单、铺衬单、铺毛毯（包边、包角、盖毯）、套放枕头、铺床罩、推床。具体操作如下。

（一）拉床

站在床尾将床慢慢拉出离床头板 30～50 厘米。对正床垫，并注意床垫四边所标明的月份字样，按期翻转床垫，使其受力均匀平衡。

（二）撤单

将床上用过的布单层层揭下，将枕套撤去。撤床单和枕套时要抖动几次，确认里面无小件衣物或其他物品。将毛毯、床罩等稍加折叠，放在适当的位置。

（三）铺垫单（铺第一条床单）

甩单：站在床头、床尾或床的一侧的中间位置，抖开床单，将毛边向下抛盖在床上。定位：抖床单同时看准方向和距离，底单中线左右居中，有折皱的卷边要稍加整理。包角：底单四角包好床垫，角要包得平直，床单要铺得紧绷平整，掀起床垫尾部将床单打入夹缝，按对称手法将床的两侧包成四个45°角。

（四）铺衬单（铺第二条床单）

注意反面向上，中线居中，床单头部与床头对齐。

（五）铺毛毯

毛毯上端距床头25～30厘米盖于第二条床单上，中线对齐，商标朝外在床尾下方。将盖单上端长出部分沿毛毯边沿往下翻折作被头，两侧下垂部分的毛毯和盖单一起掖入床垫下面，将床尾两个角包成信封角。

（六）套放枕头

拆松枕芯，套上枕套，整理成形，放置于床的正中，单人床将枕袋口反向于床头柜，两个枕头重叠摆放。双人床枕套口方向相对。枕头压毛毯5～6厘米，离床头约5～10厘米。

（七）铺上床罩

将折叠好的床罩放好打开，床尾及两边定位，两边均等，床尾部分距地面5厘米。站在床头位置将床罩置于枕头上边，将多余部分分别均匀填入上下枕头夹缝中。整理加工，使其美观。

（八）推床

将床复位，将床身缓缓推回原位置，最后将做完的床查看一次，整理定形。

二、西式铺床的要求

（一）操作标准要求

1.三次甩单力均匀（甩开垫单、盖单、毛毯时用力均匀）。

2.两次包角紧而平（垫单包四角、盖被包两角要拉紧压平）。

3.四线重叠定位准（垫单、盖单、毛毯、床罩的褶线相叠、位置居中）。

4.四理床面平而挺（垫单、盖单、毛毯、床罩要保持床面的平整、挺括）。

（二）操作时间要求

一般情况下，竞赛标准为2分30秒；考核标准为3分钟。

（三）操作常规要求

1.站位：西式铺床可站在床侧，即1/2近床尾处进行操作，也可以站在床头尾的居中位置进行操作。

2.移动：操作过程中，从床头移至床尾时三步到位；不可以跑动；一般惯例操作中只走三面，即床头、床尾和其中一侧，不能绕床。

3.违例动作：操作过程中出现跪地、跪床、手按床垫或在床面上抹平等均属于违例动作。

【实训练习】

分组，以六人为一组进行西式铺床整体操作。其中一位讲述其操作的方法、要点及要领，其他同学与老师进行点评。

附：西式铺床考核表

组别：＿＿＿＿＿＿＿＿＿＿　　姓名：＿＿＿＿＿＿＿＿＿＿　　时间：＿＿＿＿＿＿＿＿＿＿

序号	考核内容	考核要点	评分标准	配分	扣分	得分
1	拉床	(1)屈膝下蹲，将床拉出50厘米 (2)检查整理床垫	(1)未将床拉开操作扣1分 (2)拉床时动作错误扣1分 (3)床身离开床头板不足50厘米扣2分 (4)未检查整理床垫扣2分 (5)其他扣4分	10		
2	撤单	(1)左手捏住枕袋封口一角，右手探入袋内把枕芯轻轻拉出，撤出枕套 (2)把毛毯从各角和夹缝中拉出，撤出毛毯 (3)从角部开始把床单从床垫缝中逐一拉出，撤出床单	(1)撤单时注意检查枕套、毛毯以及床单是否夹有客人遗留物品，如有未处理扣2分 (2)发现枕芯有污垢未及时更换扣2分 (3)发现污损棉褥未及时更换扣2分 (4)未把棉褥理顺拉平扣2分 (5)其他扣6分	20		
3	铺第一条床单	(1)抖单 (2)定位 (3)包角	(1)抖单动作有误扣1分 (2)抖单后床单中线没有居中扣3分 (3)未定位而直接包角扣2分 (4)包角未达到直角扣1分 (5)其他扣3分	10		
4	铺第二条床单	(1)抖单方法同前 (2)抖单后使床单中线居中，中折线与第一床单对称，三面均匀 (3)床单头部与床头板对齐	(1)抖单后床单中线未居中扣3分 (2)中折线与第一床单不对称扣3分 (3)床单头部与床头板未对齐扣2分 (4)其他扣2分	10		

序号	考核内容	考核要点	评分标准	配分	扣分	得分
5	铺毛毯	(1)毛毯定位,与床头相距35厘米,毛毯中线与床单中线对齐 (2)毛毯平铺且商标朝外在床尾下方 (3)毛毯包角 (4)毛毯包边	(1)毛毯前部与床头相距离未达到35厘米扣2分 (2)毛毯商标未朝外且在床尾下方扣2分 (3)毛毯包角不符合要求扣2分 (4)毛毯表面松垮不平整扣2分 (5)其他扣2分	10		
6	套枕袋	(1)套枕袋 (2)用两手提起枕袋口轻轻抖动,使枕芯自动滑入,装好的枕芯要把枕袋四角冲齐	(1)套枕袋动作不规范扣2分 (2)枕袋四角未饱满挺实扣2分 (3)其他扣6分	10		
7	放置枕头	(1)将套好的枕头放置床的正中,单人床将枕袋口反向于床头柜,两个枕头各保持20厘米厚度重叠摆放,离床头1厘米 (2)双人床放枕头时,将四个枕头两个一组重叠,枕套口方向相对,当房间有两张单人床时,也要将两床枕套口反向于床头柜,摆放枕头要求一致 (3)枕头放好后要进行整形,轻推枕面,使四角饱满挺实,不要在枕面上留下手痕	(1)套好的枕头未放置床的正中间扣2分 (2)枕袋口摆放的方向错误扣2分 (3)枕头放好后没有进行整形,四角不够饱满挺实扣2分 (4)枕面上留下手痕扣1分 (5)其他扣3分	10		
8	铺床罩	(1)把折好的床罩放在床中央横向打开 (2)床罩尾部拉至床尾下离地5厘米处(扣准床尾两角) (3)整理床罩头部,使处于枕头上的床罩平整,两侧呈流线型自然垂至床侧	(1)打开床罩动作不规范扣1分 (2)床罩尾部着地扣1分 (3)床罩尾部未扣准床尾两角扣1分 (4)床罩头部其下部分未能均匀填入上下枕头缝之中扣1分 (5)床面不平整,两侧不均匀扣2分 (6)其他扣4分	10		
9	将床推回原位	(1)把床身缓缓推回原位置 (2)最后再将做完的床查看一次,对不够整齐、造型不够美观的床面,尤其是床头部分,用手稍加整理	(1)床身推回原位置后有歪斜扣2分 (2)没有最后查看扣2分 (3)对不够整齐、造型不够美观的床面未加整理扣2分 (4)其他扣4分	10		
合计				100		

任务三　中式铺床

目前越来越多的客人有中式铺床的需求,因此,掌握中式铺床的流程和操作规范显得尤为重要。

中式铺床是按照我国传统的风俗习惯配备和整理床铺,是近几年在星级酒店又重新兴起的铺床方法。其优点是,便于客人入睡时进入被窝,符合人性化管理的要求,并具有民族特点。中式铺床除边角不包外,其他程序与西式铺床一样。

一、中式铺床的操作流程

中式铺床的操作流程包括:①拉床;②铺床单;③铺被套;④套被芯;⑤套枕头;⑥放置枕头;⑦将床复位。

二、中式铺床操作规范

中式铺床操作规范见表 5-3。

表 5-3　中式铺床操作规范

动作	操作规范
1. 拉床	站在床尾,曲膝下蹲双手将床垫连同床架慢慢拉出约 50 厘米,并整理床垫,使床垫与床架完全吻合
2. 铺床单	1. 站在床头,将床单从床头柜上拿放在床上并抖散 2. 双手执床单的一端,床单中折线居两手位置中间,用力将床单甩开,平铺于床垫上 3. 铺设好的床单要求正面朝上,中折线居床的正中位置,床头床尾部位床单下垂 30 厘米,两侧均匀留出,使之能够包住床垫 4. 包角:以下蹲姿势将床头下垂床单用双手塞入床垫下,床角位置将下垂床单于床侧方向折叠成 45°角(或 90°角),并将床侧下垂床单掖入床垫下,使之包住床垫;用同样的方式将床头另一侧的角包好;依顺时针方向或逆时针方向大步行至床尾下蹲,将床尾下垂床单同样用双手塞入床垫下,按同样方法包好床尾两角;包好的角要求四个角度均匀紧实、样式一致;床单面平整、挺括床侧面床单挺直、紧实
3. 铺被套	1. 站在床头,将已折叠好的被套拿放在床上 2. 用双手抓住其顶端,双脚站稳,重心朝前,双臂伸出,将被套从身体腹部位置抛出展开平铺于床面 3. 将被套顶端拉至被套尾端距离床尾约 30 厘米,再将被套顶端反盖于被套上 4. 甩好的被套要求中折线居中,床侧垂直两边距离相等

续表

动作	操作规范
4.套被芯	1.将已折叠好的被芯拿放在床尾打开 2.先将被芯的两个角塞入被套内,并将其与被套的两个角固定好轻轻放下,再将被芯的其他部分塞入被套内 3.大步行至床头,两手执已固定好的两个角,用力将被子抖开然后平铺在床上,再大步行至床尾将床尾的两个角固定好,再将被套的带子系好。再到床头将被子拉至与床头边缘平行再反折30厘米 4.套好的被子要求四边及四角都饱和、中心线居中、两侧均匀留出、被子平整、挺括
5.套枕头	1.站在床头,将枕芯和枕套从床头柜上拿放在床上 2.两手执枕套开口处将枕套抖开,左手拿枕套右手将枕芯拍松再抓住,将其套入枕套内,用同样方法将另一个枕头套好,套好的枕头要求枕芯全部装入枕套内不外露,四角均匀饱满
6.放置枕头	将套好的一个枕头横放置于床头居中、与床头边缘平行,开口朝反向于床头柜方向,另一枕头竖靠在该枕头的正中,开口方向朝下
7.将床复位	利用杠杆原理以脚背和小腿把床身缓缓推回原位置,最后再将做完的床查看一次。对不够整齐、造型不够美观的床面,尤其是床头部分,用手稍加整理

总体印象:操作要做到快、巧、准

【实训练习】

客房铺床时是按顺序铺床单、铺毛毯、毛毯定位、铺面单、包盖毛毯头、塞床单、包角定位(把毛毯四边塞到床的软硬垫之间)……

一天客人王先生和服务人员聊天,他说:"你们真辛苦,我也真辛苦。你们上午辛辛苦苦地把床包起来,我每天辛辛苦苦费力把床单连同毛毯拉出来,把床弄得很乱,真累。"服务员说:"这是宾客服务规范的要求,这样铺床显得整齐、美观,所有宾馆都是这样,我们也常听到客人抱怨这样不方便,我们也没有办法。"

请设计场景,进行模拟训练。

【课后思考】

中式铺床与西式铺床的区别。

任务四　其他客房清洁

一、住客房清洁

住客房是客人正在租用的房间。对于走客房来说,清扫的顺序一般是先撤床,再清理卫生间,最后清理房间,这样让床垫和毛毯可以有一定的时间透气,以达到保养的目的;而住客房清扫一般要求先清理房间,再清理卫生间,这是因为住客随时可能回来,甚至可能有访客的到来。所以先将房间整理好,使其外观整洁,给客人以舒适感,之后再清理卫生间就不会轻易打扰到客人。

住客房清洁的程序大致与走客房相同,但要注意以下几点:

1.进入客人房间前先敲门或按门铃。房内无人方可进入。房内若有人应声,则应主动征求意见,得到允许后方可进房。

2.如果客人暂不同意进房,则将房间号码和客人要求清扫的时间写在工作表上。

3.清扫时将客人的文件、杂志、书报稍加整理,但不能弄错位置,更不能翻看。

4.除放在纸篓里的东西外,即使放在地上的物品也只能替客人做简单的整理,千万不能自行处理。

5.擦壁柜时,只搞大面卫生即可。注意不要将客人的衣物弄乱、弄脏。

6.擦拭行李架时,一般不挪动客人行李,只擦去浮尘即可。

7.女性用的化妆品,可稍加整理,但不要挪动位置。即使化妆品用完了,也不得将空瓶或纸盒扔掉。

8.要特别注意不要触摸客人的照相机、手提式电脑、笔记本和钱包等物品。

9.房间整理完毕,客人在房间时,要向客人表示谢意,然后退后一步,再转身退后一步,再转身离开房间,轻轻将门关上。

二、VIP 客房清洁

(一)什么是 VIP 客房

VIP 是英文"Very Important Person"的简称,意为"非常重要的客人",一般称之为"贵宾"。VIP 客房,即是接待酒店贵宾的客房。VIP 客人入住期间,服务员须按标准仔细清洁房间卫生,随时留意客人动向、要求,给客人提供满意的服务。

(二)VIP 客房清洁

1.在日常清洁的基础上,对客房进行全面彻底的清洁保养。

2.在铺床时采用较好的物品。

3.按照贵宾等级和接待规格的高低布置贵宾房。

4.按照酒店的品种和数量补充全新的卫生用品。

5.客人每离开房间一次,就要给房间整理一次卫生。

三、空房清洁整理

空房是客人走后,经过清扫而尚未出租的房间。空房的清洁整理较为简单,主要是擦拭家具、设备,检查房间用品是否齐备。空房的清洁整理虽较为简单,但须每天进行,以保持房

间内良好的状况,随时能住进新客人。空房清洁整理的要求有:

1.每天要进房开窗或开空调,通风换气。

2.每天将浴缸和脸盆的冷热水放流 1~2 分钟,以保证水质的洁净。

3.用干湿适宜的抹布擦拭各种家具、设备以及物品表面的浮尘。

4.如遇连续无客人入住的空房,则隔 2~3 天吸尘一次,以维持地毯的清洁。

5.定期检查浴室内的毛巾是否因空气干燥而失去弹性和柔软度,如不符合要求,则要在客人入住前更换新毛巾。

6.检查空房内有无异常情况,如设备有损,则需及时报修。

【实训练习】

制作酒店 VIP 客人接待通知单,设置 VIP 客人接待标准,并设计不同国家、不同民族的 VIP 客人的接待准备。

任务五　卫生间清洁

客房卫生间是客人活动的重要区域,其卫生状况不仅影响到宾客的生活,而且事关酒店形象,所以客房卫生间的清洁至关重要。

一、卫生间清洁的工作顺序

通常情况下,卫生间清洁的顺序为:进入卫生间,开灯,换气,准备清洁工具——撤走客人使用过的布件——撤出垃圾——清洗口杯——清洁镜面——清洗面台——清洗浴缸——刷洗恭桶——清洁卫生间地面——补充卫生间客用品——检查卫生间——退出卫生间。

二、卫生间清洁的工作程序

(一)进入卫生间,开灯,换气,准备清洁工具

客房服务员应携带清洁桶、清洁剂和清洁工具进入卫生间,进入卫生间后,首先要开灯,检查各照明设备是否工作正常,同时打开排气扇,使卫生间内气流通畅。

(二)撤走客人使用过的布件

撤掉客人用过的浴巾、面巾、大毛巾和脚巾。清除卫生间台面和废弃用品。但不能随意移动客人自带或正在使用的物品,如客人使用的化妆品、化妆盒、首饰和皮包,只需稍加整理。

（三）撤出垃圾

将烟灰缸和纸篓内的脏物倒入工作车上的垃圾袋内，清洗烟灰缸，在卫生间内擦干、擦净，供继续使用。倒纸篓后要擦洗干净纸篓，套放新的垃圾袋。

（四）清洗口杯

清洗口杯并消毒，然后套上消毒杯套，口杯杯口向上，"已消毒"字样要朝外摆放。

（五）清洁镜面

可用卫生间内废弃的卷筒纸将镜面上的水迹、皂迹擦干净，并随手检查镜子上方的照明灯。

（六）清洗面台

清洁面盆、台面，先用清洁剂擦洗面盆及金属镀件，然后放水冲洗，用抹布将面台上、面盆内的水迹擦干。

（七）清洗浴缸

先将浴缸的活塞关闭，放一些热水和清洁剂在里面；然后用浴缸刷把浴缸周围伸手可触及的墙壁、皂托、金属巾架、浴帘杆、浴缸内外刷洗一遍；将浴帘放入浴缸清洗；将活塞打开，用沐浴喷头放水冲洗；用抹布擦干并擦亮所有的金属。

（八）刷洗恭桶

在倒烟灰缸和纸篓前，先将恭桶冲水，以除去恭桶内的脏物，并倒入适量清洁剂浸泡，节省工作时间。用恭桶刷刷洗恭桶盖、垫圈、内壁及下水口；放水冲洗，注意用恭桶刷搅动；用抹布将恭桶上的水箱、恭桶盖、垫圈、恭桶外侧及底座彻底擦干，擦亮电镀冲水柄，待补充卫生间用品时将"已消毒"封条压在垫圈下（为符合绿色酒店要求可不使用此条）。

（九）清洁卫生间地面

用专用抹布按从里到外的顺序将地面擦干；地漏处尤要仔细擦净，擦至门口时要先转身将房门和门上的挂衣钩擦干净（注意换用抹布），擦亮金属镀件和毛巾架，然后再擦门口的地面。

（十）补充卫生间客用品

按规定补充卫生间物品，包括棉织品和低值易耗品，并按要求摆放整齐。通常情况下，摆放的棉织品有：大毛巾两条，放在毛巾架上房，大毛巾要叠好，有店徽的店徽朝上；浴巾两条，放在浴巾架上，两条浴巾的店徽拼成一个整体店徽；面巾（或小方巾）两条，叠好后放在台面上，店徽向上，两条面巾的店徽拼成一个整体店徽，有面巾架的挂在面巾架上；脚巾一条，搭在浴盆沿中间，店徽字样朝外。增补低值易耗品，如一次性牙具、梳子、浴帽、针线包等。

（十一）检查卫生间

环视整个卫生间，查看物品是否已经按要求补充齐全并按规定摆放，地面是否有毛发和水渍，查看有无工作漏项，如有即刻清理或补充。

（十二）退出卫生间

带好清洁桶及工具，关灯，关掉排风扇，将卫生间门虚掩。关掉电源，关上门，退出房间。

【实训练习】

一天晚上，一位大约三十岁、服装讲究的香港女客人面带怒色来到酒店大堂经理前，投诉放置在卫生间洗漱台上的护发液不见了，怀疑被客房服务员扔掉了。她表示多年来一直使用特定的法国的名牌护发液，即使是外出旅行也会随身携带，其他的护发液不习惯使用。大堂经理了解情况后，觉得应到现场调查，于是跟随客人走进客房的卫生间，发现洗漱台上整齐地摆放着客人的洗漱用品和化妆盒，只是没有护发液。大堂经理立刻叫来当班服务员小兰询问，随后了解到小兰看到半透明的瓶子瓶底只剩一点护发液，以为对客人没什么用了，加上酒店提供高级护发液，所以就把那瓶护发液收拾掉了。客人生气地表示，恰恰这最后一点护发液是她留着最后一晚用的，明天就要搭乘飞机返回香港。

请设计场景，进行模拟训练。作为客房服务员，在清理卫生间时应注意什么？

任务六　夜床服务

一、什么是夜床服务

夜床服务又称"做夜床"或"晚间服务"，是对住客房进行晚间寝前整理（见图5-3），目的是方便客人休息，整理干净使客人感到舒适。夜床服务是一种高雅而亲切的服务，表示了对客人的欢迎和礼遇规格。

一般情况下，夜床服务在晚上6点以后开始，因为此时客人大多会外出用餐，这样既可避免打扰客人，又方便服务员工作。

二、夜床服务的基本程序和步骤

（一）夜床服务的基本程序

1.敲门进房。按规范敲门，敲门时通报"客房服务员（housekeeping）"。如果有客人在房内，应先礼貌征求客人意见是否要做夜床，征得同意后方可进入；如客人不需要做夜床，则要向客人表示歉意，道晚安后退出。如无人在房间，则按规范开门进入。

2.开灯。打开灯，拉上窗帘，并将空调调至适宜温度。

3.清理杂物。将烟灰缸清理干净，整理废纸杂物。同时查看物品有无短缺，热水是否备妥。

图 5-3　做夜床

4.做夜床。

(二)做夜床的步骤

1.取下床罩并折叠整齐,放置在规定的位置。

2.将床头柜一侧的被单和毛毯一起向外掀起,折成 45°角。双人房如只住一位客人,尤其是入住者为女宾时,一般只开靠墙壁的一张内床,或可以按客人习惯开床。不可同时开两张床。

3.将枕头拆松摆正,有睡衣的话将睡衣折叠放置于枕头上,并摆好拖鞋。

4.按照酒店的规定在床头的枕头上放上晚安卡和小礼品等。

5.整理卫生间,撤换 VIP 房内用过的毛巾、杯具等,其他类客房稍作整理即可。

6.补充房内物品,如茶叶、热水等。

7.检查房间和卫生间是否有纰漏,留有床头灯和廊灯,其余灯全部关掉。退出房间,关好门。如有客人在,则要向客人道"打扰了,晚安",并将门轻轻关好。

8.填写晚间服务记录。

三、小整服务

小整服务类似于夜床服务,一般是为 VIP 客人提供的,主要是指整理客人午睡后的床铺,并补充茶叶、热水等物品,将房间恢复原状。个别酒店还规定对有午睡习惯的客人,在客人去餐厅用餐时迅速给客人开床,以便客人午休。

各酒店应根据自己的经营模式和房价的高低等决定是否需要提供小整服务以及小整服务的次数。

【案例讨论】

某日中午 12:00 左右,客房服务员小李正在"B1513 房间"清扫。这时,一个客人一边打着电话一边走进了该房,在房间里打了一会儿电话后,通话的语气突然显得着急起来。随后客人对小李说："你先不用搞卫生了,我有事情要谈,要打扫的话我会电话通知的。"小李听后,即刻退出了该房,继续清扫其他房间……

下午 15:30,"B1513 房客人"致电大堂经理投诉——他房间内的一台笔记本及 15000 元现金不见了! 经核实身份证件,刘先生确实是开房登记人。

大堂经理立即询问楼层当班服务员小李"是否见过客人的手提电脑及现金",小李的回答是"见过电脑没有见过现金",由此证实了客人的投诉。

然后,小李随同大堂经理一起至保安部查看录像。经核实,在录像中发现一边打电话一边进房间的客人,不是刘先生本人……

后经协商,酒店赔偿了客人 2 万元。

思考:

1.在房间打扫卫生时,客人回来了怎么办?

2.作为客房服务员,在进行客房清洁时应注意什么?

项目六　公共区域清洁保养

【案例导入】

　　某杂志社几位采编人员一连三天待在酒店的房间里整理采访来的材料。忽然，门铃响起，开门一看，正是他们翘首等待几天的同济大学某教授。他们发现教授手中的雨伞外有一个细狭的塑料套子，不禁赞扬教授的细心了。要是没有这个套子的话，大酒店豪华的地毯早就被湿透的雨伞上的水滴弄湿了。"哪里，哪里，"教授一边坐下一边说，"我哪里想到这一层，是酒店大堂服务员给每个进店拿着雨伞的客人套上的。既方便了客人，又保护了酒店地毯，保持了酒店环境整洁。"

　　分析提示：

　　小小的雨伞套，折射出了酒店对于环境的重视程度，通过这个案例，你是不是对如何保持酒店环境整洁有了更深的体会？

　　公共区域（Public Area，简称 PA），是宾客和酒店员工共同享有的活动区域，包括室内和室外、客用部分和员工使用部分。一般来说，在酒店中除餐饮后堂和客房楼层以外的所有区域都叫公共区域。客人对酒店的最原始的印象来自酒店的公共区域。所以说，酒店公共区域是酒店的重要组成部分。公共区域的清洁保养水准代表着整个酒店的水准。宾客往往根据他们所看到的公共区域的清洁保养状况来评价酒店的档次水准以及酒店管理和服务工作的质量。因此,做好公共区域的清洁保养工作有着特别重要的意义。

任务一 认识清洁剂

一、清洁剂的种类和用途

清洁剂是客房服务员在进行卫生清洁时的强有力的工具,可以创造出一种令人愉快的卫生环境,在其中工作会使人心情愉悦、工作热情增加,同时一个美好的环境能吸引客人。此外,通过使用机械方法和加速清洁化工产品,可以降低劳动成本,一般多用于机械设备。

清洁剂按其化学性质,分为酸性清洁剂、中性清洁剂和碱性清洁剂三种类型。

(一)酸性清洁剂(pH 值 1~6)

酸性清洁剂是含有酸性化合物如硫酸、盐酸等的清洁剂。因酸性具有一定的杀菌除臭功能,所以酸性清洁剂主要用于卫生间的清洁。酸性中和尿碱、水泥等顽固斑垢,因此,一些强酸清洁剂可用于计划卫生。酸性清洁剂通常为液体,也有少数为粉状,因酸有腐蚀性,所以在用量、使用方法上都需特别留意,禁止在地毯石材、木器和金属器皿上使用酸性清洁剂。

(二)中性清洁剂(pH 值 6~9)

中性清洁剂是一种中性化合物制成的清洁剂,pH 值呈中性或微酸性,此类清洁剂配方温和,一般多用于保养,在日常清洁卫生中被广泛运用。中性清洁剂有液体、粉状和膏状,其缺点是无法或很难除积聚严重的污垢,现在酒店广泛使用的多功能清洁剂即属此类。

(三)碱性清洁剂(pH 值 9~12)

碱性清洁剂是指含氢氧化钠或其他碱性化合物的清洁剂,此类清洁剂是利用酸碱中和来清洁酸性污渍的,可用于一切酸性污渍。碱性清洁剂对于清除油脂类脏垢和酸性污垢有较好效果,但在使用前应稀释,用后应用清水漂清,否则时间长了会损坏被清洁物品的表面。碱性清洁剂既有液体、乳状,又有粉状、膏状。

二、酒店常用的清洁剂

在做计划卫生工作时,使用合适的清洁剂不仅省时、省力,提高工作效率,而且对延长被清洁物使用寿命很有益处,但清洁剂和被清洁物都有较复杂的化学成分和性能,若清洁剂使用不当不仅达不到预期效果,相反会损伤被清洁物品,因此,选择合适的清洁剂对酒店来说是非常重要的。

目前酒店常用的清洁剂大致有以下几种。

（一）酸性清洁剂

1. 盐酸（pH 值＝1）

主要用于清除基建时留下的污垢，如水泥、石灰等斑垢，效果明显。

2. 硫酸钠（pH 值＝5）

能与尿碱起中和反应，可用于卫生间恭桶的清洁，但不能常用且必须少量。

3. 草酸（pH 值＝2）

用途与盐酸、硫酸钠相同，只是清洁效果强于硫酸钠，使用时要特别注意。

以上三种酸性清洁剂都可少量配备，用于清除顽固尘垢或计划卫生。但使用前必须加以稀释，且不能将浓缩液直接倒在被清洁物表面。

4. 恭桶清洁剂（pH 值 1～5）

恭桶清洁剂呈酸性，但含合成抗酸剂，以增加安全系数，有特殊的洗涤除臭和杀菌功效，主要用于清洁卫生间恭桶、男用便器、洗手盆等用具。使用时应先按说明书稀释，且注意必须倒在恭桶和便池内清水中，不能直接倒在被清洁物表面。

5. 消毒剂（pH 值 5～9）

消毒剂主要呈酸性，可作为卫生间的消毒剂，又可用于杯具消毒，但一定要用水漂净。

（二）中性清洁剂

1. 多功能清洁剂

多功能清洁剂可用于去除除地毯外的其他地方的污垢，对物体表面损害较小，可防止家具发霉，使用时应根据说明进行稀释后再使用。

2. 洗地毯剂

这是一种专门用于洗涤地毯的中性清洁剂，因含泡沫稳定剂的量有区别，可分为高泡和低泡两种形式，低泡一般用于湿洗地毯，高泡用于干洗地毯，若用低泡洗地毯剂宜用温水稀释，去污效果更好。

（三）碱性清洁剂

1. 玻璃清洁剂（pH 值 7～10）

玻璃清洁剂有桶装和高压喷罐装两种，前一种类似多功能清洁剂，主要功能是除污斑，使用时需装在喷壶内对准脏迹喷一下，然后用干布擦拭即光亮如新；后一种内含挥发性溶剂、芳香剂等，可去除油垢，用后留有芳香味，且会在玻璃表面留下透明保护膜，更方便以后的清洁工作，省时省力效果好，但价格较高。

2. 家具蜡（pH 值 8～9）

在每天的客房清扫中，服务员只是用湿布对家具进行除尘，家具表面的油污等不能除去。对此，可定期用稀释的多功能清洁剂进行彻底除垢，但长期使用会使家具表面失去光泽，因此还应定期使用家具蜡，家具蜡形态有乳液、喷雾型、膏状等几种，它具有清洁和上光双重功能,既可去除家具表面动物性和植物性油污,又可形成透明保护膜,具有防静电、防霉的作用。使用方法是将适量家具蜡倒在干抹布或家具表面上,擦拭一遍,其作用是清洁家具,15分钟后再用同样方法擦拭一遍,这一遍是上光。

3.起蜡水(pH值10～14)

起蜡水用于需要再次打蜡的大理石木质地面,其碱性强,可将陈蜡及脏垢浮起而达到去蜡功效。使用时应注意需反复漂清地面后才能再次上蜡。

(四)上光剂

1.擦铜水

擦铜水呈糊状,主要原理是氧化掉铜表面的铜锈而达到清洁光亮铜制品的目的,应注意的是只能用于纯铜制品,不能用于镀铜制品,否则会将镀层氧化掉。

2.金属上光剂

金属上光剂含轻微磨蚀剂、脂肪酸、溶剂和水,主要用于铜制品和金属制品,如水龙头、卷纸架、浴帘杆、毛巾架、锁把、扶手等,可起到除锈、去污、上光的作用,只限于纯金属制品使用。

3.地面蜡

地面蜡有封蜡和面蜡之分。封蜡主要用于第一层底蜡,内含填充物,可堵塞地面表层的细孔,起光滑作用;面蜡主要是打磨上光,增加地面光洁度和反光强度,使地面更为美观。蜡有水基蜡和油基蜡两种。水基蜡一般用于大理石地面,其主要成分是高分子聚合物,干燥会形成一层薄保护膜;油基蜡主要成分是矿物石蜡,常用于木板地面。蜡的形态有固体、膏体、液体三种,比较常用的是膏体、液体这两种地面蜡。

(五)溶剂类清洁剂

溶剂为挥发性液体,主要用于去除怕水的被清洁物上的污渍。

1.地毯除渍剂

地毯除渍剂功效特强,专门用于清除地毯上的特殊斑渍,适合清洗毛、麻、棉、各种化纤、混纺和尼龙、地毯上的茶渍、咖啡、油渍、饮料等污渍,对羊毛地毯尤为合适。地毯除渍剂种类很多,如清除果汁色斑的、清除油脂类脏斑的、清除口香糖的。但地毯上有脏斑应及时擦除,否则除渍效果不明显。

2.牵尘剂(静电水)

牵尘剂用于浸泡尘推,对免水拖地面如大理石、木板地面进行日常清洁和维护,达到清洁保养地面的效果。

3.杀虫剂

这里指喷罐装高效杀虫剂,由服务员使用,对房间喷射后密闭片刻,可杀死蚊、蝇和蟑螂等爬虫和飞虫。但对老鼠则应购买专门的灭鼠药或请专业公司进行处理。

4.酒精

酒精适用于电话消毒等清洁项目。

5.空气清新剂

空气清新剂具有杀菌、去异味、芳香空气的作用。空气清新剂品种很多,产品质量的差距很大,辨别质量优劣的最简单的方法就是看留香时间的长短,留香时间长则质量较好。

三、清洁剂的使用

为了有效地使用清洁剂,充分发挥其效能,减少浪费,提高清洁保养工作的安全性,有必要对酒店常用清洁剂进行严格的管理与控制。在使用清洁剂的过程中应注意的事项如下:

(1)一般清洁剂皆为浓缩液,使用前必须严格按照使用说明进行稀释,配水比例适中。浓度过高,既浪费清洁剂,又对被清洁物有一定的损伤作用;浓度过低,则达不到清洁效果,不能满足酒店的卫生要求,影响酒店服务质量。

(2)不能使用粉状清洁剂。粉状清洁剂对被清洁物表面尤其是卫生洁具表面有一种摩擦作用,会损伤物体的表层。同时,粉状清洁剂在溶解过程中易于沉淀,往往也难以达到最佳的清洁效果。

(3)应根据被清洁物不同的化学性质、用途及卫生要求选择合适的清洁剂,达到酒店清洁保养的要求。

(4)清洁剂在首次使用前应先在小范围内进行试用,效果良好的才可以在大范围内推广使用。

(5)应做好清洁剂的分配控制工作,减少不必要的浪费。

(6)高压罐装清洁剂、挥发溶剂清洁剂以及强酸、强碱清洁剂在使用中都应注意安全问题。前者属易燃易爆物品,后者对人体肌肤易造成伤害,服务员应在日常工作中掌握正确的使用方法,使用相应的防护工具,禁止在工作区域吸烟等。

(7)任何清洁剂一次使用过多都会对被清洁物产生不同程度的副作用,甚至是损伤,因此,不能养成平日不清洁,万不得已时再用大量的清洁剂清洗的坏习惯。这种方法既费时、费力、效果也不好。不要指望好的清洁剂对任何陈年脏垢都非常有用。

(8)酒店应根据各自的资金状况选择合适的清洁剂。

【实训练习】

认识清洁剂的种类和性能,并独立进行区分。

任务二 认识清洁设备

清洁设备是为开展清洁工作而设计的机械设备,主要应用于酒店公共区域和客房场所的地面、缝隙、外墙、玻璃、家具等粉尘颗粒与污渍的清洁。清洁设备的管理是客房管理的一个重要组成部分,它不仅关系到客房的经济效益,而且是保证客房部的清洁卫生工作顺利进行的一个基本条件。

一、一般清洁器具

一般清洁器具包括手工操作和不需要电机驱动的清洁设备,主要有以下几种类型:

(一)扫帚

扫帚主要用于清扫地面上较大、吸尘器无法吸走的碎片和脏物,其根据用途、形状和制作材料的不同可分为长柄扫帚(见图6-1)、单手扫帚、小扫帚以及头部可以自由转动的扫帚。

图 6-1 长柄扫帚

图 6-2 提合式簸箕

(二)簸箕

簸箕,又称为畚箕,主要用于撮起成堆的垃圾。簸箕主要有单手操作式簸箕、三柱式簸箕和提合式簸箕(见图6-2)三种类型。

(三)拖把

拖把,俗称墩布,指擦洗地面的长柄清洁工具(见图6-3),亦泛指长柄清洁工具。包括地拖(亦称水拖把)、挤水器(又叫拧拖布器)、地拖桶、拖地车等,一般用于清除地板上的轻质污物。拖布为棉质、海绵或其他吸水性良好的物品制作,一般应易于取下以便经常清洗。

图 6-3　拖把

图 6-4　尘推

（四）尘推

尘推，亦称万向地推（见图 6-4），由尘推头和尘推架两个部分构成。尘推主要用于光滑地面的清洁保养工作，它将地面的沙砾、尘土等带走，以减轻对地面的磨损。一般用于大厅过道等大面积的平滑地板，用于清洁地板表面的灰尘、沙砾等。推头多为棉制，一般应易于取下，以便清洗。

（五）房务工作车

房务工作车是客房卫生班服务员清扫客房时用来运载物品的工具车（见图 6-5）。使用房务工作车可减轻劳动强度，提高工作效率，还可作为"正在清扫房间"的标志。

图 6-5　房务工作车

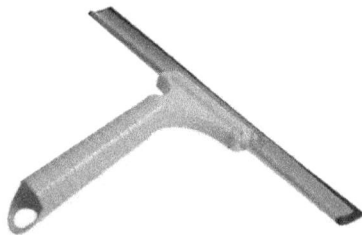

图 6-6　T 形手柄

（六）玻璃清洁器

玻璃清洁器是一种清洗玻璃、镜面的有效工具，使用时应在水中加入适量玻璃清洁剂。玻璃清洁器适用于擦拭玻璃或窗户，使用玻璃清洁器可提高工作效率，且安全可靠、简便易行。包括长臂杆、T 形手柄（见图 6-6）、橡皮刮、拐角插头、水枪、注射器、大夹子、刷子等。

（七）其他清洁器具

除上述六种一般性的清洁工具外，还有抹布、搋（chuai）子（又叫水拔子，见图 6-7）、喷雾器、鸡毛掸子、油灰刀、百洁布（见图 6-8）等其他清洁器具。

图 6-7　搋子

图 6-8　百洁布

二、机器清洁设备

机器清洁设备一般指需要经过电机驱动的清洁器具,主要有以下几种类型:

(一)吸尘器

吸尘器(见图 6-9)主要用于地面、地毯吸尘,是清洁保养常用的机器。

图 6-9　吸尘器

图 6-10　地毯清洗机

(二)地毯清洗机

地毯清洗机(见图 6-10)具有快速干燥和一流的清洁性能,确保地毯在清洗后可立即投入使用,特别适合地毯中期保养使用。配合地毯高压清洗机做彻底清洗,能满足地毯持续维护的需求。

(三)吸水机

吸水机(见图 6-11)专用于清除地面积水,有单用吸水机和两用吸水机两种,构造原理与吸尘器相同。

图 6-11　吸水机

图 6-12　洗地机

（四）洗地机

洗地机（见图 6-12）又名单擦机，由机身、针盘或针刷组成，它利用马达转动带动圆形针或针刷对地面进行擦磨，主要用于硬质地面清洗，是清洁保养中不可缺少的清洁设备之一。

（五）高压清洗机

高压清洗机（见图 6-13）主要用于外墙、广场、车场、塑料地毯等冲洗，它利用马达加压，使水枪喷出高压水流，冲洗物体表面，从而达到清洗的目的。

图 6-13　高压清洗机

图 6-14　打蜡机

（六）打蜡机

打蜡机（见图 6-14）是利用电力带动刷盘对地板和光整地面上蜡、打光的清洁电器，又称地板打光机，广泛用于宾馆、家庭等场所。其按结构形式可分为单盘式、双盘式、三盘式打蜡机和上蜡打光机等种类。

（七）抛光机

抛光机（见图 6-5）专用于对已打过蜡的地面进行打磨抛光，有些地方可以利用喷壶把抛光蜡喷洒在地面上，再用高速抛光机打磨抛光，使地面更加光亮，抛光机操作与洗地机大致相同。

图 6-15　抛光机

【实训练习】

1. 了解客房清洁保养的常用工具与清洁剂,并能进行辨认。

2. 利用周末时间调查附近的商场出售的清洁工具与清洁剂,了解其功能及使用方法等。

任务三　公共区域清洁保养

一、公共区域的范围

一般来说,酒店的公共区域主要分为室外和室内两部分。室外部分又叫外围区域,是指酒店外部归属于酒店的公共区域,如酒店的公共停车场、花园、外围垃圾场、草坪以及绿化带等。室内部分又分为前台和后台两部分。前台是指供客人活动的范围,如酒店的入口、大厅(大堂)公共区域客用洗手间、SPA 中心、餐厅、多功能厅、会议室、宴会厅、泳池等;后台是指酒店员工工作、生活的场所,如员工通道、员工食堂、员工活动室以及酒店的办公区域。

二、公共区域的清洁特点

(一)人员流量大,清洁工作不太方便

公共区域的人员流量非常大,客人活动频繁,这给该区域的清洁保养工作带来不便和困难。为了便于清洁和减少对来往人员的干扰,公共区域的清洁工作尽量都安排在人员活动较少的时间段进行,特别是客用的区域,大量的清洁工作被安排在夜班完成。

(二)管辖范围广,对酒店影响较大

公共区域清洁卫生的范围涉及酒店的每一个角落,既包括外围的外墙、花园、前后大门、通道等,也包括室内的大厅、休息室、餐厅、娱乐场所、公共洗手间、电梯,行政办公室、员工休息室、更衣室、餐厅、员工公寓,以及所有的下水道、排水排污管道和垃圾房等。公共区域的清洁卫生状况被每一位经过和进入酒店的客人及非客人所感知、所传扬,对酒店形象有较大的影响。

（三）工作繁杂,专业性和技术性强

公共区域清洁卫生工作不仅涉及面很广,而且在不同的地点、针对不同的清洁对象,有不同的清洁标准、不同的清洁方法,使用不同的清洁剂,所以其清洁卫生项目繁杂琐碎,如地面、墙面、天花板、门窗、灯具的清洁,公共卫生间的清扫,绿化布置、除虫防害等。各类清洁工作具有各自的专业性和技术性,对工作人员提出了较高的要求。

三、公共区域的准备工作

（一）安排好清洁保养时间

根据客人活动的时间规律,安排好不同区域的清洁保养时间,原则上不能影响客人的正常活动。如大堂地面清洁维护安排在夜晚。

（二）领取工作钥匙和有关的工作表单

服务员应在清洁卫生前到值日领班处领取某些公共区域如餐厅、酒吧、商场等场所的工作钥匙和有关的工作表单,并认真听取领班对当天工作的安排和要求。

（三）准备好清洁剂和清洁器具

在清洁公共区域卫生前,服务员应先根据不同的清洁区域和清扫任务,准备相对应的清洁设备和各种清洁器具。如高处作业准备梯子,使用前做好检查;清洁地面,准备好吸尘器、洗地毯机、打蜡机、拖把、尘推等;此外,还要根据被清洁对象的特性和要求,准备相对应的清洁剂,按规定进行稀释后放入准备好的容器中。如清洁玻璃时,准备好清洁剂、玻璃刮和抹布;注意清洁剂的配比或种类选用。

（四）做好公共区域场地的准备工作

清扫公共区域卫生前,应根据清洁任务要求的不同,对某些场地做些准备工作。如在对地毯吸尘和清洗地面前,最好把家具先挪开,等吸完尘或清洗完地面再放回去,可以达到更好的吸尘和清洗效果。

四、公共区域清洁卫生的主要内容

公共区域卫生涉及酒店前台和后台、室内和室外的广泛区域,主要的几项清洁卫生工作如下。

（一）大堂的清洁

大堂是酒店客人来往最多的地方,是酒店的门面,会给客人留下作用重大的第一印象。

因此,大堂的清洁卫生工作尤为重要。

1. 地面清洁

大厅的大理石地面,在客人活动频繁的白天,需不断地进行推尘工作。

遇到雨雪天,要在门边放上存伞架,并在大门内外铺上踏垫和小地毯,同时在入口处不停地擦洗地面的泥尘和水迹。每天夜间 12 点以后打薄蜡一次,并用磨光机磨光,使之光亮如镜。大厅内有地毯处每天要吸尘 3～4 次,每周清洗一次。

大堂地面清洁要仔细,不能有任何遗漏点。拖擦过程中应及时取下清洁工具上的灰尘杂物。操作过程应尽量避开客人或客人聚集区。打蜡或水迹未干区应有标示牌,以防客人滑倒。

2. 门庭清洁

白天对玻璃门窗、门框、指示牌等的浮印、指印和污渍进行擦抹,尤其是大门的玻璃应始终保持一尘不染。夜间对门口的标牌、墙面、门窗及台阶进行全面清洁、擦洗,对大门门口的庭院进行清扫冲洗等。

3. 家具的清洁

白天勤擦拭休息区的桌椅、服务区的柜台及一些展示性的家具,确保干净无灰尘。及时倾倒并擦净立式烟筒,更换烟灰缸。更换烟灰缸时,应先将干净的烟灰缸盖在脏的上面一起撤下,然后将干净烟灰缸放上,以免烟灰飘扬洒落。随时注意茶几、台面上的纸屑杂物,一经发现,即进行清理。

4. 扶梯、电梯清洁

大堂扶梯、电梯的清洁保养多在夜间进行,白天只做简单清洁维护。主要清洁工作是擦亮扶梯扶手、挡杆玻璃护挡,清洁轿厢、更换清洗星期地毯,使扶梯、电梯内外、上下、四周均无灰尘、无指印、无污迹。

【案例分析】

2013 年 5 月 25 日上午 9 点左右,酒店电梯处站满了入住的客人,大家都在等电梯,大堂岗早班 PA 员在巡回保洁时发现电梯厅烟灰桶外表沾有痰迹,于是赶紧戴上黑胶手套在电梯出入口进行擦拭清洁,工作将近 20 分钟。这使电梯厅更加拥挤,并给出入电梯的客人留下了不雅观的印象,对酒店造成了不好的影响。

问题:

(1)试分析 PA 员的做法。

(2)PA 员的做法是否合适? 如不合适,该如何处理?

5. 不锈钢、铜器清洁上光

不锈钢、铜器等金属装饰物为酒店大厅增添了不少光彩,这些器件每天都要清洁,否则会失去光泽或沾上污迹。擦洗这些器件时注意要使用专门的清洁剂,若用其他的清洁剂会造成对器件的严重损坏。

大堂广告架牌、指示标牌、栏杆、铜扶手及装饰用铜球等,是大堂清洁保养的主要对象。铜器分为纯铜和镀铜两种,擦拭方法也不同。擦拭纯铜制品时,先用湿布擦去尘土,然后用少许铜油进行擦拭,直到污迹擦净,再用干布擦净铜油,使其表面发光发亮。擦拭后铜制品表面不能留有铜油,以免在使用过程中弄污客人的手或衣物。镀铜制品不能使用铜油擦拭,因为铜油中含有磨砂膏,经过擦磨后会损坏镀铜的表面,不但影响美观,也会减少使用的寿命。

(二)公共洗手间的清洁服务

公共洗手间是客人最挑剔的地方之一,因此酒店必须保证公共洗手间的清洁卫生,设备完好,用品齐全。服务员除保持洗手间清洁外,还须细心、周到地为客人提供优质服务。如有客人进入洗手间,微笑地向客人问好。

公共洗手间的日常清洁服务是:及时做好洗手间的消毒工作,使之干净无异味;按序擦净面盆、水龙头、台面、镜面,并擦亮所有金属镀件;将卫生间的香水、香皂、小方巾、鲜花等摆放整齐,并及时补充更换;拖净地面,擦拭门、窗、隔挡及瓷砖墙面;配备好卷筒纸、卫生袋、香皂、衣刷等用品;检查皂液器、自动烘干器等设备的完好状况;热情向客人微笑问好,为客人拉门、递送小毛巾等。

公共洗手间的全面清洗是:洗刷地面及地面打蜡、清除水箱水垢、洗刷墙壁等。为不影响客人使用洗手间,该工作常在夜间进行。

【案例分析】

卫生间怎么弄得干净?

我国北方一家星级酒店,建筑外观还不错,设备也算得上齐全,在当地也算颇有声誉,来往客人较多。一天,入住该酒店608房间的客人在清晨起身后发现客房卫生间地面上有积水,便叫来服务员收拾。因急于方便,该客人就来到酒店大堂的公共卫生间。一进卫生间,一股难闻的异味扑鼻而来,该客人差一点呕吐。没办法,憋住气方便以后火速离开,然后便去找服务员提意见。谁知,听了客人的投诉后,服务员回答道:"卫生间总是有臭味的。再说,我们酒店人来人往,有些客人用过后又不冲水。有的客人还不小心拉在地面上,怎么弄得干净?"客人听后很恼火,就去找酒店部门经理。谁知,经理也是个善于打"太极拳"的人,还是同样的话,"卫生间就是有臭味,你就将就一些吧!"客人听后火冒三丈,他说:"你们也算是星级酒店,公共卫生间竟然搞成这个样子! 我要向你们的上级单位反映,并且告诉熟人,出差时再也不住你们酒店了。"

在经济落后的地区和国家,人们往往把脏和臭看成是卫生间的代名词,其实这是一种偏见,越是讲究现代文明的国家、单位和个人,就越重视卫生间的文明和卫生。既然我们要与国际接轨,就要从根本上转变对厕所的各种偏见。

国家旅游局早在 20 世纪 80 年代就多次召开各省市旅游部门负责人会议,专门讨论厕所问题,并明确指出:厕所文明不"达标过关",不能成为文明城市、文明单位。作为对外开放的窗口,酒店卫生间的脏臭状况必须彻底改观。因此,酒店内的卫生间要专人管理、及时清扫、经常检查。

(三)餐厅、酒吧、宴会厅的清洁

餐厅、酒吧和宴会厅是客人饮食场所,卫生要求较高。清洁工作主要是在餐厅营业结束后,做好对地毯的清洁。

此外,餐厅、酒吧、宴会厅或其他饮食场所常会有苍蝇等害虫出现,应随时或定期喷洒杀虫剂,防止蚊蝇等害虫滋生。

(四)后台区域的清洁卫生

员工食堂、浴室、更衣室、服务通道、员工公寓、娱乐室的卫生状况对员工的思想和精神状态、对酒店的服务质量有重要的影响。

后台区域的清洁卫生工作有:做好员工食堂、浴室、更衣室的日常消毒、清洁维护;对员工公寓、娱乐室等进行定期清扫等;搞好员工通道等的清洁保养,为全店员工创造良好的生活、工作环境。

(五)绿化布置及清洁养护

绿化布置能给宾客带来耳目一新、心旷神怡的美好感受,所以,酒店在店外的绿化规划和店内的绿化布置上都应有所开拓。当然掌握一般的绿化程序是基础。

绿化布置的程序为:客人进出场所的花卉树木按要求进行造型和摆放;定期调换各种盆景,保持时鲜;接待贵宾或举行盛会时要根据酒店通知进行重点绿化布置;在绿化布置和送达楼面的鲜花摆放时要特别注意客人所忌讳的花卉。

清洁养护的程序:每天按顺序检查、清洁、养护全部花卉盆景;拣去花盆内的烟蒂杂物,擦净叶面枝干上的浮灰、保持叶色翠绿,花卉鲜艳;及时清除喷水池内的杂物、定期换水,对水池内的假山、花草进行清洁养护;及时修剪、整理花草;定时给花卉盆景浇水、定期给花草树木喷药灭虫;养护和清洁绿化时,应注意避免操作时溅出的水滴弄脏地面,注意不可影响客人的正常活动。

【案例分析】

北京某四星级酒店的中班领班在巡视外围时发现大厅两旁的麻石地面上粘有口香糖,于是安排当班的服务员小王去进行清理。小王拿出刀片刮了半天,地面上仍留有黑色的口香糖的胶迹。小王望着胶迹,皱皱眉头,发愁着不知道该如何是好。

如果你是小王,该如何处理地面上的口香糖胶迹呢?

为保持酒店公共区域清洁、设备功能完好,并始终处于最佳状态,给客人以最佳印象,客房部公共区域的主管应根据酒店公共区域的各个部位及它们的功能、使用频率、清洁工作量、设备状况制定清洁计划,确定哪些部位为定期清洁,哪些部位为日常清洁,并根据计划按步骤对酒店公共区域全面地、反复不断地进行清洁维护,使酒店公共区域环境整洁有序。

通常情况下,定期清洁的有:墙面的清洗、各种大型吊灯的清洗、窗户的清洗,各种地面的抛光打蜡,家具打蜡,空调器的清洁,餐厅座椅、沙发的清洗,清洗水池喷泉,对各区域的杀虫喷药等。日常清洁的有:大堂各种家具的除尘、地面的保洁、公共卫生间的清洁、各餐厅开餐后的清洁、客梯和滚梯的清洁、酒店大门的各种铜件的抛光、停车道和车库的清洗等。清洁计划的制订有助于各班领班明确工作任务,合理安排人力和机器设备的使用,也便于管理层监督清洁工作质量。

五、公共区域材料的清洁保养程序

(一)织物类材料的清洁保养程序

酒店使用的织物类材料主要指地毯、沙发、软面椅、墙面软包等。

1. 地毯的清洁保养程序

地毯因其有美观、安全、舒适、清洁、吸音、保温等特点,除了在客房内铺满地毯外,还被广泛地用于餐厅、会议室等场所。地毯也因其纤维、构造等方面的不同,在价格、使用区域、美观、实用性、耐久性等方面有较大差异。

根据纺织纤维材料的不同,酒店常用的地毯主要有三类,即化纤地毯、天然纤维地毯(酒店常用羊毛地毯)和混纺地毯。

星级酒店除了一些易积水的公共区域外,一般不铺设低档化纤地毯。原则上要求星级酒店应选用羊毛纤维比例较高的混纺地毯。

地毯的更新周期一般为5~7年,但这并不意味着可以忽视对地毯的保养。若保养不善,不到一两年便面目全非;若保养得好,五年后仍美观柔软如新,因此在酒店运转中绝不可以对地毯的保养掉以轻心。

地毯的日常清洁与保养程序如下。

(1)吸尘

彻底的吸尘是保养地毯最重要的工作,吸尘不但可除去地毯表面积聚的尘埃,还可吸除深藏在地毯底部的沙砾,避免它们在人来人往时由于摩擦而在地毯纤维根部割断纤维,而且经常吸尘可以减少洗地毯的次数,恢复地毯的弹性和柔软度,延长其使用寿命。

①地毯吸尘一般在客房区域要求每日一次;客人活动频繁的区域(如大厅、餐厅、商场等)每日不得少于三次,平时吸尘可用普通吸尘器,但应定期使用直立式吸尘器彻底吸除地

毯根部的杂质、沙砾等。

②吸尘前先清除区域内大的垃圾和尖利物品。

③吸尘时,客房或公共区域的角落、墙边等处的吸尘应选用合适的吸尘器配件。

④吸尘时应采用由里向外的方法进行,并按一定的顺序,以免遗漏。

⑤吸尘应采用推拉式,推时应逆毛,拉时应顺毛,保证吸过的地毯纤维倒向一致,踩过后地毯不会出现阴阳面。

（2）除渍

在日常工作中,发现地毯出现污渍,应立即加以清除。一旦发现污渍必须及时清除,不同的污渍应用不同的方法加以清除,否则渗透扩散后会留下永远无法清除的脏迹。下面简单介绍几种酒店常见地毯污渍的处理方法。

①黄油。将落在地毯上的黄油全部彻底刮掉,用海绵蘸上干洗剂擦拭,然后吸干。如清除不彻底,可重复进行,直到彻底去除为止。

②奶油。先把地毯上的奶油用抹布、纸巾等彻底吸干,再用海绵蘸上清洁剂溶液擦拭,把溶液吸干,然后再用海绵蘸上温水擦拭,吸干水分即可。

③咖啡、可乐、果汁、茶水。将地毯上的咖啡液、可乐汁、果汁、茶水用纸巾、抹布吸干溶液,然后用海绵蘸上清洁剂溶液擦拭,再用纸巾、抹布吸干溶液,然后用海绵蘸清水擦拭,用同样方法吸干水分。如果污渍是以前沾上的,可用带微量漂白剂的专用溶液除去,吸干溶液后再用海绵蘸上清水擦拭并吸干水分即可。如果是茶渍,最后还应用海绵蘸上专用弱酸性溶液擦拭并把溶液吸干。

④呕吐物。发现地毯上有呕吐物时,应立即刮去并吸干脏物,用海绵蘸上清洁剂溶液擦拭,把溶液用抹布或纸巾吸干,再用海绵蘸上清水擦拭,然后把水吸干。

⑤口香糖。先用小刀小心地把口香糖彻底刮去（如口香糖已结成发硬块状时,最好先用冰块冷淬一下使其发脆,用刀刮去）,用海绵蘸上地毯干洗剂擦拭,然后用纱布吸干,如口香糖较多时,可用同样方法反复进行。或使用专用的口香糖喷剂去除。

⑥唇膏。先用小刀把地毯上的唇膏残迹轻轻刮去,用海绵蘸上醋酸戊酯或清洁剂溶液擦拭,然后用抹布把溶液吸干。如果使用清洁剂,则还应再用海绵蘸上清水擦拭,再把水分吸干。

⑦指甲油。如发现客人不小心把指甲油沾到地毯上,应先用小刀轻轻刮干净,后用海绵蘸上醋酸戊酯或指甲油去除剂擦拭,用抹布吸干,然后用海绵蘸上干洗剂擦拭、吸干。如指甲油较多时,可重复以上的清洁方法。

⑧血迹。对地毯上的血迹,可用纸巾吸干后用海绵蘸上冷水擦拭,把水分吸干后再用海绵蘸上清洁剂溶液擦拭,用抹布吸干溶液,最后用海绵蘸上清水擦拭,把水分吸干。

⑨烧焦痕迹。被燃烧的烟火毁伤的地毯,可小心将地毯中簇绒烧焦的一端剪去加以掩

饰,然后再用海绵蘸上清洁剂进行擦拭。对毯绒很短的地毯,有时可采用砂纸擦拭,消除烧焦处的痕迹。

(3)清洗

洗地毯是一项技术要求极高的工作,酒店应配备专职地毯清洗工,并经过严格培训后才能独立操作。四星级酒店要求彻底清洗地毯的时间间隔不得超过半年,平时应根据地毯使用的频率灵活掌握洗涤时间。清洗地毯的程序如下:

①清洗地毯前,应先将待洗区域地毯上的家具、物品撤除或移开。

②将待洗地毯彻底吸尘。

③检查地毯有无污渍,若有应先除渍。

④检查清洁剂是否符合要求,应避免使用含有油质或残余物的清洁剂,以免再积成油污。测试的方法是将清洁剂进行蒸发,看其残余物是否被吸尘器吸取,可以吸取则说明该清洁剂不会积聚脏污。检查清洁剂的质量亦可采用在不同地毯上试用的方法。

⑤将清洁剂按使用说明配制后,装入洗地毯机的盛液器内。

⑥清洗地毯时严格按机器使用说明或要求操作,并按从里到外次序设计清洗路线,以免遗漏。

⑦湿洗时,在洗地毯机洗完毕后,用吸水机吸遍地毯,将污水彻底吸净,使地毯容易干燥。

⑧用刷子逆毛将地毯纤维刷起,使之富有弹性。

⑨地毯干之前不可留有车辙印或脚印;将清洗区域内空调的风量开到最大或使用电动吹风机使地毯易干;地毯干后,用吸尘器彻底吸尘,除去残余物,理顺地毯纤维倒向。

⑩将彻底清洗后的区域恢复到原来状态。

2.沙发、软面椅、床头板、墙面软包的清洁保养程序

星级酒店要求内部所有织物装饰的软包面应经常清洁,以保持柔软、无污迹,符合星级评定标准的要求。

(1)每天清扫时,用吸尘器吸去沙发面上、坐垫上及织物上的浮灰及碎屑。

(2)发现污渍及时去除,一般用稀释的洗织布类清洁剂(许多酒店采用地毯清洗剂),先用刷子蘸上一点清洁剂在污渍处刷洗,然后用干净的抹布擦去泡沫晾干即可。

(3)定期进行清洗,清洗前先准备好清洁剂、桶、刷子和抹布。资金雄厚的酒店配置专门的洗沙发机,以达到彻底的清洗效果。若酒店资金较紧张,可用手工清洗,方法与除渍方法基本相同。

(二)木质类材料的清洁保养

1.木质地面

木质地面由软木材料(如松木、杉木等)和硬木材料(如杨木、枫木、榆木、橡木等)加工而

成,可做成契口板或拼花板。其特点是有一定的使用耐久性,自重轻,导热性能低、有弹性、较舒适等;但木质地面最容易随空气中温度、湿度的变化或长时间水清洁而导致裂缝、翘曲、破损、腐朽,同时,因木材纤维易破裂,故木质地面易磨损,而且它的耐火性很差。

木质地板的日常清洁保养程序:

(1)在铺设木地板的区域入口处铺入一块尼龙地毯垫,每天清理更换,以减少客人出入时带进的砂粒。

(2)用喷上静电除尘水的拖把除尘或尘推推尘,也可使用吸尘器吸尘,保持地面光亮无灰尘。

(3)用油灰刀、细砂纸、抹布去除地面上的小斑迹,根据情况补蜡。

(4)蜡面局部有脏迹,可用抛光机、喷洁蜡局部擦洗,待其干后,进行补蜡并且抛光。

(5)客人活动频繁区域,如客厅、多功能厅、舞厅等处,需每天抛光。

2.木质墙面

木质墙面装饰多用夹板进行清洁,其特点和木质地面的情况基本相同。

(三)石质材料的清洁保养程序

1.混凝土地面(水泥地)

混凝土地面在酒店内属基础设施性地面,其特点是坚硬、牢固、平整、造价便宜,属耐久性地面,一般不是很光滑,色彩较单一、但可用油漆的方法加以弥补,一般酒店外围,如地下室、停车场、仓库都用此地面材料。

清洁保养程序如下:

(1)水泥地面铺好后除去垃圾、杂物,清除地面上的各种污渍。

(2)水泥地面应用聚氨酯、环氧树脂涂料或酚醛清漆进行预处理。

(3)每天用扫帚或拖把清扫以清除地面上的垃圾、杂物和灰尘。

(4)发现地面有污渍可用抹布、硬刷、拖把等擦拭,较顽固的污垢可用小灰刀轻轻地刮去。

(5)彻底清洁时,可用拖把或机器进行,应使用稀释的中性清洁剂。

2.天然大理石、花岗石

天然大理石是石灰岩经过地壳内高温高压作用形成的变质岩,主要由方解石和白云石组成,其成分有50%以上为碳酸钙。大理石色彩不同、产地不同,其构造和价格也有很大差异。大理石主要用在大厅地面的装饰和高档豪华客房卫生间地面的铺设,因其含有杂质,碳酸钙在大气中受二氧化碳、硫化物、水气的作用也容易风化和溶蚀,而使表面失去光泽,故不宜用作室外材料铺设。

天然花岗石是一种火面岩,经研磨抛光而成为装饰石板,表面平整光滑,颜色多为粉红底黑点、花皮、白底黑点、灰白、纯黑等,它不易风化变质,外观色泽可保持百年以上,而且坚硬耐磨,故可用于大厅地面、墙面的装饰。

大理石、花岗岩地面的日常清洁保养程序如下：

（1）推尘

①推尘是利用尘推与地面摩擦时产生静电，从而将灰尘吸起，达到除尘的目的。

②推尘的正确姿势应是握杆的手臂在腹部，尽量保持直线向前，从一头开始推尘，平行地来回往复，行进中尘推紧贴地面，不能抬起，以免灰尘飞扬。

③拐弯时，尘推应作180°转向，始终保持将其往前推。

④尘土积到一定程度，应将其推至一边，并用吸尘器将其除去。

⑤尘推积尘过多应及时更换，以达到较好推尘效果。

⑥尘推用完后拿到工作间及时处理干净，推头向上挂放。

（2）喷磨

①对推尘去除不掉的蜡面局部脏迹以及一些走动较多的地面有磨损印或鞋跟印的地方，喷上喷沿蜡后，用单擦机加粗细合适的尼龙百洁刷盘进行喷磨。它可以将脱落的面蜡屑带入百洁刷盘内，而且喷磨后，会在地面上留下一层薄薄的新蜡，起到光洁地面的作用。

②喷磨时，操作人员先对机器前方地面喷蜡，然后再用机器磨，注意调节好喷嘴，不要将蜡喷得太远，以免机器磨到时，蜡已经干了。还需注意不要喷到墙上、家具上，一般喷至离墙、家具70厘米左右的地方即可。

③进行喷磨后，当百洁刷盘沾满脏物时，应及时更换或翻转刷盘。

④喷磨完成后，用尘推将被磨散的蜡屑和灰尘推起。

⑤在工作间对刷盘进行彻底冲洗，若刷盘有重污或已变硬，可将其浸泡在去蜡水溶液中洗涤，洗涤干净后晾干备用。

3. 地面砖

地面砖材料种类很多，可分为陶、瓷两大类。均以黏土为主要原料，经配料、制坯、干燥、熔烧而制成。地面砖有篦釉和不施釉两种，其表面光滑、不吸湿、不透气，主要用于卫生间地面的铺设，但地面砖易破碎，热胀冷缩，并接缝较宽，不利于清洁保养工作的开展。

地面砖的日常清洁保养：

①每天用刷子、抹布或尘推清扫地面。

②湿拖地面，每天可用湿拖把或湿抹布拖擦地面。根据地面卫生情况，间隔一定周期可用清洁剂湿拖或用洗地机清洗，用拖把或吸水机吸去溶液，并用清水擦地面并拖干，以免残留水或清洁剂留下斑痕。

③前台区域的地砖，可用水性蜡上蜡并抛光。

④卫生间的地砖一般很少需要上蜡或抛光。

⑤地面砖应尽量少用清洁剂清洗，因清洁剂可使水泥浆松脱；亦不能用肥皂清洁，因肥皂往往会形成滑膜。

（四）金属类材料的清洁保养

酒店公共区域常用的金属主要有不锈钢器皿（如烟灰筒、存伞架、扶手等）和黄铜制品（如指示牌、栏杆、扶手、灯具等）两大类。

铜器、不锈钢器具的日常清洁保养如下：

（1）每天不定时用干抹布擦拭，去除灰尘。

（2）发现铜器、不锈钢器具上有污渍、印迹，应及时去渍。

（3）严禁使用强酸、强碱等腐蚀性清洁剂或粉粒状具有磨损性的清洁剂，以免使其表面受损。

（五）其他

酒店公共区域其他清洁项目还包括对玻璃、镜面、吊灯等的清洁保养工作。

1. 玻璃、镜面的日常清洁程序

（1）用柔软洁净的抹布按一定顺序从上到下抹去玻璃或镜面上的浮灰。

（2）若有斑迹，可用抹布蘸上点清水擦拭，再用干抹布擦干擦亮。

（3）若用清水无法去除，可喷射或用抹布蘸一点玻璃清洁剂再擦拭，然后用干抹布擦净擦亮玻璃或镜面。

（4）若仍是去除不掉，可用剃须刀轻轻刮去，但应注意刀片不能刮伤镜面。

2. 枝形吊灯的清洁

枝形吊灯的清洁一般应定期进行。清洗程序如下：

（1）根据使用说明要求的比例，配制好清洁剂溶液。

（2）准备好清洗用的清水。

（3）装配好长梯和高空台架或登高工作台。

（4）切断电源，撤下用过的灯泡。

（5）用海绵蘸上少量清洁剂逐一擦洗吊灯的水晶饰品及灯座、灯管等。

（6）用抹布擦拭吊灯各处的清洁剂溶液。

（7）用海绵蘸上少量清水逐一擦拭吊灯各个部位。

（8）先用抹布把吊灯上的水迹擦干，然后用干抹布把吊灯各处逐一擦亮。

（9）换上新的灯泡。

六、公共区域卫生质量控制

（一）划片包干，责任落实到人

由于公共区域卫生工作面积广大，工作地点分散，不易集中监督管理，且各类卫生项目的清洁方法和要求不同，很难统一检查评比标准，所以不仅要求每个服务人员具有较高的质量意识和工作自觉性,同时也要做到分类管理,定岗定人定责任。可将服务员划分成若干个小组,如楼道组、花园组等。注意做到无遗漏,不交叉。

(二)制定计划卫生制度

为了保证卫生质量,控制成本和合理调配人力、物力,必须对公共区域某些大的清洁保养工作,采用计划卫生管理的方法,制定计划卫生制度。清扫项目、间隔时间、人员安排等要在计划中落实,在正常情况下按计划执行。

(三)加强现场管理

公共区域管理人员要加强现场巡视,要让问题解决在可能发生或正在发生时,因为一旦清洁卫生遗漏、失误或欠缺已成事实,首先感知的往往是公众。管理人员要对清洁卫生状况进行密切监督,不定期或定期地检查和抽查,才能保证公共卫生的质量,才能维护公共区域的形象。加强巡视检查,保证卫生质量(制定卫生制度和奖罚办法,不定期检查,了解员工的工作态度和操作规程是否有不对的地方)。

【实训练习】

掌握公共区域的日常清扫工作和标准,并能独立完成。

项目七　客房对客服务

✦ 学习目标

1. 了解对客服务的内容。
2. 理解对客服务的注意事项。
3. 掌握对客服务的基本操作规范。
4. 能够有针对地为客人提供服务,培养自己对客服务的能力。

任务一　小酒吧服务

【案例导入】

　　凯利酒店刚刚开业就住进一位姓程的客人。程先生享受了第一批客人的优惠价格,但对什么都不满意,还经常找借口拖付酒店的房租,酒店对程先生的一些无理要求都婉言谢绝了。酒店还提示各部门对这位客人要十分小心,不要让他抓住任何把柄,以免引起无谓的投诉。果然不出所料,有一次程先生要洗一条裤子,服务人员帮助客人填好洗衣单,送到洗衣房。这是一条需要干洗的裤子,干洗员洗涤以后,检查发现,裤子右腿下部有一小块污渍没有洗干净,他用常规方法进行处理,效果不好,又添加了一种比较强的去污药剂,用高压蒸汽喷嘴进行处理,污渍很快除去。当日下午由客衣服务员送到客人手里,客人对裤子进行了仔细检查,发现裤子右腿下部被处理的地方光泽有些异常,便问服务员是怎么回事,服务员回答说:"原有一块污渍,我们给您做了特殊处理。"客人一听就火了,大叫:"谁让你们处理的。叫你们经理来!"服务员一看客人火了,一句话也不敢说,赶快打电话给洗衣房。洗衣房经理来到客人房间,等待他的是同样的质问。洗衣房经理解释,客人不听,要求酒店按原价进行赔偿,赔偿价格达7000元。这是一条登喜牌的裤子。酒店本想赔偿洗衣费的10倍,但客人不接受这个解决方案,并威胁说:"解决不了,我就向媒体曝光。"为了减少影响,酒店经过多次交涉,做了妥协,给他减免了部分房费,并赔偿现金3000元,才平息了这场风波。

　　问题:

1. 程先生是一位比较挑剔的客人,在服务过程中,应注意工作方法与技巧,如果你是客房服务员,你会怎么做?

2. 从此事中应吸取什么经验教训?

分析:在这次纠纷中客房部员工有三个方面失误:一是帮客人填写洗衣单后应让客人签字确认,并仔细检查有无脱扣、污渍等情况,如有也一起写到洗衣单备注栏内,向客人说明尽量清除;二是干洗员在洗涤前也应再次检查,确认污渍类别以作处理;三是洗涤后发现污渍无法去除时应向客人说明,征求客人意见,不应擅自加大药剂处理。如果客人要求除污渍,可下一个去污通知单,注明:我们将小心处理,确保质量效果,但出现问题,将不负担赔偿责任等内容。此通知单客人签名后,洗衣房方可进行除污渍或修补处理。

客房小酒吧的设立不仅方便了客人,而且也能增加酒店的收入。中高档酒店的客房一般有配备小冰箱或小酒吧,在里面存放一些饮料和小食品。配套用品包括酒杯、饮料杯、杯垫、开瓶器等物品。吧台的显眼处要放置"客房小酒吧账单",账单上应列出饮料及其他物品的品种、数量、价格及有关注意事项。为了更好地满足消费者的需要,客房部还应研究客人的消费情况,定期调整小酒吧的品种。

一、酒水的检查

(一)对离店客人房间的检查

客房服务员接到客人结账的通知后,应立即进房检查小酒吧,将该房客人饮用的饮料品种及数量及时通知前台收银处。若是团队客人结账,客房服务员应根据"团队客人离店通知单",在团队客人离店前半小时,将该团队所有客房的小酒吧查核一遍,开好饮料账单。客人离开楼层后,可再复检一遍,以防漏查。

(二)住店客人房间的检查

由客房服务员每天上午清扫客房和晚间做夜床时查核,发现客人用过小酒吧中的物品的,要核对客人是否填写清单。如果没有填写,将客人饮用的酒水数量填写在"客房小酒吧账单"上(见表7-1)。客人在房内时,请客人签字确认。

表7-1 客房小酒吧账单

序号:　　　　　　日期:　　　　　　　时间:

库存	品名	单价	消费数量	金额

续表

库存	品名	单价	消费数量	金额
总数				
客人签名				

服务员签名：　　　　　　　　　　　　　　　　　　　入账人员签名：

（三）客房小酒吧、楼层饮料柜的定期检查

客房部应每月对客房小酒吧、楼层饮料柜内的饮料检查一次，如有接近保存期限的，应立即撤出与仓库调换。

知·识·链·接 7-1

客房小酒吧服务中致客信的写法

尊敬的宾客：

您好！

我在为您打扫房间时发现您饮用了小酒吧里的×××，我已经帮您补充进冰箱了。此外，我还帮您填写了酒水单，需要您回房时补上签名。感谢您的支持！如果您有任何需要请拨打房务中心的电话（"×"），我们乐意随时为您效劳！

您的服务员：×××

特别提示：客人如果消费了客房小酒吧的酒水、饮料、食品后一定要及时补充，以防止出现前一位客人的消费后一位客人买单的现象，避免客人投诉。

二、补充酒吧饮料

1.客房服务员依照每个房间的饮料账单统计一份"每日酒吧饮料报表"，根据报表上的资料，每日三次领取所需物品（依据各酒店规定时间地点会有所不同）。

2.根据饮料报表，将饮料连同新账单补入各房间，并依照规定的位置摆放整齐。

3.注意将其有效期限及商标向外，并遵守先进先出的仓储原则。

4.若遇到客人挂"请勿打扰"牌或将门反锁的情况，必须将未完成事项记录于楼层交代簿上。

5.遇到有特殊习性或常挂"请勿打扰"的客人，在整理房间时，可先由空房取货后，再依照规定补齐即可。

三、注意事项

1.留意瓶盖上贴条是否完整；检查巧克力、干粮等纸包装食品是否拆过，防止客人"偷龙转风"。

【案例】

深圳某三星级酒店的客房内均配有小冰箱,里面备有供应给客人的酒水饮料及盒装巧克力。一天,602房间的客人结账离开时,客房服务员小丽去查房。她打开冰箱,清点了酒水数量,又看看巧克力盒没有动,就向前台报告了客人消费的酒水数量。客人离开后,小丽给小冰箱补货时,才发现冰箱里的巧克力只有外包装盒,而里面是空的。原来客人把巧克力吃掉了,却仍然把巧克力空盒摆放在冰箱里。小丽因为工作不仔细,而使酒店蒙受了损失。

2.要注意食物是否在保质期内;若过期,则应立即换掉。

3.填写账单时要注意物品项目及房号的正确性,以免引发客人的抱怨。

4.补充饮料、干粮等食物时,须注意包装、瓶盖外表的清洁。同时要注意检查酒水、饮料及食品的有效保质期,严禁出售过期产品。常见的客房小酒吧饮料单见表7-2。

表7-2　常见的客房小酒吧饮料单

Dear Guest:

    The Mini Bar is supplied for your convenience. The contents will be checked and replenished daily by our Room Attendants. Kindly tick off the items consumed on the Mini Bar check for inclusion onto your personal account. To avoid unnecessary delay when checking out, please take the Mini Bar check down to the cashier for settlement on departure. Thank you.

尊敬的宾客:

    为了您的方便,特备此客房小酒吧供您使用。客房服务员将每日记录并补充各类饮品。请在消费栏上记录您所饮用的数量以便结账。为避免延误,当您离店结账时,请携带此单到柜台出纳。谢谢您的合作。

Room No. 房号		Date 日期		
Stock 数量	Item 项目	Unit Price 单价	Consumed 消费	Total Amount 合计
1	Imported White Wine 进口白葡萄酒	60.00		
1	Imported Red Wine 进口红葡萄酒	60.00		
1	J. W. Black Label 黑方	60.00		
Room No. 房号		Date 日期		
Stock 数量	Item 项目	Unit Price 单价	Consumed 消费	Total Amount 合计

1	Remy Martin V. S. O. P 人头马	30.00		
1	Goldon Gin 金酒	30.00		
1	Bacardi Rum 朗姆酒	30.00		
1	Vodka 伏特加	30.00		
2	San Miguel 生力啤	30.00		
2	Tsing Tao Beer 青岛啤酒	15.00		
2	Coke Cola 可口可乐	15.00		
2	Sprite 雪碧	15.00		
2	Mineral Water 矿泉水	15.00		
1	Nuts 果仁	15.00		
2	Chocolate 巧克力	15.00		
1	Cookies 曲奇饼	15.00		
Room Attendant 客房服务员		Guest Signature 客人签名		

All prices are subject to 15％surcharge(加收 15％的服务费)

任务二　洗衣服务

我国旅游酒店星级评定标准要求二星级以上的酒店为住店客人提供洗衣服务。不过不同星级的酒店在提供这项服务时可能会有所不同。洗衣服务是客房日常服务中一项比较细致的工作，也是容易出现差错的工作，所以工作人员应该特别注意。

一、服务内容

客房的写字台抽屉内或壁橱内都会放有洗衣袋和洗衣单。洗衣单有干洗、湿洗、熨烫三栏，客人可根据需要填写。洗衣单的内容包括不同衣物洗熨价格、要求提供此项服务的一些注意事项，如加洗的收费，衣物遗失或损坏的赔偿，以及客人的姓名、房号、送洗时间、送洗衣物的件数等。为方便客人填写，洗衣单采用无炭复写，一般一式三联，第一联和第二联送至前厅收款(一联为记账凭证，一联在客人结账时交给客人)，第三联供洗衣房留底。

二、洗衣服务程序

(一)收取客衣

1. 客房内均配有洗衣袋及洗衣单，客人需洗衣时会用电话通知或将要洗的衣物装入洗衣袋内并挂在门锁上,服务员发现后及时收取。

2.客房服务员每天在规定的时间进房检查时,首先要查看客人是否有需要清洗的衣物,如有要及时收取。

(二)送洗客衣

1.认真核对。登记客衣前,按照客人填写的洗衣单将衣物认真分类、清点、核实,认真核对衣物名称、件数,确保准确无误。若有不符,应及时与客人取得联系。

2.认真检查。将客人的衣服倒出,对照洗衣单上的内容进行清点,并注明衣物的颜色等明显特征及件数。

(1)检查衣物是否有质量问题。检查衣物是否有损坏,纽扣有无松动或脱落现象,有无污渍、褪色或布质不易洗涤等问题,以免洗后和客人发生不必要的纠纷,尤其是高级服装更应注意。在清点过程中如果发现质量问题,而客人又不在房间,一般的衣物可以在洗衣单上注明,待客人回房后再向客人讲明,但高档服装必须征求客人的意见,然后再根据客人的意见办理。

(2)检查衣物口袋是否有钱或物。清点时应检查衣服兜内是否已清空,没清空的物品要及时返还客人。如遇客人不在房间,则要交给领班,由专人负责保管,并写清钱、物的数量、名称及房号。交还客人时应向客人讲明情况,并请客人当面核实签收。

3.认真登记。登记客人衣服时,要把一些要求填写清楚、准确。具体要求如下。

(1)房号要写准。登记时要看清客人洗衣单上的房号;客人送出衣服时,要问明客人的房号并及时与洗衣单上的房号核对;填写洗衣单时,房号的数字要写清楚,不要连写或草写;客人填写的洗衣单,如果房号不清,不要猜测,可与洗衣袋上的房号核对。

(2)件数要写准。客人的衣服登记、清点时要逐份进行,不要把几份衣服同时交叉登记、清点,以免混乱;登记时要注明"双""件"等数量词;衣服如附带其他小件物品,要在洗衣单上注明颜色、形状、数量。

(3)客人的要求要写准。客人有特殊要求的,如交回时间、修补等,要做好标记。同时,核查客人的要求是否与衣物本身的洗涤要求一致,如有不符,应与客人当面核对。

(三)送客衣

1.洗衣房送回衣服时,应按洗衣单逐件进行清点,不能折叠的衣物需用衣架挂放,并检查洗涤质量,如衣物有无破损、缩水、褪色等情况。

2.若客人在房内,应请客人检查验收,征求客人意见后摆放在合适的位置。若客人不在房内,应按照程序进门,按规定放在固定的位置。一般用衣架挂起的衣服放进壁橱,袋装客人的衣服放在桌上或床上。

3.若客房挂了"请勿打扰"牌,一般将衣服放在楼层服务台或工作间,并从客房门缝放入"衣服已洗好"的说明卡,注意记下客人的房号。

4.送完客衣后,应填写"客衣送衣记录表",做好记录,以备核查。

知·识·链·接·7-2

洗衣服务

有平洗服务和快洗服务之分。

(1)平洗服务是指在上午 10 点前收洗的衣服将于当天晚上送回,上午 10 点后收洗的衣服则在第二天下午送回。

(2)快洗服务是指收洗的衣服将在 4 小时之内送回,但最后服务时间的规定各酒店不尽相同,有的为下午 3 点,有的为下午 5 点,有的则无最后时间的规定,但都要收取加快费用,一般为洗衣费的 50%。

洗衣服务中"致客信"的写法

(1)未填写洗衣单

尊敬的宾客:

您好!

因您不在房间,我们不能确认您的衣物是否需要清洗,所以没有将您的衣物收取。如果您有任何需要请拨打房务中心的电话("0")。我们将乐意随时为您效劳!

您的服务员:×××

(2)衣物内遗留物品

尊敬的宾客:

您好!

为您收取送洗衣物时发现您的衣(裤)袋中放有钱包、证件等物品,我们已经帮您保管,请放心!您回房看到字条后请与房务中心联系,内线电话"0"。我们将乐意随时为您效劳!

您的服务员:×××

(3)污渍不能彻底清除

尊敬的宾客:

您好!

您送洗的衣物上有比较顽固的污渍,我们已经尽最大努力但仍无法彻底消除,非常抱歉!如果您有任何需要请拨打房务中心的电话("0")。我们将乐意随时为您效劳!

您的服务员:×××

【案例讨论】

酒店里住着中国香港某公司的几位长住客。这天,其中一位客人的名贵西装弄脏了,需要清洗。当服务员小江进房做卫生时,客人便招呼她说:"小姐,我要洗这件西装,请帮我填一张洗衣单。"小江想客人也许是累了,就按她所领会的客人的意思,帮客人在洗衣单湿洗一栏中做了个记号,然后将西装和单子送洗衣房。客人收到洗好的西装后,发现西装明显缩水了,十分恼火,责备小江说:"这件西装4万港币,理应干洗,为什么湿洗?"小江忙解释说:"先生,真对不起,不过,我是照您的交代填写湿洗的,没想到会……"客人更加气愤,打断她的话说:"我明明告诉你要干洗,怎么硬说我要湿洗呢? 你们酒店看怎么办吧!"

请思考:服务员小王错在哪里?

任务三　擦鞋服务

当客人长途跋涉,尤其是在雨雪天抵达酒店时,或者将去参加重要的仪式、活动之前,往往需要擦鞋服务,酒店客房内一般都为客人放置擦鞋器或擦鞋纸。也有的酒店以"自动擦鞋机"取而代之。为了提高服务水平,还需为客人提供擦鞋服务。

一、擦鞋服务的程序

1. 在客房壁橱内通常放置鞋篮和鞋样,鞋样上写明进行擦鞋服务的方法以及联系电话,同时在房内的"服务指南"中告知客人。也有的酒店使用专门的擦鞋袋,如需要擦鞋的话可以放进袋子里。

2. 及时收取。服务员接到客人要求擦鞋服务的电话,或发现客人将鞋子放在指定位置时,均应及时收取拿到工作间,按要求写好房号放入鞋内,防止弄错客人的皮鞋。

3. 皮鞋收取后,要在报表上记录房号、颜色、款式。

4. 擦鞋前,在地面铺上报纸或报废的床单,防止尘土或鞋油将地面弄脏,并备好合适的鞋油及擦鞋工具。

5. 按规定擦鞋,要擦净、擦亮。特别注意鞋带、鞋底和鞋口边沿要擦干净,不能有鞋油,以免弄脏地毯和客人的袜子。

6. 在规定的时间内将擦好的皮鞋送回。一般在一个小时之内,应将擦好的鞋送入客人房内,放在酒店规定的地方。对于急用的客人,应尽快将鞋送回。

二、擦鞋服务注意事项

1. 服务员在打扫房间时,如果看到客人的皮鞋有些脏,应主动询问客人是否需要擦鞋服务;特别是碰到雨、雪天气,更应在客人外出归来时主动询问客人是否需要擦鞋。

2. 皮鞋收取或送回时都应仔细检查,以免送错房间。

3. 对于没有相同颜色鞋油的皮鞋,服务员在擦拭时,可使用无色鞋油。

4. 凡遇到自己无法处理的皮鞋或非皮鞋面的鞋子,须向领班或主管请教,切勿自作主张。

5. 电话要求擦鞋服务的客人,要尽快为其提供服务,并及时将鞋送回。

6. 如果客人的鞋已经破损,应事先向客人讲清楚,如果服务员不能处理,可提示客人送修鞋店修理。

7. 擦鞋不得在客人看得见的公共区域进行。

【案例】

一天,某五星级酒店客房服务员小刘在为一位外国客人做夜床时,发现鞋筐里有一双满是泥土的脏皮鞋,就用湿布将鞋擦干净,上完鞋油后放回原处。连续几天,这位客人因去工地而被黄泥弄脏的皮鞋都被小刘擦得油光锃亮。客人被小刘毫无怨言而又有耐心的服务感动了。在第九天将10美元放进了鞋筐。小刘照常将皮鞋刷净擦亮,放进鞋筐,而小费却分文未取。客人提笔写下一封长长的感谢信,一再要求酒店总经理表彰这种行为。

任务四 房间送餐服务

为满足住店客人在房内用餐的需求,一般星级酒店会向客人提供房内送餐服务。如果客人打电话要求订餐,服务员要尽快将客人所点的餐食送至客房内,这些餐食当中以早餐与饮料最多,这种类型的服务称为"客房送餐服务"。

一、客房送餐服务要点

(一)早餐

1. 客房内应配备"客房用餐点菜单",列出主要供应品种,供客人选择。

2. 问清客人需求和时间。客人订餐时,不管是通过客房部或餐厅,都要问清客人房号,所点的食物、菜品或饮料,烹饪制作上有何要求等。避免同一食品因烹制方式不同而引起客人不满。

3. 客人点餐后,要提前做好准备。如客人点的食物较少时,可用托盘;食物较多时,应用餐车推送。如同一楼层有几位客人同时用早餐,就要准备好餐车和各种餐具,如咖啡壶、杯、刀叉、调味品等。

4. 厨房准备好食物后,服务员用托盘或餐车将客人的食物装好,记下食物价格和客人的楼层及房号。如果有几位客人同时在房间用餐,装车时一定要分开装,同时加盖,注意保温。

5. 餐点送到房间,敲门或按门铃,同时说明"送餐服务"。经客人允许后方可进入房间。

6. 进房后征询客人意见:"先生/女士,您的早餐已经准备好,请问您想在房间什么地方用早餐?"然后迅速按客人要求将餐桌布置好,并进行必要的服务。

7. 将账单夹双手递给客人,请客人签单或付现金,并向客人致谢。

8. 询问客人收取餐具时间,祝客人用餐愉快,礼貌地退出房间,将房门轻轻关上。

9. 返回客房送餐部后,送餐员要将签好的账单或现金送到收银台。

10. 在送餐日记簿上记录送餐时间、返回时间、收取餐具时间。

(二)正餐

正餐服务程序同早餐服务基本相同,但需要注意:

1. 客人点餐时,问清客人所点食物、房号,有何特殊要求等;开餐前准备好餐具、餐巾,用餐车连同第一道菜汤及面包送到房间。

2. 客人用餐时服务员要退出房间,未经客人允许不得入内。1～1.5小时后,再来查看。若客人要求提供桌面服务,服务员可留下并按照餐厅服务方法提供服务。

3. 客人用餐1～1.5小时后,送上点心、水果或冰激凌。食品和饮料的品种数量都根据客人订餐而定。

4. 最后给客人送咖啡或茶。过20分钟左右,服务员到客房收拾餐桌,同时整理房间,保持房间清洁整齐。

5. 正餐服务后的账单,一般在收拾整理房间时征求客人意见,然后出示账单请客人过目付账或签字,并礼貌向客人致谢。账单和账款要及时送到餐厅的收款处。

二、客房送餐服务注意事项

1. 接到客人送餐服务信息时,要准确、快速记录客人要求,并准确复述客人姓名、食品名称、数量及特殊要求。

2. 送餐员要熟记菜单的内容,以便向客人介绍并对客人提出的疑问做出回答。

3. 送餐员收取餐具时要注意卫生及缺损,无法找回的餐具要上报,及时把餐具送到洗碗间洗涤、消毒。

4. 送餐服务中要注意卫生和保温。冷菜加保鲜纸罩住,热菜应有保温装置。送餐1小时后仍未接到客人收餐具的电话,可主动打电话询问。收餐具时可征求客人对用餐服务的意见。收餐具时要注意清点,不要与客房用品混淆。

任务五　托婴服务

托婴服务一般是高星级酒店向客人提供的一项服务。酒店根据婴儿托管时间的长短来收取一定的费用。该服务可为携带孩子的客人提供方便,而不影响客人的外出活动。酒店一般不设专门的人员负责托婴,此项服务大多由客房服务员在班后承担。兼职的服务员须接受照料孩子的专业培训,懂得照看孩子的专业知识和技能,有照看婴幼儿的经验。

一、托婴服务的原则

酒店的客人有各种类型,如商务旅客、团队旅游者及家庭等,若带有婴幼儿的客人须参加宴会等重要聚会,无法将孩童、婴儿带在身边时,就会委托酒店的人代办照顾。

托婴服务因为关系到儿童人身安全,绝不可委任酒店以外的人来处理。

二、托婴服务的程序

1.客人提出托婴服务的要求之后,服务员应问明客人姓名、房号、所需照顾的日期和时间,并就相关事项向客人说明,然后请客人填写"托婴服务申请表"(见表7-3)。

表 7-3　托婴服务申请表

房号(Room No.):	日期(Date):	
托婴服务时间(Service Hour Request)	自(From):	至(To):
客人签名(Guest Signature):		

The nursemaid　　　　　　　　　　we have arranged for your service.
我们已经安排　　　　　　　　　　为您提供托婴服务
Period is 3 hours at least.
最低时间为 3 小时。
Charge at following.
收费标准如下:
Lowest price:×××RMB per hour.
最低价格:每小时×××元。

Please tell us 3 hours in advance before you cancel the request. Otherwise you will be charged of the lowest price. It will be ×× RMB additional charged for service hour after 12 at midnight.

如果您想取消该项服务,请提前 3 小时告知我们。否则,我们将收取最低收费。另外,晚上 12 点钟以后,我们将加收××的额外费用。

客房服务中心经理(Housekeeping Manager):

日期(Date):

2.告诉客人收费标准。客人提出托婴服务时,要告诉客人酒店的收费标准。一般以 3 小时为一个计费点,超过三小时增收相应费用。托婴服务完成后,所有费用一般都在前台收款处一并结算。

3.征得客人的同意后,将资料转告客房部办公室值班人员,请其代办。

4.保姆人选以休假员工为主,有此相关经验的员工的个人资料要列出名册。

5.确定人选后,该员工应着干净制服或挂上酒店的铭牌,由主管带领介绍给客人。

6.于约定前 10 分钟向要求提供托婴服务员的客人报到。

知·识·链·接 7-3

看护者在看护婴幼儿期间应注意以下事项：

1.看护者在接受任务时,必须向客人了解其要求、照看的时间、婴幼儿的年龄及特点,以确保婴幼儿的安全、愉快,使客人满意。

2.看护者应在酒店规定区域内根据客人要求照看婴幼儿,一般不能将小孩带出客房或酒店。尤其不能带小孩到游泳池边、旋转门或栏杆等地方,这些是小孩们感兴趣的场所,同时也是容易造成意外的地方。

3.不得随便给婴幼儿吃食物。

4.不得随便将婴幼儿托给他人看管。

5.不得将尖利或有毒的器物给婴幼儿充当玩具,以确保安全。

6.不得亲吻婴幼儿。

7.不得让婴幼儿触摸电器。

三、注意事项

在提供这项服务时,还应考虑一些意外或紧急情况的处理,请客人留下联络电话。比如在照看期间,若婴幼儿突发疾病,应立即请示客房部经理,并与客人联系,以便妥善处理。

【案例】

深圳某三星级酒店一位带孩子的客人因急事需外出 6 小时,向酒店提出托婴服务,酒店就托婴服务的相关事项向客人做了说明。客房服务员李丽接受了这次照顾小孩的任务,她首先了解了小孩的特性以及家长的要求。在照看期间,小孩突然发烧,李丽立即将此事报告给客房部经理,并及时联系了家长。家长要求送往医院,小孩在医护人员的看护下,很快就退烧了,病情得到了有效的控制。客人回来后,看到安然无恙的孩子,心里甚是感激。

总之,托婴服务是一项责任重大的工作,绝不可掉以轻心。要想给客人提供满意的托婴服务,必须保证婴幼儿的安全、健康和愉快。

任务六 客人遗留物品处理

客人在住店期间或离店时,可能会遗忘或丢失物品。因此,酒店应有相应的遗留物品处理的规程,以协助客人寻找、领回自己的物品。

一、客房遗留物处理的原则

1.诚实交出。客人退房时,可能会将一些物品遗留在房间内,不管其价值如何,客房服务员发现后一律要诚实交出,以保持酒店的声誉及形象,这更是服务员良好个人操守的表现。

2.尽量减少客人遗留物。在客人办理退房时,除酒店规定清洁及检查房间外,更要细心查看房内的每一个角落,特别是衣橱、抽屉、保险箱、浴室门后、浴缸四周、洗脸台上是否有客人的物品。另外还需注意,当客人已将行李打包而人暂时离开时,如发现有客人的物品,应将该物放在客人的行李箱上,借以提醒客人。

二、客房遗留物的处理

（一）立即通知前台

1.服务员或酒店员工发现客人遗留物品时,应通知前台查询客人是否已结账退房,是否已经离开酒店。

2.应立刻通知领班或房务办公室。

（二）即时处理

1.若客人尚未离开,则立即将物品送还客人(须确认为该房的客人,以免发生不必要的纠纷)。

2.若客人已离开,则填写一份"客人遗留物登记表",填写日期、时间、地点、客人姓名、物品名称细目、数量、拾获者签名。

3.将遗失物用塑胶袋打包。若为干净的衣物,将其折叠整齐;若为不洁衣物,先送洗衣房清洁,以防衣物发霉及发臭。

4.将物品连同登记表一起交给客房部指定地点。

【案例】

一天,客房部领班在查房时,发现客房抽屉里有几件遗留的衣服。她感到很奇怪,立即打电话到房务中心查询此房间的客人是否已离店,并向客服中心通报了相关情况,要求做好记录,留备客人已离店,并向客服中心通报了相关情况,要求做好记录,留备客人查询。然后,她在工作表上做了详细记录,注明时间和所发生事情的经过。

经过向值班前台服务员小罗和房务中心查询,得知此房客人并没有离店,而是转房去了其他楼层。而服务员小罗在查房时,由于没有认真检查,没有发现客人遗留物品。晚上23:00,客人从外面回来,房务中心通知他领回自己的衣服时,他才发觉遗失了衣服。

三、遗留物品的认领

1.如有失主前来认领遗留物品,须要求来人说明失物的情况,并验明证件,由领取人在"遗留物品控制单"或"遗留物品登记表"上写明工作单位并在签名后取回物品。领取贵重物品时需留有领取人身份证件的复印件,同时通知大堂副理到现场监督并签字,以备查核。若认领遗留物品的客人在前厅等候,应由秘书或主管将物品送到前厅。经客人签字后的单应贴在该登记表原页的背面备查。

知识链接 7-4

若客人的遗留物品保存已到酒店规定的期限(一般为3～6个月)仍无人认领,酒店一般会按有关规定自行处理。

1.一般物品。有的酒店规定,一般物品三个月内无人认领便归拾获者所有,如未开封的丝袜、化妆品、小礼品等,以鼓励员工上交所拾获的遗留物品。物品归拾获者所有后,必须开具"出门单"。员工方能将物品带出酒店。

2.药物。两周内无人认领,一般在客房部经理核准后可扔掉。

3.水果、食品、酒水。两天后无人认领,一般可归拾获者所有或扔掉。

4.衣物。客衣中的物品应尽快归还客人或按上述方法处理。到期无人认领的衣物,按国家有关规定处理。

5.证件。文件交保安部处理。

6.贵重物品。如钱币、珠宝首饰、相机等,六个月内无人认领,即交酒店处理。一般情况下,知道客人资料并能找到失主的,应设法邮寄或让客人领取;在找不到失主的情况下,有的酒店将物品拍卖,所得钱款捐赠给慈善机构。

2.若有已离店的客人来函报失及询问,客服人员应在查明情况后,亲自给客人以书面答复。所有报失及调查回复资料应记录在相应登记簿上备查。

3.若客人打电话来寻找遗留物品,需问清情况并积极帮助查询。若拾物与客人所述相符,则要问清客人领取的时间;若客人不能立即来取,则应把该物品转至"待取柜"中,并在相应记录本或工作日报上逐日交班,直到客人取走为止。

4.若客人的遗留物品经多方寻找仍无下落,应立即向部门经理汇报。酒店对此情况应给予重视并尽力调查清楚。

四、遗留物品处理结果

所有的遗留物品处理结果或转移情况均须在"遗留物品登记表"(见表7-4)上予以说明。

表 7-4　遗留物品登记表

日期	时间	地点	拾得物名称及数量	拾交人	编号	联络员	保管员	领取人签名及证件号码	领取时间	备注

任务七　客人租借物品服务

物品租借服务是客房部的一项重要服务项目。客房内所提供的物品一般能满足住店宾客的基本生活要求,但有时宾客会需要酒店提供一些特殊的物品。因此,楼层服务中心应予准备,以便向宾客提供租借服务。

一、客人租借物品服务流程

（一）租借时登记

1. 客人租借物品时,须问明借用物品的名称、数量、借用时间,然后将客人姓名、房号及借用物品资料在"租借物品登记表"（见表 7-5）上记录下来。

表 7-5　租借物品记录表

日期	房号	退房日期	经办人	借用物品	借用客人签名	收回时间	责任人	备注

2. 若由房务办公室通知,也须记下相关信息。

3. 在每日工作报表的备注栏内记录客人借用物品,以便在整理房间时检查。

（二）将出借物品交给客人

在将出借物品送交给客人时，需请客人在租借物品记录表上签名，提醒客人检查物品是否有破损等之类。

（三）物品收回

1.过了借用时限，客人仍未归还物品，客房服务员可主动询问客人，但应注意礼貌和询问方式。

2.客房服务员在交接班时，应将租借物品服务情况列为交接班内容，说明客人租借物品情况，以便下一班的服务员继续服务。

3.客人归还物品时，客房服务员应仔细检查借出物品。如果发现物品有损坏或丢失，应及时向上级汇报，并及时处理。

4.客人离店时，应特别注意检查客人有无租用物品及物品是否归还等，若有物品未归还，应礼貌地提醒客人归还，并注意语言表达方式，不要引起客人的误解。

二、晚间住客要求租借物品的处理

1.问明客人姓名、房号及需要的物品。

2.至值夜班经理处索取楼层钥匙并登记签名（若客房部夜间主任在忙或休假时）。

3.至所属楼层库房拿取所需物品，并在该楼的交代簿内注明。

4.将客人所需物品送至客人房间。

5.将楼层钥匙交还给夜值经理，并且登记签名，同时在夜值经理所暂管的"客房部交代簿"内填明客人姓名、房号、借用物品名称、时间及服务员姓名。

三、租借物品注意的事项

1.客人租借电器用品时，应提醒客人注意安全。

2.借用物品收回后，要及时取消借用记录。检查完好程度并清洁消毒，方便下次使用。

3.常客借用物品时，可编入客史档案，在其下次入住前先放入。

4.如客人需要租借麻将这类物品时，应事先向客人讲明租借价格标准及收取押金标准。客人同意后，将租借物品登记，客人签字，服务员将物品送入房内。

知·识·链·接 7-5

一般来说，酒店除了提供给客人最基本的住宿条件以外，还需购置一定数量的各种常用物品以满足客人的需求。这些物品的购置与配备随着酒店的档次高低而有所不同，星级越高的酒店物品越丰富。

这些物品一般包括旅游洁具包、电熨斗、烫衣板、插头、变压器、针线包、吹风机、电水壶、刮胡器、烫发卷、防过敏枕头、电褥子、羽绒被、电暖器、婴儿床、空气清新剂等。

任务八 "请勿打扰"服务

客人挂出"请勿打扰"牌,表示要在房内好好休息,不愿意让服务人员或其他人打扰,因此,客房服务员在客人未将"请勿打扰"牌收回前,绝不能去打扰客人。

一、"请勿打扰"作业要求

(一)登记"请勿打扰"房的房号

客房服务员在交接班时,将挂有"请勿打扰"牌的房号记在值班日志上。另外,对从上一班就挂有"请勿打扰"牌的房间要特别留意。

(二)先保留,不做房务整理

在房务作业中,挂有"请勿打扰"的客房先保留不做,待客人将"请勿打扰"牌取下后,可以敲门入内整理。

(三)电话查询相关情况

早班领班在每日12:00—13:00(具体每个酒店的要求可能不一样),需电话向各楼层负责人员查询房间未整理好的原因,如客人一直挂着"请勿打扰"牌,领班应先向总机查询该客人是否有特别交代及电话来往记录,再打电话咨询前台,是否已有交代及动向;如为续住客人,则查清客人习性记录表,看是否有不整理房间的记录,如无记录,到楼层及前台了解情况后,向值班主管报告。

(四)会同相关部门共同处理相关事宜

1. 当班的房务主管于15:00(具体时间每个酒店可能不一样)会同大堂副理共同处理相关事宜。先由大堂副理用电话与房内客人联系,如客人接听,则向客人表明接到房务中心通知,礼貌地询问客人能否整理房间。

2. 如电话无人接听,则由房务主管敲门两次后,用万能钥匙开门入内查看,若遇到客人将房门反锁(一般酒店的客房房门共有两道锁。第一道锁为关上房门即锁上,第二道是房门关上后,由客人自行将内锁或按钮按上,这种情况是无法用万能钥匙开门的),需要工程部门将房门整个拆下,以防发生意外。等状况解除后,由领班通知房务员开始整理工作。

二、与"请勿打扰"作业相关的服务

当住客的朋友及客户等来酒店拜访时,除了要让他们很快地找到住客,更要注意住客的安全。

1.当有访客进入楼层时,客房服务员应有礼貌地上前问明要找的房号及住客。

2.先行了解访客说明的房号及住客是否正确。

3.当访客说明的房号及住客不正确时,应请访客至前台查明。

4.尽可能先以楼层的电话与住客联系(以免住客被不想见的人骚扰)。

5.若碰到客人挂出"请勿打扰"牌时,应礼貌地请访客与客人联络后,再请房务办公室处理,千万不可指引或带领访客至房间敲门,以免造成客人的抱怨及不便。

6.若客人不想见客时,应礼貌地向访客说明客人不在或外出,请他与客人联络后再来拜访。

7.若确定访客得到客人的允许后,指引或带领访客至房间敲门。

8.客人开门后,礼貌地向住客说明情况后离开。

9.若遇陌生人或闲杂人等企图问客人的情况时,应礼貌地请其至前台处理,若有人在楼层游荡,应主动上前问明,或请保安部人员前来处理。

任务九　特殊客人服务

一、贵宾服务

贵宾(VIP)是指酒店客人中,有较高身份地位或因各种原因对酒店有较大影响力的客人,在接待中应得到酒店较高礼遇。对贵宾的接待,从客房布置、礼品的提供,到客房服务的规格内容,都要高出普通客人,使其感到酒店对自己的特别关照。

(一)迎客准备

1.接到贵宾接待通知后,了解客人的国籍、到房时间、人数、性别、身份、接待单位等。

2.选派经验丰富的服务员,按照接待规格将房间进行彻底的清扫、布置;检查房间设施设备是否完好,各种客用物品是否齐全、摆放是否整齐得当;客人到达前还应检查房间温度是否得当,并提前开好空调。

3.按规格配备其他物品,如在客房内摆放有总经理签名的欢迎信、总经理名片、摆放好水果(配有洗手盅、水果刀、果叉、口布等)、鲜花,做夜床要放置夜床赠品。

4.房间准备完毕后要由相应的管理人员进行严格检查、确认。

（二）迎接客人

1.贵宾在酒店有关人员陪同抵达楼面时，客房部管理员、服务员要在梯口迎接问候。当电梯门打开时，即用礼貌服务用语对客人表示欢迎，最好能提供叫名服务（应符合礼仪规范），使客人感到亲切。

2.引领客人进房时要落落大方地介绍客房情况，使客人熟悉住房，有宾至如归的感觉。

3.尽快送上热毛巾、迎客茶。

4.服务员为不打扰客人休息，要尽快离房，离房前要说"请休息，如有事请打××电话"之类的礼貌用语。

5.记录客人入住日期。

（三）住客服务

1.周到、主动地为客人提供服务，一般客人离房一次，跟房一次，要求恢复客人进房时的状况，但不得移动客人自行放置的物品。

2.客人洗熨的衣服要专人负责。

3.送给客人的传真、信件等物品要用托盘送上。

（四）客人离店

1.离店时，楼层管理人员、服务员要在场送行，并致离别祝愿。

2.客人离店时清点酒水消耗情况，报给总台结账。

3.检查房间有无遗留物品，及时归还，并做好记录。

知·识·链·接 7-6

贵宾（VIP）接待技巧

- 协助前厅选好客人用房。
- 及时、准确传递信息，做好各环节的沟通。
- 注意细节，精益求精，有效提供针对性服务。
- 注意服务要周到但要适度，尽量不打扰客人。
- 注意服务礼仪。
- 注意做好安全保密工作。

二、醉酒客人服务

醉酒客人的破坏性较大，轻则行为失态，大吵大闹，随地呕吐；重则危及生命及客房设备酿成重大事故。对醉酒客人的服务，既要耐心、周到，又要注意安全，包括客人的安全、酒店

的财务安全和员工自身的安全。客房服务员在为醉酒客人服务时,应做好以下几个方面的工作:

(一)及时发现醉酒客人

1. 当服务员发现客人在房内不断饮酒时,便应特别留意该房客人动态,并通知领班,在适当情况下,与其他服务人员或领班借机进房查看,但切忌单独进房。

2. 服务员在楼层发现有醉酒客人,首先应证实其是否为住店客人。若证实为外来游荡的醉客,应请其离开,或通知安全部人员将醉客带离楼层,并控制醉客的行为。若是住店客人,应通知领班或请同事帮忙,安置客人回房休息。

在客人醉酒状态下,一般服务员不能单独扶醉酒客人进入房间,帮助客人解衣就寝,以免客人酒醒后产生误会。

(二)视客人醉酒的程度予以适当的服务

1. 若客人已饮酒过量,难以自理,但尚清醒,应扶客人上床,征求客人意见后,泡一杯热茶给客人,备好面巾纸、漱口水等放于床头柜上,并将纸篓放在床边,以防客人呕吐。对呕吐过的地面要及时清理。

2. 安顿好客人休息后,房间要留灯,如夜灯或廊灯,然后轻轻退出房间,关好房门。

(三)注意安全

1. 密切注意房内动静,以防房内物品受损,或因客人吸烟而造成火灾。

2. 对因醉酒而大吵大闹的客人要留意观察,在不影响其他客人的情况下一般不予干涉。但若发现客人因神志不清而有破坏行为,则应通知保安部、大堂副理。若已造成设备、物品损坏,应做好记录,待客人酒醒后按规定索赔。

3. 若遇客人倒地不省人事,或有发生意外的迹象(如酒精中毒),应及时通知大堂副理,同时通知医务室医生前来检查,以保证客人安全。

4. 对醉酒客人纠缠不休的情况要机警应对,礼貌回避。

(四)做好记录

在"服务员工作日报表"上填写醉酒客人房号、客人状况及处理措施。

【案例】

"美女,拿酒来。"1618房客人冲着当班服务员小杨和小罗大喊,并斜着眼看着小罗。喝得醉醺醺的客人看上去四十多岁,在走廊橘黄色的灯光下,可以看到他面色通红、额上几根被酒力所激发的青筋在凸动。小罗答应一声,跟服务中心联系后,拿了一瓶酒。

这时,小罗要求小杨跟她同去1618房。谁想刚进客人房间,客人却指着小杨说:"你进来干什么?我只要她送酒,你出去!"小杨一愣,随即退回到门口等小罗。

小罗小心翼翼地走到客人的旁边,将酒放下,正想抽身离开,不想客人却一拍桌子道:

"美女,你怎么啦? 还不快为我斟酒!"

小罗十分戒备地劝客人道:"先生,请您不要再喝了,过量饮酒会伤身的,是不是……"

客人瞪着眼:"我没醉,再来两瓶也不会醉。"小罗吓得倒退了半步。

客人看小罗亭亭玉立,洋溢着女性的青春魅力,便一手拿过酒,身体向前一倾,一把将小罗拉过来,并揽住她的腰说:"小姐,你真美,陪我喝酒吧。"

小罗大惊失色,小杨马上对着对讲机喊:"领班,请您带保安员到1618房。"随即冲入房间。

客人见到小杨,便喊:"你进来干什么? 出去!"

小杨急中生智,忙对客人说:"先生,您酒杯里怎么有些会动的东西? 好像有虫子掉进去了。"

客人心里一惊,马上往酒杯望,揽住小罗腰的手自然松了。小杨赶紧用力拉小罗挣脱客人的手,并说道:"真对不起! 我们还要招呼其他客人呢。"

这时,领班和保安员已来到1618房。客人嘴里仍在叫着:"美女,你别走,别要我,我要你陪我喝酒。"

领班见状,火气上升,但仍耐着性子上前对客人说:"先生,您需要些什么?"

客人说:"你别管,我只要她陪我。"

领班没有责怪他,极力沉住气说:"先生,您累了,先安静地休息一下,我们给您倒杯水来。"

领班立即用眼神示意小杨去拿水。小杨给客人送上一杯可以醒酒的果汁,哄他喝了下去。

三、残疾人服务

在残疾客人中,常见的有三种类型:一是坐轮椅的腿部有残疾的客人;二是盲人或视力不佳的客人;三是听力不佳的客人。

在客房服务中,应根据残疾客人行动不便以及生活自理能力差等特点,给予特别的照料。在服务中应注意以下几点。

1. 在客人进店前,根据前厅等部门提供的资料,了解客人的姓名、残疾的表现、生活特点、有无家人陪同以及特殊要求等,做好相应的准备工作。

2. 客人抵店时,在电梯口迎接,问候客人并主动搀扶客人进入客房,帮助提拿行李、物品等。

3. 仔细地向客人介绍房内设施设备和配备物品,帮助客人熟悉房内环境。

4. 在客人住店期间,对其进出应特别加以关注,并适时给予帮助,如搀扶其进出电梯、客房,提醒客人的注意安全、小心滑倒等。当客人离开楼层到酒店其他区域时,应及时通知有关人员给予适当的照料。

5.主动询问客人是否需要客房送餐服务,并配合餐饮服务人员做好服务工作。

6.应尽力承办客人委托事项,通过有关部门的协作,及时完成并回复,使残疾客人住店期间备感方便、愉快。如客人需代寄邮件或修理物品等,要及时通知大厅服务处为客人办理,提供让客人满意的服务。

7.对残疾人应主动热情、耐心周到、针对性强,并照顾到客人的自尊心,对客人的残疾原因不询问、不打听,避免因言语不当而使客人不愉快。

8.当客人离店时,服务员应主动征询客人的意见,并通知行李员帮助客人提拿行李,送客人进入电梯后方可离开。

四、病客服务

如果遇到住客生病,服务员应给予特殊关照,并体现出同情、关怀和乐于助人的态度,将会令住店客人倍感温暖和满意。

1.发现住店客人生病要表示关怀并主动帮助,提醒客人酒店有医务室或附近有医院可前去就诊。

2.如接到客人需要就诊的电话,应询问客人姓名、房号、性别和病情。一般疾病,请客人自己去酒店医务室就诊,告知客人医务室地点、电话号码。如客人行动不便,服务员应通知酒店医生到客房来为客人诊治。同时,做好记录。

3.如发现客人患有传染病,应采取有效的防范措施。病人在酒店留住期间或离店后,要对其使用过的各种物品和房间、卫生间按规范严格消毒。凡在本区域接触过病人的酒店工作人员要在一定时间内进行体验,防止传染病扩散。

4.客房服务中心对客人生病情况进行交接班,以便对客人做好针对性服务。

5.客人在生病期间,楼层主管要代表酒店送鲜花慰问客人,祝客人早日康复。必要时客房部经理应亲自慰问客人,并送鲜花、水果,祝客人早日康复。

知·识·链·接 7-7

客房对客服务项目

根据国家技术监督局发布的《旅游酒店星级的划分与评定》,不同星级的酒店客房部应提供以下服务:

● 一星级　客房、卫生间每天全面整理一次,隔日或应客人要求更换床单、被单及枕套,并做到每客必换;24小时供应冷水,16小时供应热水,16小时提供冷热饮用水。

● 二星级　客房、卫生间每天全面整理一次,每日或应客人要求更换床单、被单及枕套;提供一般洗衣服务;可拨打国际、国内长途电话;24 小时供应冷水,18 小时供应热水,24 小时提供冷热饮用水。

● 三星级　客房、卫生间每天全面整理一次,每日或应客人要求更换床单、被单及枕套,客用品和消耗品补充齐全;24 小时提供冷热饮用水及冰块,免费提供茶叶或咖啡;有小冰箱,提供适量饮料和价目单,备用饮酒器具和酒单;客人在房间会客,可应要求提供加椅和茶水服务;可拨打国际、国内长途电话,可提供国际互联网接入服务;提供叫醒服务和留言服务;提供衣装干洗、湿洗和熨烫服务;有送餐菜单和饮料单,18 小时提供早餐或便餐送餐服务,有可挂置门外的送餐牌;提供擦鞋服务。

● 四星级　客房、卫生间每天全面整理一次,每日或应客人要求更换床单、被单及枕套,客用品和消耗品补充齐全,并应客人要求随时进房打扫整理,补充客用品和消耗品;提供开夜床服务,放置晚安致意品;24 小时提供适量酒和饮料,备用饮用器具和价目单;可拨打国际、国内长途电话,可提供国际互联网接入服务;提供留言及叫醒服务;客人在房间会客,可应要求提供加椅和茶水服务;提供衣装干洗、湿洗、熨烫及缝补服务,可在 24 小时内交还客人,16 小时提供加急服务;有送餐菜单和饮料单,24 小时提供中西式送餐服务,送餐菜式品种不少于八种,饮料品不少于四种,甜食品种不少于四种,有可挂置门外的送餐牌;提供擦鞋服务。

● 五星级　在四星基础上,对洗熨客衣加急服务提出了更高的要求,即要求 18 小时提供加急服务;在提供叫醒服务、留言服务的基础上要求提供语音信箱服务。

【实训练习】

1.假如你是一家五星级酒店的客房部经理,请你设计一份本部门的 VIP 接待方案。客人档次可自行设计,但工作内容、标准、要求等要详细具体。

2.任选一个客房对客服务内容,分组扮演客人和客房服务员进行模拟练习。

项目八　客房部设备与用品管理

📖 **学习目标**

1. 了解客房设施用品管理的目标、客房设施用品的规格和标准、客房设施用品的使用和保养常识。
2. 掌握客房用品的日常管理方法。
3. 能够识别不同类型的客房设施用品，能够正确选择、使用和保养客房设施、设备和用品。
4. 掌握客房用品消耗定额的计算方法。

【案例导入】

　　王子酒店住了一位商务客人，当晚在房间内休息。他打开电视机，多数频道没有图像，几个频道即使有图像也是模糊不清。于是，他打电话给楼层服务员要求派人前来检修。半个小时过后，客人仍未见有人进房检修，再打电话给服务员，询问是否有人检修电视机。服务员连声道歉并请客人等候。大约在二十分钟后，才来了一位修理工，对电视机做了一番检查后，表示这电视机无法修理，离房而去。恼怒的客人打电话到总经理处投诉。

　　上述案例告诉我们，完好的设施设备是客房优质服务的物质保证。一旦设施设备出现故障，又不能及时维修，就意味着酒店失去了自己的"产品"价值。

任务一　客房物品与设备管理

　　酒店业习惯于把物业及其装修、固定资产和清洁器械划分为客房设备；把小件供应品和低值易耗品划分为客房物品；所有棉制品划分为布草。酒店客房设备、物品种类繁多，价格悬殊，酒店客房与物品管理就是对客房部所必需的各种基本设备和用品的采购、储备、保管、使用所进行的一系列组织和管理工作。

一、客房设备的管理

客房设备种类繁多,功能不一,对其种类与用途的了解,有助于设备的正确配备和使用。对其管理的控制,有助于保证客房服务的质量。

(一)客房设备的分类

酒店客房的设备主要是指在客房中固定配置、可以移动的小型设施,主要包括家具、电器、洁具、安全设施及一些配套设施。具体划分如下:

1.家具设备

客房家具从功能上分,有实用性家具和陈设性家具两大类,其中以实用性家具为主。客房实用性家具主要有用于经营服务的床铺、床头柜、写字台、软座椅、圆桌、沙发、行李架、衣柜等。

2.电器设备

电器设备是指用于酒店经营服务或管理用的计算机及其网络设备、音响设备、电视机、电冰箱、照明灯具及电话等。

3.洁具设备

客房卫生洁具主要配有浴缸、淋浴器、坐便器、洗脸盆。高档客房还应装有净身器等。

4.安全设置

为了保障宾客的安全,客房内必须配有安全设置。如消防报警装置、烟感器、温感器等。高档客房内还应配有小型保险箱。

现代酒店客房管理系统的基本设备种类繁多,这些设备的质量和配备的合理程度,是客房商品质量的重要体现,是制定房价的重要依据。

(二)客房设备的选择

客房设备管理是全过程的管理,即从设备的选择开始,到设备的使用、保养和维修的每个环节都要加强管理,认真做好各项工作。

1.客房设备的选择标准

客房设备的选择是酒店设备管理的第一步。客房设备投资大,使用周期长,酒店应根据自身的特点,制定各自的选购标准。但最核心的还应注意如下几条基本原则。

(1)适应、协调性。这是指客房设备要适应客人享受的需要,"生产"高质量的服务;适应酒店等级,所选购设备的大小、造型、外观、色彩、质地等必须与客房相协调。整个房间有一个统一的主色调,造型美观、款式新颖。

(2)经济实用性。酒店客房设备的购置和更新要选择与酒店的档次相适应,并在同类型酒店中较为先进和具有特色,设备质量低,影响酒店档次;设备等级高,影响经济效益,均不可取。选择设备还要考虑实用性。凡是宾客享用的设备,要以满足宾客的生活需要为主,要方便宾客使用。

（3）节能环保性。设备的选择要考虑节能效果，即选择那些能源利用率高、消耗量低的客房设备。

（4）安全性。安全是酒店的基本要求。在选择客房设备时要考虑是否具有安全可靠的特性和装有防止事故发生的各种装置。如电器的自我保护装置、冷热水龙头的标志、家具饰物的防火阻燃性，甚至包括防滑、防静电、防碰撞、防噪音污染等要求。此外，商家售后服务也是设备安全的重要保证。

以上是选择客房设备要考虑的主要因素，对于这些因素要统筹兼顾，全面权衡利弊。

2. 客房主要设备的选择

（1）家具的选择

家具必须实用、美观，构架结实、耐用和易于保养。家具的表面要耐火、耐高温、耐污染、防水、防划和防撞压。家具的拉手和铰链必须简单、坚固，使用时无噪音。

①客房用床。客房用床的尺寸要合适。床是酒店为客人提供休息和睡眠的主要设备，大多数的床包括弹簧、床垫和床架3个部分。弹簧使床具有弹性并提供支撑；床垫覆盖弹簧并加以衬料；弹簧和床垫都安放在床架上。一般来说，客房用床长应有1.95米，高55～56厘米，主要考虑客人的舒适程度和服务员的工作强度，使用时要舒适、安静无声。

②床头柜。床头柜的高度要与床的高度相配套，通常在60～70厘米。床头柜上安装有客房内主要电器的开关，所以对质量要求很高。

③组合柜。要求抽屉不宜过多，否则客人容易遗忘东西。

④衣柜。深度以55～60厘米较为理想，宽度平均不小于60厘米，最好采用拉门和折叠门。

（2）卫生间设备的选择

客房卫生间是客人的洗漱空间，它的面积一般为4～7平方米，主要设备为浴缸、马桶和洗脸盆三大件。

①浴缸。有铸铁搪瓷、铁板搪瓷和人造大理石等多种。以表面耐冲击、易清洁和保温性良好为最佳。浴缸按尺寸分大、中、小三种。一般酒店多采用中型的一种，高档酒店采用大型浴缸。浴缸底部要有凹凸或光毛面相间的防滑措施。近年来，一些高档酒店的豪华客房选用了各种按摩、冲浪式浴缸。

②马桶。尺寸一般为36厘米宽，72～76厘米长，前方需要有50～60厘米的空间，左右须有30～35厘米的空间。

③洗脸盆。有瓷质、铸铁搪瓷和人造大理石等多种，使用最多的是瓷质。它具有美观且容易清洁的优点。

卫生间的三大件设备应在色泽、风格、材质、造型等方面相协调。

（3）地毯的选择

地毯主要有纯毛地毯、混纺地毯、化纤地毯和塑料地毯 4 种。不同种类的地毯有不同的特点。纯毛地毯好看、弹性强、耐用、便于清洁,但价格较高。混纺地毯具有纯毛地毯质感舒适的特点,价格又低于纯毛地毯。化纤地毯外表与触感均像羊毛地毯,阻燃、耐磨,且价格低廉。塑料地毯则质地柔软、耐用、耐水,可用水冲洗。

选用地毯要考虑以下因素:

①与酒店的等级、客房的档次相一致,选择怎样的地毯与客房的位置、档次及预算等因素有关。

②应体现装饰艺术效果,使客人进入房间有一种舒适、安宁、温暖的感受。

（4）清洁设备的选择

清洁设备的恰当选择不仅关系到客房的经济效益,而且是保证客房部清洁卫生工作顺利进行的一个基本条件。因为,不少清洁设备的投资比较大,使用的周期长,其选择的得当与否对于客房部的清洁保养能力和效果具有不可忽视的制约作用。每一家酒店都应根据自身的等级和规模以及清洁保养要求和经费预算等,做出购买设备或转让承包的决策。一旦需要购买,客房部管理者必须参与其中。

清洁设备的选择应注意遵循协调、实用、经济的原则,还应特别注意清洁设备的安全可靠性,如电压是否相符、绝缘性如何等。为了保证清洁效率、节约酒店资源,清洁设备还应具备操作方便、易于保养、实用寿命长、噪音小等特点。

（三）客房设备的使用与保养

客房设备的使用,主要涉及员工与客人两方面。客房部要加强对职工的技术培训,提高他们的操作技术水平,懂得客房部设备的用途、性能、使用方法及保养的方法。

1. 制定使用制度

使用制度包括设备使用操作规程、设备维护规程、操作人员岗位责任制、交接班制度、日常检查制度等。各项规程要落实到班组和个人,定机定人,使全体员工在制度的约束下,按规程操作,管好、用好、养好设备。

2. 加强人员培训

客房部要加强员工技术培训,提高员工操作技能,使其掌握楼层各类设备的用途、性能、使用及保养方法。同时,培养客房部服务人员爱护设备的自觉性和责任心。服务员要及时准确地向客人介绍客房设备的使用方法,以避免客人不当或不会使用而造成设备损坏。如遇宾客损坏设备,要分清原因,适当索赔。

3. 制定保养制度

应就客房所有的设备制定保养制度,定期进行检查维护。如定期清洁空调网罩、家具上蜡、电话机消毒等。各种设备都应注意防潮、防锈、防腐蚀、防超负荷使用。存放在库房中的备用设备或维修、报废设备必须擦干净、摆放整齐,并有防护措施。

（1）做好更换记录

客房设备不能随意搬进搬出,搬动和更换都需要办理相关手续。所有需要出门维修的设备摆放处打上维修标志或以备用品补充,直到维修完毕放回原处。

（2）做好报废工作

设备的报废,首先由客房部提出申请,由工程部会同有关技术单位进行技术鉴定,确认符合设备报废条件后,填写设备报废鉴定书。对于较大的设备,经总经理批准,由设备管理部门对报废设备进行利用和处理,回收的残件做更新改造之用。同时注销资产,注销台账卡片,将设备报废的各项手续、凭证存入设备档案。

（3）更新改造

随着时间的推移和客人需求的变化,为了保持并扩大对客源市场的吸引力,确保酒店规格档次,酒店必须有计划地对客房设备进行更新改造,并对一些设备用品实行强制性淘汰。这种更新按周期不同,可以分为以下几种情况。

①常规修整

一般每年至少进行一次。其中包括地毯、饰物的清洁,墙面的清洗和粉饰,家具的装饰油漆,窗帘、床罩的洗涤等。

②部分更新

客房使用 5 年左右,即应对部分设备进行更新。包括更换地毯、墙纸,更换沙发布、靠垫等装饰品,更换窗帘、床罩等。

③全面更新

一般 10 年左右要对客房设施进行一次全面装修,并对客房设备进行更新。其项目包括:衣柜、写字台的更新,床垫和床架的更新,椅子、床头板的更新,灯具、镜子、画框等装饰品的更新,地毯的更新,墙纸和油漆的更新,卫生间设备的更新(包括墙面和地面材料、灯具和水暖器件等)。

二、客房物品的管理

客房物品主要是供客人使用的生活必需品。在客房的费用中,客房用品的耗费占比较大的比重。这些客房用品的品种繁多,使用频率高,数量大,实用性强,流失率也高。它们的管理是客房用品控制工作中最容易发生问题的环节,也是最重要的一环。

（一）客房物品的分类

1.按消耗形式分类

（1）一次性消耗物品

提供客人一次性使用消耗完成价值补偿或用作惠赠客人而供应的用品,也称供应品。

（2）客房备品

可供多批客人使用,价值补偿要在一个时期内逐渐完成,但不能让客人带走的客用品,也称客房备品。

2.按供应形式分类

（1）客房供应品

客人可以带离酒店的东西,不同的酒店对客房供应品的范围有不同的规定。

（2）客房备品

放在客房或在客房内使用,一般不允许客人带走。

（3）客房租借物品

一般不放在房间内,放在房务中心,供客人临时需要时借用。

（二）客房物品的选择

由于客房物品种类繁多,而且处在不断的筛选与改进中,因而对其的选择必须坚持如下四个标准。

1.实用。客房用品是为方便宾客的住店生活而提供的,因而对其物尽其用是其初衷。

2.美观。美观大方的客房用品布置在清洁舒适的客房里,本身就令人赏心悦目。

3.适度、特色。客房用品应能够体现酒店的档次并突出其风格,而不是种类越多越好。

4.价格。客房用品供应商很多,作为用户可以从好中选优,优中选廉。

（三）客房物品配置的基本要求

1.体现客房的礼遇规格

要从满足客人需要出发,使客房用品的"价"与"值"相符。

2.广告推销作用

客房用品不仅可供客人使用,还是很好的宣传广告品。酒店应在客房用品上印制酒店的名称、标志、地址及电话等,以加深客人对酒店的印象和了解。

3.客房设施设备的配套性

既要追求设施设备、用品的外观配套,包括外观、色彩、造型、质地的统一,又要保证某一用途的设备用品的自身配套。

4.摆放的协调性

各种设备和用品配套齐全后,应形成一个协调的整体,给客人以舒适和方便感。同一等级、面积和布局的客房的各种设备、用品必须位置固定,同时保持适当的距离和通道,既照顾客人的活动空间,又方便客人取用和服务员的工作。

（四）客房物品消费定额制定

客房物品消耗定额是以一定时期完成客房接待所消耗的物资用品的额定数量。

1. 客房一次性消耗品的消耗定额制定

一次性消耗品消耗定额的制定方法是以单房配备量为基础,确定每天需要量,然后根据预测的年平均出租率来制定年度消耗定额。

计算公式为

$$A = b \times x \times f \times 365$$

其中:A 表示每项日用品的年度消耗定额;b 为每间客房每天的配备额;x 为酒店客房总数;f 为预测的年平均出租率。

2. 多次性消耗品的消耗定额制定

多次性消耗品定额的制定基于多次消耗品的年度更新率的确定。其定额的确定方法应根据酒店的星级或档次规格,确定单房配备数量,然后确定其损耗率,即可制定消耗定额。

计算公式为

$$A = b \times x \times f \times r \times 365$$

其中:A 表示每项日用品的年度消耗定额;b 为每间客房每天的配备额;x 为酒店客房总数;f 为预测的年平均出租率;r 为用品的损耗率。

(五)客房可用物品的日常控制

客房可用物品的日常控制要从选购、保管、领发、消耗控制等四个环节入手,做到环环把关、道道控制,从而降低客用物品的消耗,创造良好的经济效益。

1. 建立客房用品领班责任制

各种物资用品的使用主要是在楼层进行的,因此,对客房用品使用的好坏及定额标准的掌握,关键在领班。各楼层应配备专人负责楼层物资用品的领用、保管、发放、汇总以及分析的工作。

2. 客用物品的发放

客房物品的控制工作是日常工作中最容易发生问题的环节。客房物品的发放应根据楼层工作间的配备标准和消耗情况而定。一般是一周发放一次,有的 2～3 天领用一次,固定在某一天,这样不仅可以方便库房工作,也使楼层日常工作条理化,可减少漏洞。

在发放日期之前,楼层领班应将其所管辖楼段的库存了解清楚并填写领料单(见表 8-1)。凭领料单领取货物之后,即将此单留在中心库房以便作统计用。

表 8-1 日常消耗品申领单

楼层:　　　　　　　　　　　　　　　　　　　　　　　　　日期:

货物	申领数	实发数	货物	申领数	实发数
普通信笺			火柴		
航空信笺			水杯		
普通信封			小香皂		

货物	申领数	实发数	货物	申领数	实发数
航空信封			烟灰缸		
明信片			圆珠笔		
门后指示图			服务指南		
便笺纸			门把菜单		
宾客意见书			干洗单		
住客预定表			湿洗单		
小酒吧账单			垃圾袋		
大香皂			浴帽		
卫生纸			浴液		
面巾纸			鞋刷		

申领者：　　　　　　　　　　　　　　　　　　　　　发放者：

3.客用物品的保管

做好客房客用物品的保管，可以减少物品的损耗，保证周转。一是保证良好的库存条件，做到"四防"，即防火、防盗、防鼠窃虫蛀、防腐烂变质；二是建立合理的物流管理程序，严格验收，分类摆放，做到"有货必有卡，卡货必相符"。定期盘点，严格控制保质期。

4.建立管理制度

(1)楼层员工上班不能带私人用包，同时，控制酒店其他部门人员随意上楼层。

(2)员工上下班必须走员工通道，并主动接受值班保安人员的检查。

(3)定期公布客房各楼层的客房日用品耗用量，实行奖惩制度。对增收借支者，给予表扬和奖励，对超控浪费者，要扣发班组和个人奖金。

(4)建立严格的赔偿制度。住客将客房内的物品损坏或带走，要按酒店规定的价格赔偿或付款。服务员工作中不慎将物品损坏，或客房日用品丢失而服务员没能及时查明，须由服务员给予赔偿。

(5)楼层员工利用工作之便私自将客房日用品携带出去据为己有，或送给其他部门员工者，须视情节轻重，给予罚款、警告直至开除的处罚。

(6)建立月末盘点制度。

任务二　布件与日用品管理

布件，又称布草、布巾或棉织品。在酒店经营活动中，布件不仅是一种供客人使用的日常生活必需品，也是酒店客房装饰布置的重要物件，对塑造室内气氛、格调、环境具有重要作用。

一、布件的分类和选择

（一）布件的分类

按照用途划分，酒店的常用布件可分为四大类：

（1）床上布件。如床单、枕套等。

（2）卫生间布件。包括方巾、面巾、浴巾和地巾。由于它们基本上属于毛圈织物，故都可称为毛巾。

（3）餐厅布件。包括台布、餐巾等。

（4）装饰布件。包括窗帘、椅套、裙边等。

2.按照质地分类

（1）棉织物，如客房的各种布件。

（2）麻织物，如餐厅台布、餐巾等。

（3）丝织物，如客房的装饰物或豪华客房的睡衣、睡袍等。

（4）混纺织物，主要有棉麻混纺织物等和棉涤混纺织物。主要用于餐厅台布和餐巾的制作。

（二）床上布件的质量和规格要求

床上布件主要指床单与枕套。一般情况下，酒店宜选用全白的床单与枕套，这不仅是因为白色看起来清洁和舒适，还在于易于洗涤和保养。

1.质量的要求

（1）纤维质量。纺织纤维比较长，纺织出来的纱就比较均匀，强度高。织物漂亮、细腻、平滑、舒适。反映在使用上即为耐洗、耐磨。

（2）纱的捻度。纱纺紧密，使用中不易起毛，强度也比较好。

（3）织物密度。密度高而且经纬分布均匀的织物比较耐用。

（4）断裂强度。织物的密度越高，其强度越高。

（5）制作工艺。卷边平齐，尺寸标准，缝线平直、耐用。

2.规格尺寸

床单。即使是同一种类的床单，其尺寸也可能有所不同，因此，为了简化对布件的管理，提高工作效率，不少酒店都尽可能地减少床单的规格种类。下面是 4 种不同规格的床单的常用尺寸：

单人床单	1.6 米×2.44 米～1.82 米×2.64 米
双人床单	2.09 米×2.64 米
大号床单	2.29 米×2.79 米～2.29 米×2.92 米
特大号床单	2.74 米×2.92 米

一个床单准确的尺寸是：

长：床垫的长度＋(2×床垫的厚度)＋(2×0.3米)

宽：床垫的宽度＋(2×床垫的厚度)＋(2×0.3米)

酒店在经营过程中，如果可能的话，尽量不要选用太大的床单，这样不仅节省资金，而且方便铺床操作和洗涤保养。

(三)卫生间布件的质量和规格要求

卫生间布件通常指的是卫生间的方巾、面巾、地巾、浴巾。对卫生间的质量要求，是舒适、美观、耐用。越高档的酒店所使用的毛巾越讲究。

1.质量的要求

毛巾质量要求主要取决于以下因素：

(1)毛圈的数量和长度。毛圈多而长，则柔软性好、吸水性强。但毛圈太长容易被钩坏，一般控制在3毫米左右。

(2)织物密度。毛巾组织是由地经纱、纬纱和毛纱组成，所以纬纱愈密则毛圈抽丝的可能性也越小。

(3)原纱强度。地经纱要有足够的强度，以经手拉扯不变形，故常用股线；毛经纱是双根五捻纱，这就提高了其吸水性和耐用性能。

(4)毛巾边。毛巾边应牢固平整，每根纬纱都必须保住边部的经纱，否则，边部易磨损和起毛。

(5)缝制工艺。要查看其拆边、缝线和针脚等。

2.规格尺寸

(1)方巾，可供选择的规格有：20厘米×20厘米，26厘米×26厘米，28厘米×28厘米，30.5厘米×30.5厘米，33厘米×33厘米。

(2)面巾，可供选择的规格有：32厘米×76厘米，34厘米×78厘米，32厘米×92厘米。

(3)浴巾，可供选择的规格有：51厘米×102厘米，56厘米×112厘米，61厘米×122厘米，68厘米×137厘米，76厘米×152厘米，96厘米×132厘米。

(4)地巾，又称为脚巾、脚垫，它主要用于卫生间地面，起清洁、防滑、保温、装饰作用，一般尺寸为：40厘米×70厘米，50厘米×70厘米，50厘米×80厘米。

二、布件的管理和控制

客房、餐厅及其他部门每天需要提供大量的布件，而客人对布件的质量往往要求很高，布件的内在质量和外观清洁程度直接影响到酒店的服务质量和规格。同时，由于酒店布件使用量大，容易损耗，所以搞好布件管理，从经济效益上看也是十分重要的。

（一）核定布件的需要量

1.需要考虑的要求

（1）能够满足酒店客房出租率达到100％时的周转需求。

（2）能够满足酒店客房一天24小时营业运转的使用特点。

（3）能够适应洗衣房的工作制度对布件周转所造成的影响。

（4）适应酒店关于客用布件换洗的规定和要求。

（5）考虑到规定的布件调整和补充的周期及可能会发生的周转差额、损耗流失量等。

（6）最好能让洗熨出来的布件有一段搁架保养的时间。

2.布件的需要量

一般来说，按酒店制定的布置规定将所有客房布置齐全，其需要的量就称之为一套。自设洗衣房的酒店要求配备3～5套。5套中，一套在客房，一套在楼层布件房，一套在洗衣房，另外一套或两套在中心布件房，而在店外洗涤布件的酒店则还应多配置一套。

（二）确定布件的损耗率

损耗率指布件的磨损程度。酒店要求对破损或陈旧过时的布件进行更换，以保持酒店的规格和水准。

确定损耗率要考虑两点：一是布件的洗涤寿命，不同质地的布件有着不同的洗涤寿命；二是酒店的规格等级要求，不同规格等级的酒店对布件的损耗标准是不同的。根据布件的洗涤寿命和酒店确定的损耗标准，可以计算出布件的损耗率。

例如：某酒店客房床单单间配备为3套，每套4张，床单每天更换1次，其洗涤寿命为250次，试确定该酒店床单的年度损耗率。

计算方法如下：

每张床单实际年洗涤次数为360÷3＝120（次）

每张床单的使用寿命为250÷120＝2.08（年）

年度损耗率为1÷2.08＝48.1％

（三）制定客房布件的消耗定额

客房布件消耗定额的计算方法，与多次性消耗品的消耗定额计算相同，计算公式为

$$A＝B\times x\times f\times r$$

其中：A为单项布件年度消耗定额；B为布件单房配备套数；x为客房数；f为预计的客房年平均出租率；r为单项布件年度损耗率。

（四）布件的日常管理

由于布件是分散在各处的，使用的好坏，定额标准的掌握，必须依靠日常的管理。

1.把好质量验收关

客房部管理者应对新购进的布件进行验收,仔细检查布件的品种、数量、规格、质地等,保证布件的质量符合客房要求。

2.布件存放要定点定量

在用布件,除客房里有一套之外,楼层布件房应存放多少,工作车上要布置多少,中心布件房要存放多少,布件的摆放位置和格式怎样等,这些都应有一定的规定,以使员工有章可循。

3.建立布件收发制度

建立布件收发制度的目的是控制好布件的数量和质量,减少不必要的布件损耗。

部件数量的控制原则是送多少脏布件换回多少干净布件。客房布件收发一般有两种形式:一是布件收发员直接到各楼层收发布件;二是客房服务员到布件房领布件。

4.确立布件报废和再利用制度

对破损、有无法清除的污迹以及使用年限已满的布件,应定期分批报废。布件报废也有严格的审批手续:一般由中心布件房主管核对并填写"布件报废单"(见表 8-2),洗衣主管审批。布件房回收旧的布件后,要视情况分别给予处理,凡能利用的就要加以利用。报废的布件可以改制成小床单、抹布、枕套、盘垫等。

表 8-2　布件报废单

品名：　　　　　规格：　　　　　填报人：　　　　　批准人：

报废原因	数量						报废总数
	床单	枕套	面巾	地巾	方巾	浴巾	
年限已到							
无法缝补							
无法去迹							
其他							
合计							

5.控制员工使用布件

在日常工作中,要严格禁止员工对布件的不正当使用。如用布件做抹布,或私自使用客用毛巾等。这样既造成浪费,又使劳动纪律失去保证。因此,对不正当使用布件的员工要严肃处理。

6.定期进行存货盘点

布件房应对布件进行分类,同时登记实物数量和金额,并设"在库"和"在用"科目,分别控制实物和楼面在用数量。在设立账卡的基础上,布件房要每月或每季度进行一次存货盘点。

这个制度不仅是为了控制布件的数量,也是为了方便会计核算。在对布件盘点的基础上进行统计分析,能及时帮助客房部管理人员发现存在的问题,堵塞漏洞,改进管理工作。

【本章小结】

客房日用品是客房部正常运转必不可少的物质条件。加强客房设备用品管理,对保证客房优质服务,提高经济效益具有十分重要的意义。本章讲述了客房设备用品管理的意义、任务和方法;介绍了客房设备的选择标准、要求和主要设备的保养方法;研究探讨了客房布件和其他日用品的选择、使用和控制的有效方法。

【实训练习】

选定一家酒店,计算其上一年的布草年度损耗率。

【案例】

上海一年丢弃 1814 吨

统计机构调查表明,国内酒店业所配的一次性客房用品使用率不到 50%,虽然使用率这么低,但酒店却天天换,如此累积,不仅浪费了社会资源,更造成了环境污染。这些分量加起来还不到三两的"六小件",其浪费程度却十分惊人。上海环卫部门统计,上海一年所有丢弃的宾馆"六小件"总重量达 1814 吨!上海环卫局有关负责人介绍,每年为了处置这些被酒店丢弃的"六小件",环卫部门就要投入近百万元。更重要的是,被丢弃的"六小件"的处理,成为环保专家们很头痛的难题。由于"六小件"中大多是以塑料为原料,因此当这些丢弃物品被填埋后,它们很难在土壤中被降解,成了城市中的新污染源。同时,这些仅使用过一次、两次就被丢弃的洗浴用品,给社会造成了巨大的资源浪费。据上海某五星级宾馆的相关负责人介绍,该宾馆假如取消"六小件"供应的话,一年将节省支出 20 万元。假如上海所有的宾馆取消"六小件"的话,那么一年将节省上千万元。

(资料来源《上海商报》,2005-07-25)

项目九 前厅和客房宾客关系管理

📖 **学习目标**

1. 认识和理解宾客关系管理的重要性。
2. 熟悉建立良好宾客关系的基本方法。
3. 掌握处理宾客投诉的方法与技巧。
4. 掌握客史档案管理的方法。

宾客关系管理是针对酒店业所特设的客户关系管理项目。客户关系管理的主要内容有细分顾客市场、确定顾客关系、建立顾客档案、加强与顾客的交流和沟通及重视反馈意见等。客户关系管理作为酒店分析顾客资源的重要系统,是通过顾客细分来组织酒店满足顾客需要的行为,是加强酒店与顾客联系的手段,是提高企业赢利和收入、增强顾客满意度的商业策略。

【案例导入】

一天上午,酒店大堂结账处有许多客人正在结账,1108 房间的刘先生也来到前厅结账,这时结账处接到楼层服务员报告:"1108 房间少了两个高档衣架。"收银员小陈立即微笑地说:"刘先生,您的房间少了两个衣架。"谁知客人好像早已有所准备,立刻否认带走了衣架。收银员小陈马上意识到出了问题,便立即通知了大堂副理,大堂副理在前厅处找到了刘先生。"刘先生您好,麻烦您过来一下好吗?"客人随着大堂副理来到了大厅的僻静处。"刘先生,您没拿衣架,那么有没有可能是您的亲朋好友来拜访您时顺便带走了?"大堂副理婉转地向客人表述酒店要索回高档衣架的态度。

刘先生说:"没有,我住店期间根本没有亲友来过。"

"请您再回忆一下,您会不会把衣架顺手放到别的地方了?"大堂副理顺势提醒刘先生。"以前我们也曾发现过一些客人住过的房间衣架、浴巾、浴袍之类的不见了,但他们后来回忆起来或是放在床上,或被被子、毯子遮住,或裹在衣服里带走了,您能否上去再看看,会不会也发生类似情况呢?"大堂副理干脆给了他一个明确的提示。

刘先生:"一个破衣架,你们真麻烦,咳,还是我上去看一下吧。"客人觉得越是拖延下去对自己越没有什么好处，便不耐烦地说。

大堂副理："您可以让我帮您看管一下您的箱子吗？"

"不用，不用"，刘先生忙摇着头，边说着便匆匆地提着箱子上了电梯，大堂副理和收银员会意地相互看了一眼。

不一会儿，刘先生下来了，故作生气状地说："你们的服务员也太不仔细了，衣架明明就掉在沙发后面嘛！"大堂副理知道客人已经把衣架拿出来了，就不露声色很有礼貌地说："实在对不起，刘先生，麻烦您了。"为了使客人不感到尴尬，大堂副理还很真诚地对客人说："刘先生，希望您下次来还住我们酒店！我们随时欢迎您的再次光临，谢谢！"

【分析】

在服务工作中我们时常会遇到爱贪小便宜的顾客，丢两个衣架本来只是小事一桩，但作为酒店管理人员或服务员应该如何处理呢？这是一个很讲究处理技巧的问题。

我们要善于观察和了解客人的情况，在处理酒店与顾客的矛盾时，要从客人的角度和为酒店争取客源的角度去考虑问题，绝不能够当面指责他们，不要给客人难堪，巧妙地维护客人的自尊，这样，既维护了客人的面子，又维护了酒店的形象。这个问题如果处理不好，客人恼怒、争吵，会给酒店带来意想不到的负面影响。

本案例中当客人感知到自己的行为已被酒店察觉之后，也曾处于一种短暂的矛盾心理，通过思想斗争，客人还是不想"因小失大"，在酒店给予机会的情况下，客人最终还是主动将衣架拿了出来。但我们要知道，无论如何顾客即使做错了事仍然希望得到尊重，当服务人员确定顾客有"不轨"行为后，仍然对其表示"尊重"，并为他设计一个"体面的台阶"好下台，给顾客"尊重"酒店的机会。案例中酒店通过分析顾客心理，在不得罪客人的前提下维护了酒店的财产，这是一种较为常见且明智的做法。

另外，对于客人，服务员是没有选择权的，往往是客人的素质越低，对服务人员的素质要求也越高。有人说：酒店里没有"低素质的客人，只有低素质的员工"，所以，酒店服务人员除了要努力提高自身的素质以外，没有别的选择。事实上，如果服务人员自身素质高的话，即使遇到了素质低的客人，也可以把宾客关系处理得好。

任务一　良好宾客关系的建立

酒店前厅部是宾客关系管理的主要部门，是维系宾客关系的重要纽带，建立良好的宾客关系是前厅部的重要职责。

一、正确认识客人

前厅部员工要与客人建立良好的宾客关系，就要对客人有个正确的认识，正确理解酒店员工与客人的关系,掌握客人的心理和与客人沟通的技巧。正确认识客人是建立良好宾客关系的前提条件。

(一)客人是"人"

酒店工作是以人为服务对象的。把客人当人对待,包括以下几层意思。

1.要真正把客人当作"人"来尊重,而不能当作"物"来摆布

古人云"己所不欲,勿施于人"。服务员在工作时要时时提醒自己,一定要把客人当作人来尊重。否则,一不注意,就会引起客人的反感。例如,一位心情烦躁的服务员,觉得客人妨碍了自己的工作,于是就很不耐烦地对客人说:"起来! 让开点!"这样对待客人,就会使客人觉得服务员好像不是在把他当作一个人,而是在把他当作一件物品来随意摆布。

有时候,在一些细节问题上不加注意,也会引起客人的不满。例如,服务员用食指对着客人指指点点地去查人数,客人很可能就要质问:"你这是干什么? 数桌椅板凳才这样,对人能这样吗?"

2.要充分理解、尊重和满足客人作为人的需求

服务员绝不能把客人当作达到某种目的的"工具"来使用,必须考虑到顾客既然是人,就一定有他自身的需求。因此,把客人当作酒店的"财神"是有道理的。但是一定要清楚"客人光临酒店,不是为了当"财神",只是为了满足他们自身的需要。如果我们无视客人的需要,不能使他们得到应有的满足,而只是想从他们那里挣到更多的钱,这只能让客人反感。

3.要现实地对待顾客的弱点

顾客既然是人,就不可能完美无缺,也会表现出人性的种种弱点。因此,我们对顾客不能苛求,而要对他们抱有一种宽容、谅解的态度。对于服务人员来讲,有这样的心理准备对做好服务工作、处理好顾客关系是非常重要的。

(二)客人是服务的对象

酒店业是"出售服务"的行业,酒店的客人不是一般的消费者,而是"花钱买服务"的消费者。服务人员是服务的提供者,客人是服务的接受者,客人理应得到优质的服务。

作为服务人员,要扮演好服务提供者的角色,必须时常提醒自己,"为客人提供服务——这就是我在与客人交往中所能做的一切!"所有与服务不相容的事情,都是不应该去做的。尤其要注意的是:

1.客人不是评头论足的对象

客人中有各种各样的人,服务人员在服务中对顾客的行为、嗜好、生理特征等评头论足是一种极不礼貌的行为。一位客人在写给报社的信中说:

当我走进这家酒店的餐厅时,一位服务员颇有礼貌地走过来领我就坐,并送给我一份菜单。正当我在看菜单的时候,我听到了那位服务员与另一位服务员的对话:"你看刚才走的那个老头儿,都快骨瘦如柴了,还舍不得吃,抠抠嗦嗦的……""昨天那一位可倒好,胖成那样

儿，还生怕少吃了一口，几个盘子全叫他给舔干净了！"听了他们的议论，我什么胃口也没有了。他们虽然没有议论我，可是等我走了以后，谁知道他会怎样议论我？我顿时觉得，他们对我的礼貌是假的，假的！……

2．客人不是比高低、争输赢的对象

服务人员在客人面前不要争强好胜，不要为一些小事与客人比高低、争输赢。例如，有的服务员一听到客人说了一句"外行话"，就迫不及待地要去"纠正"，与客人争起来。这是很不明智的，因为即使你赢了，你却得罪了客人，使客人对你和酒店不满意，实际上还是输了。

3．客人不是"说理"的对象

在与客人的交往中，服务人员应该做的只有一件事，那就是为客人服务，而不应该去对客人"说理"。服务人员如果把服务停下来，把本该用来为客人服务的时间去对客人"说理"，其结果肯定会引起客人的反感和不满。

在服务中有两种情况，容易使服务人员忍不住要去对顾客"说理"。一种情况，是在客人抱怨时，服务人员认为那不是自己的责任，甚至不是酒店的责任，因此，急于为自己和酒店辩解。其实，在这种情况下，辩解是完全没有用的。

另一种情况，是服务人员向客人提出建议，客人不听，而服务人员认为"我这都是为你好"。其实，客人是否采纳你的建议，那完全是客人的事，客人也没有必要向你解释，你应该尊重他的选择，完全没有必要一定要说个明白。

所以，服务人员一定要懂得，客人是服务的对象，不是"说理"的对象，更不是争辩的对象。不管你觉得自己多么有道理，也不应该去和他争辩，争辩就是"没理"，"客人总是对的"。

4．客人不是"教育"和"改造"的对象

在酒店各种各样的客人中，思想境界低、虚荣心强、举止不文雅的人大有人在。但服务人员的职责是为客人服务，而不是"教育"或"改造"客人。不要忘记了自己与客人之间的社会角色关系。

如果客人说的话并不是一点道理没有，只是说话的方式不够礼貌，那么服务人员可以采用一种更礼貌的方式，去复述客人的意思。这样既能避免冲突，又能对客人起到一种示范作用。例如，在餐厅里，一位先生火气很大地对服务员说："这是什么破菜！打死卖盐的了？还是成心要把人咸死啊？"这时服务员可以心平气和地对这位先生说"对不起，先生，您是说这个菜太咸了，是吗？"这就等于是在告诉这位先生"有话好好说嘛"。但是，如果服务员以训斥的口吻对他说："菜咸了，你不会好好说吗？"那就完全是另外一回事了。

二、掌握客人对酒店产品的需求心理

在现代社会，高新技术的采用的确给人们的生活带来了很多方便。但是，人们与那些"刚性的"、冷冰冰的机器打交道的机会越来越多了，而与"柔性的"、活生生、有血有肉、有感情的人打交道的机会却越来越少了,这就会产生如未来学家约翰•奈斯比特所说的"令人烦恼的不协调现象"。

从社会心理的角度讲,现代人普遍感觉到生活在一种充满竞争的"无情"时代,活得很累、很辛苦、很无奈,各行各业"全都变成了一部只求功能的大机器……个人在这部大机器中,只不过是一个随时可以更换的、小小的零件而已"。生活在这样的社会,人们在日常生活中便缺少了"亲切感""自豪感"和"新鲜感",而多了"精神紧张"的情绪。

酒店的客人住在酒店的这段时间,实际是在过一种"日常生活之外的生活",是从"第一现实"走进"第二现实",不管他们是否清楚地意识到,实际上都必然存在"求补偿"和"求解脱"心理。"求补偿"就是要在日常生活之外的生活中,求得他们在日常生活未能得到的满足,即更多的新鲜感、更多的亲切感和更多的自豪感。"求解脱"就是要从日常生活的精神紧张中解脱出来。

要使客人"解脱",体验更多的新鲜感、亲切感和自豪感,作为前厅部服务人员不仅要为客人提供各种方便,帮助他们解决种种实际问题,而且要注意服务的方式,做到热情、周到、礼貌、谦恭,使其感受到一种几乎是从未有过的轻松、愉快、亲切、自豪。

三、掌握与客人沟通的技巧

1. 重视对客人的"心理服务"

酒店为客人提供"双重服务",即"功能服务"和"心理服务"。"功能服务"满足消费者的实际需要,而"心理服务"就是除了满足消费者的实际需要以外,还要能使消费者得到一种"经历"。从某种意义上讲,客人就是花钱"买经历"的消费者。客人在酒店的经历,其中一个重要的组成部分,就是他们在这里所经历的人际交往,特别是他们与酒店服务人员之间的交往。这种交往质量的高低,常常对客人能否产生轻松愉快的心情,能否带走美好的回忆,起着决定性作用。所以,作为前厅部服务员,只要能让客人经历轻松愉快的人际交往,就是为客人提供了优质的"心理服务",就是生产了优质的"经历产品"。

作为前厅部服务员,如果只会对客人微笑,而不能为客人解决实际问题,当然不行,但如果只能为客人解决实际问题,而不懂得要有人情味儿,也不可能赢得客人的满意。

2. 对客人不仅要斯文和彬彬有礼,而且要做到谦恭、殷勤

斯文和彬彬有礼,只能防止和避免客人不满意,而只有谦恭和殷勤才能真正赢得客人的满意。所谓殷勤,就是对待客人要热情周到、笑脸相迎、问寒问暖;而要做到谦恭,就不仅意味着不能去和客人"比高低、争输赢",而且要有意识地把"出风头的机会"全都让给客人。如果说酒店是一座"舞台",服务员就应自觉地去让客人"唱主角",而自己则唱"配角"。

3. 对待客人,要善解人意

要给客人以亲切感,除了要做"感情上的富有者"以外,还必须善解人意,即能够通过察

言观色,正确判断客人的处境和心情,并能根据客人的处境和心情,对客人做出适当的语言和行为反应。

4. 注意语言表达艺术

(1)将反话正说。就是要讲究语言艺术,特别是掌握说"不"的艺术,要尽可能用肯定的语气,去表达否定的意思。比如,可以用"您可以到那边去吸烟"代替"您不能在这里吸烟","请稍等,您的房间马上就收拾好"代替"对不起,您的房间还没收拾好"。在必须说"不"时,也要多向客人解释,避免用钢铁般生硬冰冷的"不"字一口回绝客人。

(2)否定自己,而不要否定客人。在与客人的沟通中出现障碍时,要善于首先否定自己,而不要去否定客人。比如,应该说:"如果我有什么地方没有说清楚,我可以再说一遍。"而不应该说:"如果您有什么地方没有听清楚,我可以再说一遍。"

掌握理解他人、体谅他人的艺术,这是与宾客和谐相处,彼此尊重合作的基础。理解他人意味着不要事事只为自己着想,只考虑自己的困难和处境,固执于自己的意见和推理,而应多为客人着想,站在客人的立场和角度观察、思考问题,愿意并善于灵活地做出合理的让步,使客人满意。谅解甚至可以消除语言上的隔阂而收到理想的效果。

5. 投其所好,避其所忌

客人有什么意愿表现出来的长处,要帮他表现出来;反之,如果客人有什么不愿意让人知道的短处,则要帮他遮盖或隐藏起来。比如,当客人在酒店"出洋相"时,要尽量帮客人遮盖或淡化,绝不能嘲笑客人。

前厅部的工作主要就是与人打交道,学习心理学,把握顾客心理,这对从事前厅工作大有裨益。人的行为总是由某种本能、动机或推理所激发的。我们要善于预见和掌握客人光顾酒店的需要和动机,善于体察他们的情绪以及获得服务后的反应。世界上没有两个人是绝对相同的,善于掌握客人心理,是服务工作的要诀之一。

待客一视同仁,客人最反感的是受到歧视。不分种族、肤色、贫富、社会地位、衣饰、国籍,一旦进入酒店,就是我们的客人,有权获得同等程度、不受歧视的服务和接待。

任务二　宾客投诉管理

客人投诉管理,是酒店宾客关系管理的一项非常重要的内容。由于酒店是一个复杂的整体运作系统,而客人对服务的需求又是多种多样的,因此,无论酒店经营多么出色,都不可能百分之百地让客人满意,客人投诉也是不可能完全避免的。酒店投诉管理的目的和宗旨,在于如何减少客人的投诉以及如何使因客人投诉而造成的危害减少到最低限度,最终使客人对投诉的处理感到满意。

一、投诉的定义

宾客投诉是指酒店的消费者因需要未获得满足，对酒店代表进行批评抱怨，要求对消费者自己所感知的精神和物质损失进行赔偿的一种情绪状态与行为。这里所说的"消费者"就是指宾客，酒店代表是指代表酒店解决宾客投诉的酒店员工。

客人对酒店的服务感到不满意的反应不外乎两种：一是说出来，二是不说。据一项调查表明：在所有不满意的客人中，有69%的客人从不提出投诉，有26%的客人向身边的服务人员口头抱怨，而只有5%的客人会向企业正式提出投诉。因此，正确处理顾客投诉，不但可以平息顾客的不满，还可以达到两个目标：一是让不满的顾客重建对企业的信任；二是避免同类事件再次发生。

二、投诉的种类

"智者千虑，必有一失"，无论酒店在服务上花费了多少心思，也难免出现一些问题，于是客人投诉也难以避免。常见的投诉主要有：

1.客人对服务态度的投诉

客人对酒店员工服务态度不满，如言语粗鲁、态度冷漠等；有时客人与员工由于性格、心情等因素而出现矛盾，往往发生争执。

2.对服务质量的投诉

如果酒店的员工没有按照有关原则来服务而导致服务差错，如分错房、邮件未及时送到、行李无人搬运等，客人就会投诉。而这一类的投诉，在酒店接待繁忙时很容易发生。

3.对设施、设备的投诉

酒店对设备、设施（如空调、照明、供水、电梯等）未能及时检查、维修等也会导致客人投诉。即使酒店建立了较完善的维护制度，也不能消除所有设施、设备潜在的问题。尤其是历史较长的老酒店，更容易出现此类现象。

4.对异常事件的投诉

有时客人会碰到一些意外的情况，如所有的房间都已预订完毕，或由于交通运输繁忙无法买到车票等，这类问题一般来说与酒店的经营无关，但往往客人希望酒店能帮助其解决。或客人对酒店的政策不甚了解，从而进行投诉。在这种情况下，酒店不能事不关己就不予理睬，而应对客人耐心解释，并尽自己所能帮助客人解决问题。

三、投诉的原因

针对客人的投诉，酒店要保持冷静，弄清楚投诉的原因，问题是出在酒店员工身上还是出在酒店的设施设备上。

（一）主观方面的原因

导致客人投诉的主观方面原因是指由于服务员本身素质而引起的投诉，如不尊重客人、工作不负责或工作没按标准化、程序化和规范化进行操作而导致客人投诉。

1.对客人不尊重的主要表现

（1）待宾客不热情、不主动。

（2）不注意语言的修养、冲撞客人。

（3）挖苦、辱骂客人。

（4）未经客人同意，闯客人房间。

（5）丢物品给客人。

（6）不尊重客人的风俗习惯。

（7）无根据地怀疑客人。

（8）影响客人的休息。

2.工作不负责的主要表现

（1）工作不主动、不认真。例如，不愿多开口，看见宾客不上前打招呼，不热情接待，当客人要的菜肴或酒、饮料无货时，也不做解释；看到餐桌上的骨碟装满弃物时不及时更换，看到客人的酒杯空了也不及时斟酒等。

（2）忘记或搞错了客人交代办理的事情。例如，在餐厅将客人菜单写错或遗失客人的菜单，上菜太慢或把菜上错等，都会引起客人的反感而导致投诉。

（3）损坏、遗失客人的物品。例如，搬运行李时，乱碰乱丢，打破客人买的东西，在就餐时将菜汁洒在客人的衣物或文件上等。

（4）清洁卫生工作马虎，食品用具不洁净。例如，餐厅供应的食品不洁净，菜点变质或不熟，服务员不注意操作卫生等。

（二）客观方面的原因

客观方面的原因主要是涉及酒店环境设施的问题，主要有：

1.酒店的设备损坏后未能及时修理好

比如，空调太热、太冷或噪声太大，卫生间的抽水马桶问题，餐厅的座椅不牢固摔倒客人，餐具破损不及时更换等。

2.基础设施不完善

比如，电话不能打长途，客人使用的电器不方便，门窗关不严，隐私得不到保护等。

3.服务收费不合理

比如，客人在就餐后或离店前结账时发现应付的款项和实际消费额有出入，或收费项目不明确、有欺骗客人的嫌疑等。

由于宾客的气质、性格不同，当出现以上种种情况时，不同的宾客会有不同的反应。如有的客人可能嘴里嘀咕几句就算了;有的客人虽然有气也不一定发泄出来,只是心中想着以后再也不来该酒店消费;也有些性情急躁的人,可能大动肝火,找经理投诉。因此,酒店在处理问题时,要有针对性地采取不同的处理方式。

四、宾客投诉心理

(一)求尊重心理

在整个入住过程中,客人求尊重的心理一直十分明显,而在进行投诉活动时,这种心理更加突出,客人总认为自己的意见是正确的,希望酒店理解、重视,希望得到酒店的道歉,并立即采取行动恰当地处理投诉。在酒店宾客感到自己未被尊重,这是投诉最主要的原因。

(二)求宣泄心理

当宾客购买了酒店的产品后,如果他认为有挫败感,就会产生"购买后的抱怨"心理,这种抱怨发展到一定程度就会产生投诉活动。宾客利用投诉的机会把自己的烦恼、怒气发泄出来,以维持其心理上的平衡。例如:某客人宴请客户,提前预订了一家较有名气的餐厅的一个包间,当他们到了该餐厅时发现包间已被他人使用,而服务员的解释是这位客人虽然预定了包间,但未交定金,故餐厅有权将包间转给别人,这位客人异常愤怒,坚决要求餐厅赔礼道歉。

(三)求补偿心理

宾客希望自己在精神上和物质上的损失能得到补偿。例如:有一位客人与朋友到某餐厅就餐,因看到这家餐厅生意火爆,客人多,就将自己的包交给吧台看管,并向吧台说明包里有一部手提电脑(向吧台服务员展示过),客人就餐完毕,向吧台服务员索要包时,吧台服务员发现包不见了,客人立即要求找老板,并向老板提出按市场价全额赔偿的要求。

(四)求公平心理

根据"公平理论",宾客花了钱而没有获得相应的利益,如价格不合理、服务设施不完善等,都容易导致顾客投诉。

五、对客人投诉的认识与处理的原则

(一)对客人投诉的认识

酒店员工应充分认识到客人对酒店投诉是正常现象。从某种意义上讲,投诉也是沟通酒店管理者与客人的桥梁,也是好事,它能使被投诉的部门或员工受到相应的惩罚。但同时投诉又是一个信号,它反映酒店服务和管理中存在的问题。如果酒店接受,就能使酒店的服务和设施得到改进和提高,从而吸引更多的顾客光临。具体来讲,客人对酒店投诉具有以下意义。

1.使酒店认识到服务与管理中的不足

有些问题虽然存在,但并不是酒店自己能发现得了的。一方面是因为问题本身是潜在的,另一方面是因为自身存在的问题,自身很难发现。而客人则不同,他们支付了一定的金钱,就希望物有所值,能得到相应的服务。因此,他们对酒店的服务及设施所存在的问题是非常敏感的。酒店虽然对员工进行了严格的训练,提出了相应的要求,但并非所有员工都能做到,他们可能是领导在时约束自己,领导一旦离开就会放松自己,而这些是管理者所发现不了的。只有客人作为酒店服务的直接消费者才能及时发现并提出问题。

2.有利于酒店改进服务,提高服务水平

通过客人的投诉,酒店发现自身存在的问题,如果能对这些问题及时认真地整改,必然可使酒店服务水平不断地提高。

3.有利于酒店开拓市场,获得客户

为酒店提供了与客人修补关系、缓和矛盾的良机,从而有利于酒店开拓市场、获得客户。客人投诉,表示酒店存在服务的漏洞使客人不满。如果客人不投诉,下次有可能就不来光顾。正因为投诉能起作用,所以客人才通过这一过程发泄自己的愤怒与不满。酒店了解到客人的不满后对自己的过失加以弥补,于是酒店赢得了客人,赢得了市场。所以,员工应以平和的态度来对待投诉。

(二)处理客人投诉时应遵循的原则

1.为客人服务的原则

要态度友好、真诚地为客人解决问题。面对客人对酒店的投诉,员工应认识到自己工作和服务中存在着一定的问题。因此,员工应理解客人的反应,尽心尽力地帮助客人。只有这样,才能赢得客人,为酒店树立良好形象。

2.不与客人争辩

客人一般是遇到了麻烦、不顺之后才来投诉的,情绪难免会表现在言语之中。如果客人情绪很激动,员工一定要努力克制自己,设法平息客人的怒气,必要时将管理人员请出来接待客人,解决问题。

3.维护酒店利益

前厅员工在处理客人投诉时,一方面要注意客人的情绪,帮助客人解决问题;另一方面也要注意维护酒店利益,要懂得解决问题的技巧。比如,在解决客人投诉时不要随意贬低其他部门,因为这种做法虽然能获得客人的认同,但却损害了酒店的利益,是不可取的。此外,简单地采取退款、减少费用也不是有效的办法。酒店可以通过面对面的额外服务,以及对客人的关心、照顾来解决问题。

六、投诉处理的基本程序

酒店在处理顾客投诉上，往往靠的是人情世故的经验。但随着酒店的成长和消费者需求的提高，抽象的人情世故渐渐成为一项很难掌握的技能，这时，建立规范的、标准化的处理投诉流程，已成为酒店提高服务水平的重要环节。

对酒店的管理人员来说，不难理解顾客满意对于企业发展的重要性，但酒店还面临着另一个艰巨的任务，那就是确保每个员工都能了解这一点。一线员工通常是第一个接触顾客投诉的人员。所以，酒店一定要在员工遭遇投诉前，对其进行系统、正确的培训。有些员工会以自卫的方式来处理问题，这可能使问题向着不利于酒店的方向发展。而且很多时候，高层管理人员都没有机会亲自处理顾客投诉，而必须把一部分工作授权给经理和普通员工。因此应做到：第一，允许具备相关能力的人员自行判断并采取措施解决；第二，事后，让他们立即汇报；第三，增强他们在使自己和顾客满意的能力方面的自信和自尊。

授权不仅可以提高顾客的满意度，还可以提高员工的满意度。但有些事情是不可以授权的，它必须由专门的行动小组决定，比如是否答应顾客的索赔要求。如何辨别哪些事情可以授权、哪些又不可以，这需要对员工进行培训，加强一线员工处理投诉的意识。当然，专门处理顾客投诉的部门——顾客服务小组会接受更多这方面的培训。他们接受的第一堂培训课就是：必须要弄明白处理顾客投诉的一个重点，即始终围绕"解决问题"来进行。

员工处理投诉的具体步骤：

1. 承担责任

处理顾客投诉的第一步是表明态度——为顾客解决问题是每一个酒店义不容辞的责任。酒店要主动对投诉顾客表示：为顾客解决问题是企业的责任。

一遇到投诉，通常人们就会有这样的反应："是吗？您是不是误解了我们酒店的意思？""应该不太可能，我们酒店的产品质量绝对不会有问题！""您听我说，我们的菜品是很卫生的，我们的服务是经过训练的。不可能存在您反映的问题。"这样急着否定顾客，就会激发不必要的问题。

在遇到投诉时，正常人都会习惯回避，否定投诉内容或乱加猜测，甚至希望把责任归咎于顾客。然而顾客在投诉时，最讨厌的就是对方采取逃避责任和怀疑的态度。这样，顾客往往容易被激怒，问题就会复杂化。其后果就是顾客发脾气："什么？你什么态度，我还会诬赖你们吗？把你们经理叫来！"

其实，顾客前来投诉是信赖酒店的表现，不管顾客的观点正确与否，只有信赖公司的顾客才会来抱怨和投诉。

试想一下，你会对一个不信任的人说出自己真实的想法吗？当然不会！所以不管顾客的投诉看上去是多么没有道理、多么尖锐，酒店都要接受抱怨，并表示感谢！如果酒店一看到顾客投诉,就觉得顾客是来找麻烦的,那么大家的沟通就很容易出现障碍。因此,酒店处理投诉的第一句正确的回答应该是:"谢谢您反映情况,我能多了解一些吗?"

2.使顾客冷静,保持理性

通常情况下,顾客来投诉,已经是怒气冲天了。其实,顾客只是借助愤怒来表达对问题的担心。记住一点:顾客越是愤怒,就越表明希望得到酒店的帮助。员工只有先使激动的顾客冷静下来,才有可能很好地帮助顾客解决问题。在处理问题时应掌握以下技巧。

技巧一:真诚致歉

首先不管在任何情况下,不管顾客态度如何,有抱怨,就应该表示歉意。表示歉意要及时,并带有诚意,不能有丝毫的造作。"真抱歉给您带来……希望我能为您解决问题……"

技巧二:让顾客说,用心倾听

投诉的顾客都希望被人重视,希望对方明白他的委屈。所以无论酒店能否马上解决客人所投诉的问题,只要他能宣泄心中积累的不满,就能够获得情感上的安慰和满足。因此酒店应该鼓励每一个顾客宣泄心中的不满。其实,只要员工愿意倾听,大部分激动的顾客很快就能冷静下来。

技巧三:转移角色,表示同情、尊重或赞同

不管顾客是否在理,酒店都要抓住时机表示同情,让顾客有贴心的感觉。可以用以下的语句:"我能体会您的心情""我能理解您""我也替您着急"等,这样顾客就会认为酒店站在他的角度理解他,拉近了距离,减少了敌对情绪,顾客就比较容易接受酒店的意见了。

技巧四:转移话题

有时候一些冲动的顾客并没有意识到自己的行为已经太过激,这时酒店可采用暗示或启发的手法,让他们体面地发现自己的过失。同时,也要注意保全顾客的自尊和体面。

记住:在处理顾客投诉时,如果让顾客下不了台阶,为了顾全面子,顾客会变得更加强词夺理。例如:顾客在激动之下,可能会说:"我不管,你得帮我换,否则的话我到消费者协会告你们去!我找新闻媒体评理去!"我们可以这样回答:"您先别急,我们会正确对待您的每一个投诉和意见的,我先帮您做个详细的记录,好吗?"

技巧五:礼貌地制止顾客的粗言秽语

酒店要对顾客耐心、友善,但并不意味着就要迁就顾客的无理行为。在顾客用极其粗鲁甚至侮辱性的语言发泄的时候,如果酒店的处理人员只知委屈而无力解决,那么顾客就会更加放肆。而万一最后员工忍无可忍,给予同样还击,则会加剧矛盾。对于这类顾客,可以采用以下做法。

(1)提醒顾客将话题集中到如何解决问题上来。

(2)表明态度,不可以接受他的粗俗语言或粗鲁行为。

(3)提醒顾客这是无助于解决问题的。

例如,顾客一急,说:"你们这是什么态度,我要赔偿,你们就不说话了,今天不给老子赔偿损失,我就把你们餐厅闹翻!"可以这样回答:"先生,我可以理解您着急的心情。我希望能够为您解决问题,但不能够理解,也不能接受您刚才的表达方式。这种沟通方式无助于问题的解决。"

3.提供建议,帮助顾客

在顾客冷静下来以后,员工要提出积极的建议去帮助顾客,才可以真正地为顾客解决问题。员工可以采取以下三种方式。

(1)提出解决方案

如果顾客对食物品质提出疑问,为了使顾客满意,可以立即提出为其更换或退款,消除顾客的疑虑。

(2)提出补偿式建议

在合理的范围内,可以适当地补偿顾客,让顾客重新满意。

(3)接受顾客的建议

"您的意见很中肯,我们也在考虑完善这个服务,我会尽快将您的意见反馈上去,这样,您下次就不会碰到同样的问题了。"

在给予顾客解决问题建议的同时,我们也要学会说不的技巧。很多时候顾客投诉往往带有各种要求,当要求不合理时,要立即用合适的方式表明态度。但应尽量避免用不字,如"不行、规定不允许"等,可以与顾客用同一种方式来思考问题而达成一致,如"不如""您可以""或许""我们建议您""您或许应该",或者是"非常抱歉,但我们真希望现在就能提供这样的服务""但愿"等具有建议性的字眼。

4.把帮助付诸行动

我们或许都有这样的经历,当你投诉时,负责人满口答应你,你却发现他迟迟不能兑现诺言。久而久之,你就会对投诉不抱有任何期望了。但假如你当着顾客的面实施了你的承诺,哪怕是仅仅做出了一点动作,顾客就会感受到你的诚意,这样,顾客的满意度和信任度就会大大提高。

5.投诉处理善后工作

内部整改,避免再犯。这是处理客人投诉的最后一个步骤,客人投诉直指酒店工作的薄弱环节,当管理人员妥善安抚好客人后,应注意解决内部问题,立即提出整改措施,以防同样问题反复发生。酒店各个部门每天的投诉记录,交给部门经理或秘书汇总。重要投诉要及时报告上级。投诉内容要分类整理,定期分析,对带有倾向性的问题,及时提出改进措施,提高服务质量。

七、投诉的预测与防范

如果客人大量投诉,就会降低和损害酒店的声誉,从而影响酒店的经营活动及经营效益。为此,酒店应在运营管理中注意投诉的环节,掌握满足客人要求的方法和技巧,并采取相应的预防措施。

(一)加强同客人的沟通

借鉴国外成功的酒店经营理念,国内酒店应在前台、客房和餐台提供宾客意见表,搜集客人书面的投诉及建议,并定期进行市场调查、新客源及丢失客源调查等。通过加强同客人的沟通,可以扩大了解投诉的渠道,最大限度地及时掌握客人的满意程度,控制客人投诉的发展态势,增强改进工作的主动性。

(二)注意改善服务质量

可以通过加强服务人员的思想教育、业务及技能培训,增强其礼貌修养,改进其服务态度,提高其工作责任心,最终提高服务质量和工作效率。

(三)加强设备设施管理,注重酒店产品的质量

要建立完善的管理体制,制定具体的有关设备设施的管理、维修、保养以及控制酒店产品质量的方案、计划;同时,还要不断提高工程维修人员的技术及技能水准,保证维修质量,加强酒店产品的质量控制,并实施定期的监督和检查。

(四)搞好酒店的安全控制

做好酒店内部门消防、治安的监督、控制工作,制定严格的规章制度,采用各种控制手段,避免火灾的发生,维护好酒店的治安环境,从而保障住店客人的人身及财产安全。

(五)建立客人投诉档案

可以通过大堂副理日志等形式记载投诉情况,并定期由专人整理,形成酒店全面质量管理的依据,以便做好总结、反思工作,防止此类投诉的再次发生。

任务三　大堂副理的职责

一、大堂副理岗位工作简介

大堂副理是酒店总经理的代表,对外负责处理宾客日常的投诉和意见,平衡协调酒店各部门与客人的关系;对内负责维护酒店正常的秩序及安全,对各部门的工作起监督和配合作用。为了使大堂副理真正发挥总经理得力助手的作用,结合酒店的经营方针、企业的特点及管理要求,以下从大堂副理的工作职责、职权范围方面说明大堂副理工作的规程及岗位责任。

二、大堂副理工作职责

1. 代表酒店迎送 VIP 客人，熟记贵宾姓名，处理主要事件及记录特别贵宾、值得注意客人的有关事项。

2. 决定是否受理客人支票及处理关于客人结账时的问题及其他询问，根据酒店有关规定和授权处理。

3. 迎接及带领 VIP 客人到指定的房间并介绍房间设施。

4. 做好 VIP 客人离店记录，落实贵宾接待的每一个细节。

5. 处理换锁、换钥匙的工作并做好记录。

6. 处理客房部房态表与接待处有误差的房间并亲自查实。

7. 处理客人投诉，用个人对酒店的认识及针对客人心理解决问题。

8. 替生病或发生意外事故的客人安排护送或送医院事宜。

9. 发生紧急事件时，必须（在没有上司请示时）做主动决断的指示。

10. 与保安部及接待处联系，取得资料做出"意外""病客"报告。

11. 应尽量参与接待处工作，了解当天及以后房间状态情况。

12. 巡查酒店内外部以保证各项功能运行正常，及时排除可防范的弊端。

13. 与客人谈话时可适当推广酒店设施。

14. 服从管理人员如总经理、总经理助理及直属上司指派的工作。

15. 与保安部人员及工程部人员一起检测发出警报的房间区域。

16. 与财务部人员配合，追收仍在酒店住宿的客人拖欠的账款。

17. 必要时可以指挥其他部门人员协助工作。

18. 刮台风时（前）联合其他有关部门做出相应的防风措施。

19. 遇到危险事故而没有高层管理人员可请示时，应做出适当的决定，视情况需要疏散客人。

20. 对管理层反映有关员工的表现和客人意见。

21. 负责贵重物品遗失寻获的处理工作。

22. 检查前厅大堂范围内需要维修项目，跟办维修单。

23. 做好本组范围内的防火防盗工作和协查通缉犯的工作。

24. 每天坚持在值班记录本上记录当天发生的事件及投诉处理情况，并交前厅部经理。

三、大堂副理的工作权限

为了更好地配合总经理及部门经理做好酒店的各项工作，酒店给予大堂副理以下职权。

1. 房价折扣的处理：可视当日开房率高低，灵活给予客人优惠价，尽量留住客人。

2.对半日租的处理:可视当日住房情况及根据客人有关资料,灵活对待住房超时间问题,有权减免12:00至15:00、18:00至20:00两时间段的半日租,在客人账单上注明原因,签字免收。其目的在于以小损失获取大的利益,吸引回头客,使客人感到荣幸。

3.对电话费的处理:在日常工作中,电脑出现问题的情况时有发生,有时恰巧碰到客人打电话未通,而电脑却计费导致客人拒付的情况,这时大堂副理有权签免该笔费用(费用计10元内)。

4.对接收传真收费的处理:若因酒店原因,导致客人接收、发送传真模糊不清,产生拒付费用情况发生时,大堂副理有权签免该项费用(费用计10元内)。

5.对客衣洗涤费用的处理:若因酒店洗衣房原因,导致客衣洗涤出现差错,客人拒付费用情况发生时,大堂副理调查落实原因后,有权签免该项费用(费用计150元内)。

6.对索赔事件的处理:客人损坏及遗失客房物品时,大堂副理可享有签免赔偿费用的权利(费用计100元内);或由于酒店方面原因,造成客人向酒店索赔,大堂副理可以有退款及赔偿对方30元之内的签单权,但要尽量及时报告或事后有文字报告。

7.消费问题:在处理客人投诉时,为平息客人怒气,可请客人至酒店咖啡厅小坐,出现此情况时,大堂副理有权签酒水单,在单上注明原因,签字生效(费用计100元内)。

8.水果、鲜花派送问题:在处理确因酒店方原因造成客人对酒店产生的抱怨投诉时,大堂副理为平息客人怒气,更好地安抚客人,有权下单向客人派送水果、鲜花表示慰问,以示歉意。

9.在接受处理每一件具体事件或执行某项具体工作时,可对有关部门提出管理要求,如遇特殊情况,需请示当值或有关部门负责人后再进行处理,并按总经理或有关部门签发的各项管理规定执行。

10.可拒绝以下旅客住宿:患病者、酗酒滋事者、租金无法支付者、蛮不讲理者、不按规定办理登记手续者、带宠物进入房间者、其他违反酒店住宿规定者。

四、大堂副理的工作程序

(一)VIP 客人接待程序

1. 抵店前的准备工作

(1)了解 VIP 客人的姓名、职务、习惯及到店的时间;

(2)在 VIP 客人到达之前检查 VIP 客人入住登记单情况;

(3)检查 VIP 房的分配情况和房间情况,确保 VIP 房处于最佳状况;

(4)在 VIP 客人到达前一小时,检查鲜花水果和欢迎信的派送情况,督促接待人员半小时前到位,提醒部门经理提前十分钟到位,确保一切接待工作准确无误。

2. 抵店时的接待工作

(1)VIP 客人进入大堂时,要用准确的客人职务或客人姓名来称呼和迎接客人;

（2）引领 VIP 客人进入预分的房间，查看客人的有效证件，确保入住单打印的内容准确无误，并礼貌地请客人在入住单上签字；

（3）向 VIP 客人介绍客房及酒店内的设施、设备；

（4）征求 VIP 客人的意见，随时提供特殊的服务。

3. 离店后的后续工作

（1）接待完 VIP 客人后，要及时把入住单交给前厅，准确无误地输入各种信息；

（2）做好 VIP 客人的接待记录，必要时及时向总经理报告 VIP 客人到店情况和接待情况；

（3）协助预订部建立、更改 VIP 客人的档案，准确记录客人的姓名、职务、入店时间、离店时间、首次或多次住店、特殊要求等情况，作为以后订房和服务的参考资料。

（二）客人投诉处理程序

1. 所有投诉，无论真假，都须表示理解、接受和安慰。

2. 聚精会神聆听顾客投诉，并就关键点进行记录。

3. 以真实的感情对客人的感受流露出相应的表情。

4. 在投诉过程中，如顾客大声吵闹或喧哗，应将投诉者与其余顾客分开，以免影响他人。

5. 在当值日记上记录下此事，可使顾客说话速度放慢，并使顾客感到酒店对此投诉的重视。

6. 摆出事实，明确指出投诉者的问题所在，恰到好处地回答顾客的投诉，如有可能，提供顾客选择的机会。

7. 切勿轻易向客人做出权力范围外的许诺。

8. 在接纳顾客投诉后，应代表酒店做礼仪性的致歉，视实际情况而定。

9. 如有顾客的投诉需转告有关部门，应及时联同有关部门处理，并尽可能在最短时间内给予客人明确的答复。

10. 在处理投诉后要注意跟办，如发觉不当应及时纠正，要求能使投诉者感到酒店对其提出问题的重视。

11. 事后将详情包括结果、牵连部门、姓名、房号等记录在值班日记上，向上级主管汇报。

（三）公共区域巡视管理程序

1. 执行公共区域巡视时，须留意大堂的正常秩序、摆设，店内的电能情况，员工通道、消防通道及花草树木等。

2. 在大堂内出现衣裳不整或有不雅行为、大声喧哗等，大堂副理有权提醒顾客，对情况严重而又不听劝告者，劝其离开酒店。

3. 酒店低级职员如无特殊情况或工作需要，不允许在酒店公共区域内逗留，不允许使用客用电梯、洗手间等，一经发现，大堂副理记下其工号，知会其所属部门，按员工守则有关条例处罚。

4. 大堂副理夜间与值班经理、保安人员巡视整个酒店,包括各班到岗值班情况,对存在问题应立即解决。如是权力范围之外的,可知会有关部门进行处理,并注意跟办。将事情发生详情及结果记于值班日记上。

5. 夜间与值班经理、值班管家、保安人员巡视楼层,并抽查空房、维修房。将巡查结果记于值班日记上。

(四)火警处理程序

1. 火警报告

(1)任何人于酒店发现火情,应立即使用最近的电话通知总机和大堂副理。

(2)通知时要清楚说明火情发生地点及何种物品发生火情,火势状况,自己姓名及部门;

(3)通知时,保持冷静,避免客人产生大的慌乱情绪。

(4)使用最近且适合的灭火器具将火势扑灭或尽量控制火势蔓延。

(5)在附近寻求其他同事协助灭火。

(6)不论火势是否扑灭,报告者须驻守安全范围,待有关部门主管、值班大堂副理或高级行政人员到场后决定下一步行动。

(7)待火势扑灭后,报告者会同大堂副理以书面形式向保安部报告。

2. 处理方法

(1)当接到火警通知后,大堂副理应立即赶赴现场。

(2)大堂副理值班台须有一个驻守,并联络酒店高层管理人员,回答客人问询。一般回答问询为"情况正在调查之中"。

(3)当接到总指挥(由酒店高层管理人员担任)的疏散酒店内人员的命令后,应叫礼宾部将大堂所有玻璃门打开。

(4)联同保安部经理携带万能钥匙及紧急钥匙将各个楼层逐房打开巡查,确认房内无人。

(5)在疏散过程中,一律不允许乘坐电梯,只允许走楼梯通道。

(6)确认楼层无客人滞留后,再通知楼层服务人员由消防楼梯撤至大厅。

3. 疏散后返回酒店

(1)当接到总指挥的疏散返回酒店命令后,大堂副理负责在客人返回大堂时,通知客人返回房间,由低层开始逐层进行,并指示客人使用楼梯进房时,由管家部楼层服务人员校对证件。

(2)返回值班室,立即告知总机,并负责处理客人提出的各种问题。

(3)有关当天房租或礼仪性酒水、饮料等问题应请示上级做出灵活处理。

(4)联同保安部经理返回现场拍摄照片。

（5）如有人员烧伤，大堂副理应事先联络医院，做送去诊治准备。

4．跟办

事后，大堂副理将火警详情包括火警发生的详细地点、时间、参加扑救人员、伤亡人数、被救人数及详细资料，救援进展情况、消防队人员到达时间及最后结果等（如知道起火原因需注明）整理成书面报告，并迅速呈交管理层。

（五）台风处理程序

1．当听到气象部门有关台风预警时，应做好各项准备。

2．通知所有员工在宿舍待命，不许外出。

3．通知礼宾部将台风预警牌放于大堂电梯入口处，并由大堂副理调校风向及风向字眼。

4．巡视酒店各处，确保所有部门已采取适当安全有效的防风措施。发现不妥之处，立即通知有关部门跟办。

5．通知客房部检查并关闭所有门窗。

6．随时留意气象部门的最新气象信息。

7．大堂副理的值班台需有人留守，负责回答客人的各种咨询及随时向管理层报告台风动向。

8．预先通知管理层或值班经理，并协调配合其工作。

9．各项准备工作完备之后，确保一旦台风来临之后，所有人员能进入自己所在的岗位。

10．事后，查看酒店各项公共区域有无财物损坏，并咨询各部门有无财物损坏。汇总填写酒店财物损坏报告呈交管理层及抄送有关部门。

（六）酒店内打架处理程序

1．接到打架报告后，大堂副理需联同保安部有关人员立即赶赴现场并控制局面。

2．尽可能将肇事者分开，疏散围观人员。

3．向有关人员及肇事者了解进一步资料。

4．如有受伤者，则视其受伤情况通知酒店医生或附近的医院治疗。

5．如酒店有财物被损坏，则须填写酒店财物损坏报表，如需向肇事者索赔，大堂副理可根据当时现场的损坏情况而判定赔偿的条件。

6．情况特别严重的，应请示上级是否应押送治安管理部门处理。

7．如现场被损坏，则将"酒店财物损坏报告表"及现场相片呈送管理层及有关部门。

8．事后，通知管家部清理现场，并通知工程部进行检修。

9．将详情记录在值班日记上并通知有关部门跟办。

10．如是酒店内部员工打架，则应记下其工号及所属部门，由该部门依照员工手册进行处理。

（七）解决账项争议处理程序

1.客人在退房时称其账项由公司支付或现金不够支付,而其公司又没有与酒店签署信贷协议,大堂副理负责协调解决。

2.大堂副理可根据客人的资料、背景、熟客资料、订房来源等断定是否可行。

3.如其账项是由公司支付,大堂副理可根据其公司以往在酒店的信誉情况,做出灵活的应对措施。

4.如同意客人所在的公司付账,应要求客人提供将要付款的公司名称、电话号码、传真号码、联络人等,同时打电话到客人所提供的公司做进一步的确认,如有可能,要求其将要付款的公司资料传真到酒店以示确认。

5.如客人现金不够,提醒客人尽可能联系其朋友支付,如客人提出以其证件做抵押时,大堂副理则须要求客人在账单上签署注明此乃其自愿抵押,同时将其放入收银处保险箱。

6.如在大堂副理权力之外,应视情况请示上级。

7.无论是公司付账还是现金不够,都须向客人定出解结账项的期限,并由客人在账单上签名确认。

8.接收后,注意交班跟办,并将详情记录于值班日记上。

9.当客人投诉酒店所记账目与其消费不符时,根据所有客账资料存件予以审核查对。

10.对事实进行调查,根据酒店有关规定对争端进行裁决。

11.将调查结果及裁决向客人说明、解释。

12.将关于争端之客账的处理意见通知前台收银,做出明确指示。

13.在有关的账务收据上签字,以证明对其的授权处理。

（八）酒店财物损坏处理程序

1.当大堂副理收到酒店财物被损坏的报告后,须立即联系同保安部值班经理及值班管家(如发生在客房)赶赴现场调查。

2.根据现场损坏情况判断是否有潜在危险,再通知值班工程人员来判断是需即时拆换被损坏财物还是需封锁现场危险区。

3.大堂副理须向损坏者表明酒店将保留向其赔偿的权利,或在能即时判断赔偿金额时,则即向损坏者索赔。

4.如客房物品被损坏而客人不在房间,大堂副理则须将客房磁码锁定,并通知客人,让其联络大堂副理。

5.如客人已离开酒店,不能向肇事者索赔,须将事情经过记录在值班日记上并向管理层汇报。

6.详细写好酒店财物损坏报告,联同现场照片呈交管理层及有关部门。

7.通知有关部门进行事后跟办。

8.将详细经过记录在值班日记上。

(九)逃账处理程序

1.逃账在以下情况发生：

(1)房间没有行李并处于外宿状态,未付欠账。

(2)房间酒水被大量饮用,房间物品被拿走,但仍存在少量金额(不足以平衡消费),房钥匙被带走。

2.在确认为逃账后,当值大堂副理须在电脑输入第二天房租之前的凌晨,通知前台将房间做退房处理。

3.联同保安部、房务部检查房间,如有行李则须填写"客人物品清点表",交失物招领处保存,同时知会前台部。

4.大堂副理在账单上注明原因并签署,并将此账项转入衔账交财务部处理。

5.将客房磁码锁锁住,同时将逃账者的资料输入电脑上的黑名单。

6.将逃账者的资料如姓名、性别、国籍、金额、原因、付款方式、客源类别、住店日期等记录在值班日记上并做好交班跟办。

(十)万能(紧急)钥匙使用程序

1.在特殊情况下,需使用万能(紧急)钥匙开启客房时,需知会保安部经理、驻店经理、房务部经理、当值大堂副理,至少三人到场,开启保险箱,取出钥匙。并当面打开,核实。

2.当使用万能(紧急)钥匙开启客房时,需知会值班客房部主管到场。

3.使用后,应使用新的信封重新进行封存,并在封口上由上述三人重新签名。

4.签名后,将信封重新放入保险箱,需上述人员在场。

5.由大堂副理填写使用万能(紧急)钥匙登记簿,注明使用时间、用途、重新封存时间。

6.大堂副理将事情经过详情记在值班日记上。

(十一)执法人员例行检查处理程序

1.获悉执法人员在酒店内执行公务时,应联络保安部经理立即抵达现场。

2.礼貌地请执法人员出示工作证,鉴别证实后,尽可能地了解进一步的资料,如单位执行公务人员的姓名、职务,执行公务的原因,将要寻找的对象等。

3.协助或陪同公务人员检查或调查工作。

4.如需将调查对象带离,应先让其在条件允许下支付酒店的款项。

5.住客被带走后,要注意跟办。

6.详情记录在值班日记上并向上级汇报。

(十二)醉酒及蓄意闹事者处理程序

1.接醉酒或闹事报告后,大堂副理应协同保安人员立即赶赴现场。

2.上前处理时切勿与醉酒闹事者争吵。

3.耐心礼貌地劝解醉酒者或闹事者离开其所处公共区域。如是住客,应劝其或强行带其到自己的房间。

4.醉酒者或闹事者回到房间后,应通知客房部、楼层服务员密切注意其动向。

5.如情况特别严重,而当事人又不告知联络人地址时,应视情况判定是否移交治安管理部门处理。

6.如有酒店财物损坏,应填写"酒店财物损坏报表"并根据情况而判定赔偿条件。

7.将事情发生的时间、地点、人物等详情记录在值班日记上。

8.知会有关部门进行跟办,在交换班时应详细告知下一班值班人员,并跟办处理结果。

(十三)偷盗处理程序

1.在一般情况下,当值大堂副理应立即通知保安部赶赴现场,并知会客房部主管级以上人员。

2.向失物者了解事件的详情、经过、时间等。

3.请客人仔细填写"客人财物遗失报告表"。

4.如财物在房间被盗,即与保安部、管家部值班主管到房间调查,征得客人同意后,再搜查房间。

5.向顾客了解其是否有怀疑对象,询问客人的来访情况,并向当值楼层服务人员了解情况。

6.征求失物者是否愿意报警,如其不愿报警则请失物者在"客人财物遗失报告表"中注明,如其要求报警,则由保安人员陪同前往报警。

7.在顾客离店时,请客人留下通信地址,以便联络。

8.事后,将详情记录在值班日记上。

(十四)电力中断处理程序

1.突发性停电

(1)通过对讲机通知使用对讲机部门,对讲频率须让给工程部、保安部及大堂副理使用,非有紧急事件,其他部门暂停使用对讲机。

(2)在晚间停电则须知会保安部、前厅部各安排一员工在大堂正门,采取准出不准入的措施,住客除外。

(3)安排问讯员、行李生、保安员在大堂电梯入口处,以便管理客人进出客房区域。

(4)联同值班工程人员查看是否有人困在电梯,并做出解救行动。

(5)大堂值班电话须有人员驻守,以便回答各种问询。

(6)巡视大堂及各营业点的收银处、公共区域,确保各项工作正常进行。

2.预知性停电

（1）将有关停电告示放立于大堂电梯入口左边。

（2）大堂值班台的电话须有人员驻守，以便答复各种问询。

（3）负责协调、解决所有突发事件。

（4）在停电前十分钟，通知客人，禁止使用电梯，并做出解释。

（5）检查各部门的停电预备工作，如有需要向客人做出解释。

（6）准备电筒、应急灯，以备不时之需。

无论是突发性停电或预知性停电，大堂副理须将停电时间、原因、恢复供电的时间及任何损坏、操作的情况、客人投诉情况及各项工作招待情况记录于值班日记上。

（十五）医疗服务程序

1.客人提出就诊要求

接到客人电话后，询问客人姓名、房号、性别和病情。

2.协助就诊

（1）请客人自己去医务室，并提供其联系电话及路线。

（2）若客人行动不便，在5分钟之内替客人打电话联系。

3.记录

记录就诊处理情况以备查用。

4.确认

亲自与客人联系，确保客人已与医生取得了联系。

5.紧急病症（如心脏病、晕倒等）处理标准

（1）接到报告后3分钟之内到达。

（2）通知酒店医生在3分钟之内到达。

（3）通知保卫部领班，在医生到达时由警卫立即带到现场。

（4）通知公共区域领班控制一部电梯，确保一名酒店医生同一名能够与客人进行语言沟通的酒店工作人员陪同病人前往医院。

（5）保持与医院的联系，及时向酒店管理层汇报客人病情。

（十六）客人死亡事件的处理程序

1.现场处理并通知有关人员

（1）接到客人死亡报告后，立即亲自前往现场。

（2）通知保卫部经理和酒店医生。

（3）证明死亡，保护现场。

（4）通知总经理和副总经理。

2.调查死亡原因

(1)协助保卫部调查客人死亡原因。

(2)若查明系自然死亡,请公安局调查并等待结果(由保卫部通知公安局)。

3.遗物处理

(1)与保卫部合作,清理客人遗物并列出清单。

(2)房间上双锁。

(3)保存客人住宿登记卡和身份证。

4.联系及交接手续

(1)与死者家属/使馆联系。

(2)确定遗物处理权。

(3)将遗物转交死者家属/使馆,并进行登记。

5.尸体运送

(1)不得通过大厅和厨房。

(2)单独使用一部服务电梯。

(3)安排救护车在后门等候。

(4)运送时,请无关人员回避。

6.记录

记录全部处理过程。

7.处理外界询问

有关事情的询问统一由公关部指定人员解答,不允许向任何人透露情况。

(十七)催欠款程序

1.在财务部发出催款通知信后,按"应收欠款清单"与前台出纳核对欠款收取情况。

2.给仍拖欠未付款的客人打电话或与保卫及客房工作人员一起到房间催付。

(1)说明和解释客人所欠款项的情况。

(2)向客人说明酒店有关欠款事宜的规定。

(3)请客人在财务部催账信所规定的期限内到前台出纳付款。

3.将催付情况通知前台出纳及接待部

(1)将客人答应在规定期限内的付款时间通知前台出纳及接待部。

(2)依据酒店有关规定,对前台出纳及接待部布置在限定期未付款客人应采取的措施。

(十八)客人贵重物品的存放和转交程序

1.接收物品

(1)通过查询确保收物人情况与电脑记录相符。

(2)记录送来物品人的姓名、联系电话。

2.登记并存放

对物品数量、种类等进行详细登记,并将其妥善存放。

3.转交

(1)为接收物品的客人留言,请其同酒店前台联系。

(2)客人提取时,请其当面验收并签字登记。

4.特殊情况

如过期无人领取物品,与送者尽快联系,商量解决办法。

5.工作日志记录

(1)每日各班次所处理的客人投诉、发生的事件、紧急情况及巡视情况等均须记载在日志上。

(2)对所须记载的事情的发生时间要在日志上做记录。

(3)对所须记载的事情要写明详情、处理办法或采取的措施及结果。

(4)需店级领导裁决的问题,须将要求写明。

(5)已转请其他部门协助处理的事情,应写明详情,并注明有关部门被通告者的姓名和职务。

(6)与要求给予协助的有关部门联系,了解处理的结果及时间,并记录在日记上。

任务四　客史档案管理项目

客史档案是酒店宝贵的资源和财富,通过客史档案,酒店能够更为准确地了解市场动向和特点,把握自身客源结构、消费构成以及顾客对酒店服务产品的要求、意见等情况,适应变化的趋势,制定正确的决策,实现提高产品针对性,增强顾客满意度,更为稳固地占有市场、拓展市场的目的。

世界著名酒店里兹·卡尔顿的霍斯特·舒尔茨说:"服务的最高境界就是要做到使客人有'家的感觉',酒店服务是人的服务。"这就需要我们尽可能地了解客人的喜好并加以记录,允实到客史档案里,并培养出能充分洞察客人心理的优秀服务员,以保证个性化服务的水平。

所以,建立客史档案仅仅是客户管理的第一步,我们还应该学会科学管理客史档案,从"知彼"做到举一反三,留住老客户,挖掘新客户。

一、客史档案的内容和功能

(一)客史档案的内容

客史档案应该包含以下三个方面的基本内容:

第一，客户的常规档案

这包括单位客户档案和散客档案。单位客户档案主要有双方协议签订时所提供的单位的名称、性质、经营内容、地址、负责人姓名、联系人姓名、联系方式、主要消费需求、认定的房价、消费折扣率、付款方式等信息。散客档案则是指客人在办理预定和入住登记时所留下的第一手资料，主要包括客人的姓名、性别、出生年月日、所属单位、常住地、有效身份证件类别、号码、联系方式、到达原因、入住房价、入住时间、付款方式等要素。

第二，酒店有意识收集的顾客消费个性化档案

酒店每天迎来送往的客人不计其数，而他们的要求和特点又是五花八门的，要让与宾客直接接触的员工都能够了解宾客的情况，并充分照顾到宾客的个性化要求就有相当的难度。我们在日常工作中对宾客的特殊要求、消费习惯等要有意识、有目的地进行收集。

比如从客人的订房单、住宿登记表、账单、宾客满意度、投诉等及其他平时的观察来收集，从而针对宾客的需求特点，提供更加完善的个性化服务。我们还可以通过不同渠道、方式，有意识、主动去收集顾客的消费需求特点、行为特征、个人嗜好等信息，具体包括：顾客家庭状况、学历、职称、职务；洗浴用品的品牌追求；枕头高低、床垫软硬度选择；阅读习惯；电视节目、娱乐喜好；饮食习惯、口味特征，茶叶、咖啡、酒类爱好；灯光、空调温度、洗澡水热度要求；卫生标准；个人其他嗜好；对酒店产品与服务的评价等。

第三，客户信息分析档案

客史档案是客户信息的汇总，对客户信息进行科学分析基础上所形成的经营、服务策略，是客史档案价值的真正体现。客户信息分析主要从以下几方面进行。

（1）客户概况分析，包括客户层次、风险、爱好、习惯等。

（2）客户忠诚度分析，主要指客户对酒店各项服务产品的认同度和购买热情。

（3）客户利润分析，主要指客户消费不同产品的边缘利润、总利润额、净利润等。

（4）客户未来分析，包括客户数量、类别、潜在消费能力等未来发展趋势、争取客户的手段、方法等。

（5）客户促销分析，包括广告、宣传、情感沟通计划等。售后服务：店庆、婚庆、厂庆、生日、客户特殊意义纪念节日、儿女升学等。

只有上述内容有机组成的客史档案才能形成一个完善的体系，构筑起酒店客户关系管理系统和客户忠诚系统的组合平台，实现客史档案为经营决策提供依据的目标。

（二）酒店客史档案的功能

1.有利于增强酒店的创新能力

酒店行业是服务型行业，所提供的产品必须适应自身客源市场不断变化的消费需求。通过客史档案的管理和应用，酒店能够及时掌握顾客消费需求的变化，适时地调整服务项目，不断推陈出新，确保持续不断地向市场提供有针对性、有吸引力的新产品，满足顾客求

新、求奇、求特色的消费需要。酒店产品体系的创新是酒店生命力所在，而客史档案的科学建立和运用是提升酒店创新能力的基础。

2.有利于提升酒店的服务品质

客史档案是酒店客户关系管理系统和客户忠诚系统的组合平台。一方面客户关系管理系统的作用就在于通过对客户信息的深入分析，全面了解客户的爱好和个性化需要，开发出"量身定制"的产品，大大提高客人的满意度；另一方面，客户忠诚系统的作用则体现在通过个性化服务和一系列酒店与客户间"一对一"的情感沟通，客户对酒店会产生信任感，会认为在这里消费比其他地方更可靠、更安全、更有尊严感，顾客满意将升华为顾客忠诚，酒店服务的品质会得到客户进一步的认同。

3.有利于提高酒店的经济效益

客史档案的科学运用将有助于酒店培养一大批忠诚顾客。一方面可以降低酒店开拓新市场的压力和投入；另一方面忠诚客户对酒店产品、服务环境熟悉，具有信任感，因此，他们的综合消费支出也就相应比新客户更高。客户忠诚度越高，保持忠诚的时间越长，酒店的效益也就越好。

4.有利于提高酒店的工作效率

客史档案为酒店的经营决策和服务提供了翔实的基础材料，使得酒店的经营活动能够有的放矢，避免许多不必要的时间、精力、资金的浪费。由于熟悉客户的消费情况，员工的服务准备更为轻松。良好客户关系的建立，也有助于酒店工作氛围的改善，员工的工作热情、主动精神将得到有效的发挥，酒店整体的工作效率也将极大地提高。

5.有利于塑造酒店的显性品牌

口碑效应是酒店品牌塑造的关键因素，忠诚客户一个显著的特点是会向社会、同事、亲戚朋友推荐酒店，义务宣传酒店的产品和优点，为酒店树立良好的口碑，带来新的客源。根据客史档案划分、培育忠诚客户，可以为酒店创造更为重要的边际效应。

二、客史档案的资料来源

客史档案的收集是做好宾客管理工作的基础。要了解一个宾客，首先要收集其相关信息，做到知彼。酒店的客史档案收集工作具体操作上来说，是由酒店部门各班组在平时的服务过程中，对宾客的特殊要求、消费习惯等有意识、有目的地进行收集，主要来自于：

1.客人的订房单。它可以显示宾客的抵离店日期、房间的种类、预定方式及预定渠道等。

2.住宿登记表。它可以显示宾客的基本情况。

3.账单。据此可了解宾客的消费和信用情况。

4.投诉及处理结果记录。从中可了解宾客对酒店服务的评价（表扬、批评、建议等）。

5.大堂副理拜访报表。从中可深入了解宾客的一些需求和期望,为酒店提供个性化服务打下一个基础。

6.宾客意见簿。掌握宾客对酒店所提出的意见和建议。

7.其他部门的接待记录。主要指客房部、餐饮部等面客部门的服务记录,从中了解宾客对酒店服务的要求。

其中很多资料都详细到客人喜欢什么样的房号、看什么报纸乃至某位客人有进房先脱鞋的习惯等,经整理后逐层上交,最终由酒店市场部的市场服务经理负责将这些关于该客人的情况资料进行汇总整理、输入电脑,建立立体的、全方位的宾客档案,并定期对档案进行补充与更新。酒店的其他部门就可以通过电脑看到客人的需求,而当总台见到客户的预定或入住信息后,也可以马上向相关部门发出个性化服务提示,这样就可以成为客人的名副其实的贴身管家,更有利于深入了解每位顾客的需求特点,从而针对顾客的需求特点,提供更加完善的个性化服务。例如,对于长住客可在房间里添置小盆栽,客人也会每天精心照顾它们,不仅使客人在工作之余增添了一份情趣,更让他们感觉多了一份家的温暖。

三、建立客史档案的方式及原则

(一)建立客史档案的方式

1.手工建立客史档案

最简单的建档方法是直接将宾客住宿登记表的最后一联作为客史档案卡。由于要做成卡片长期保存,因此最后一联的纸张应给予特殊考虑,通常是用硬卡纸做成。同时背面还印上记录宾客每次住店信息的项目。另外一种建档方法是专门设计客史档案卡,用于填写宾客住店的信息,并按宾客姓名的字母顺序进行保管。为方便管理,可以采用不同颜色的卡片表示不同类型的宾客。

2.计算机建立客史档案

这种方式是在酒店采用计算机信息管理系统的前提下,在系统中设定客史档案管理栏目,随时将住客的信息资料保存在电脑中,以供随时查阅。该方式操作简便,信息存储量大,且查找方便迅速。随着计算机信息管理系统的普及应用,这一方式已成为建立客史档案的主要方式。

计算机建档的功能主要体现在:当宾客首次入住酒店时,接待员把宾客的资料信息输入电脑后,系统的建档功能将自动为宾客建立客史档案。宾客结账离店后,电脑会将宾客的消费信息添加到客史档案里。以后随着宾客的再次光临,电脑会不断记录宾客的信息。

计算机系统的建档功能主要有:

(1)接受预定时可按宾客姓名查询有无客史,有客史者在新预定时可以直接调用。

(2)对客史进行修改和输入新的内容。

（3）清除宾客的档案。

（4）按宾客姓名自动累计各自的资料。

（5）打印客史资料。

（6）修改客史资料。

（7）办理入住登记时显示客史资料等。

（二）建立客史档案的原则

建立客史档案应遵循以下原则。

1. 个性化需求把握的问题

从酒店管理者的角度出发，可以通过对已有的客史消费记录进行分析，以及通过和客户的热情交流和为其提供细致的服务，主动搜集客户的消费习惯和消费心理，并将信息及时反馈到客史档案中。同时，在掌握了客户的个性化需求后，就可以不断地设法满足客户，这样个性化的服务才会给客户带来意想不到的惊喜，提高客户对酒店的良好印象和满意度。

2. 如何衡量客户的价值

满足客户的要求和提供个性化服务，并不是不分顾客、场合和时间去做，因为酒店经营服务的最终目的是获取利润，一切出发点都是为了赢利。否则，服务也就成为无源之水。因此，通过对客户的消费状况计算客户为酒店带来的价值和利润，只有给酒店带来利润最大而且忠诚度最高的那一部分客户才是酒店管理工作中最关键的部分，是最需要为之提供个性化服务的客户群。

（三）客史档案的管理

建立客史档案仅仅是第一步，还应该学会科学管理客史档案，从知彼做到举一反三，留住老客户，挖掘新客户。酒店所建立的客史档案中包括了顾客的基础资料、嗜好习惯、消费需求、消费能力等，这也是酒店进行管理、跟踪的重要资料。通过客史档案，酒店能随时查询到客人的生日等其他纪念日的情况，就可以此做出相应的服务和关怀。通过认真分析客史档案，在此基础上有的放矢地开展酒店的对客服务和销售工作，获得顾客的好感，从而产生事半功倍的效果。同时，酒店也可以从宾客日积月累的消费记录中进行各方面的分析，为管理者提供有力的决策依据，使之成为酒店经营决策的财富。

在对客户服务工作中，很重要的一点就是要让客人有"宾至如归"的感觉，也就是通常所说的"亲情化服务"。真正做到这一点，对老顾客来说也许并不困难，作为管理者，应该对酒店老客户的喜好和要求有所了解，一些重要的客户可能也早已成为酒店的亲密朋友。但是，受人员流动、用工素质、培训力度和方法等诸多因素的制约，要让直接接触老客户的一线员工都能够了解客户的情况，就有相当的难度。因此，如何让老客户日积月累的消费记录成为酒店经营决策的财富，怎样在错综复杂、千头万绪的客户信息中提取出有效的信息，形成科学的客史档案是一项十分困难的工作。因此，客史档案的管理和使用还必须重视以下环节。

第一，树立全店的档案意识

客史档案信息来源于日常的对客服务细节中，绝不是少数管理者在办公室内就能得到的资源，它需要酒店全体员工高度重视，在对客服务的同时有意识地去收集。因此，酒店在日常管理、培训中应向员工不断灌输"以客户为中心"的经营理念，宣传客史档案的重要性，培养员工的档案意识，形成人人关注、人人参与收集客户信息的良好氛围。

第二，建立科学的客户信息制度

客户信息的收集、分析应成为酒店日常工作的重要内容，应在服务程序中将客户信息的收集、分析工作给予制度化、规范化。如可规定每月高层管理者最少应接触 5 位顾客，中层管理者最少应接触 15 位顾客，以了解客户的需求，普通员工每天提供 2 条以上客史信息等。在日常服务中应给员工提示观察客人消费情况的要点，如客房部员工在整理客房时应留意客人枕头使用的个数、茶杯中茶叶的类别、电视停留的频道、空调调节的温度数、客房配备物品的利用情况等。餐饮部员工可注意客人菜品选择的种类、味别，酒水的品牌，遗留菜品的数量，就餐过程中对酱油、醋、咸菜等的要求等，从这些细节中能够捕捉到客人的许多消费信息。同时应以班组为单位建立客户信息分析会议制度，每个员工参与，根据自身观察到的情况，对客人的消费习惯、爱好做出评价，形成通用的客史档案。

第三，形成计算机化管理

随着酒店经营的发展，客史档案的数量越来越多，如曾连续 20 年被评为世界服务质量第一名的曼谷东店堡散客档案便达到 20 多万份，同时客史档案中的许多内容靠人工管理是非常困难的。因此，客史档案的管理必须纳入酒店计算机管理系统中。客史档案管理板块应具备：①及时显示功能，在酒店每个服务终端，遇到客户基础数据，系统能够立即自动显示客人的相关信息资料，为对客接待提供依据；②检索功能，计算机检索是档案信息现代化的标志之一，客史档案要便于随时补充、更改和查询；③信息共享功能，客史档案的资源共享功能是客史档案管理的基本要求。

（四）利用客史档案开展经营服务的常规化

酒店营销部门、公关部门应根据客史档案所提供的资料，加强与 VIP 客户、回头客、长期协作单位之间的沟通和联系，使之成为一项日常性的常规工作。如通过经常性的回访、入住后征询意见、客户生日时赠送鲜花、节日期间邮寄一张贺卡、酒店主体活动、新产品推出时邮寄宣传资料等方式，都能拉近酒店与客户之间的关系，让客人感到亲切和尊重，客人的忠诚度也会得到极大的提高，这样客户即使偶尔对酒店的服务有意见，也不会轻易放弃对酒店的信任。

总之，酒店客史档案的管理和应用是一项系统性工程，需要酒店高度重视，积极探索，形成科学完整的体系，从宾客日积月累的消费记录中进行各方面的分析，为管理者提供有利的决策依据，使之成为经营决策的财富。

【本章小结】

客户关系管理是现代酒店经营管理中至关重要的问题,越来越多的酒店意识到与宾客建立并保持良好的关系是酒店经营和可持续发展的重要保证。在这一章中我们主要涉及了客户关系管理的基本内涵和重要性、宾客投诉的处理以及客史档案的建立和管理。通过本章的学习,能够让大家对酒店客户关系管理有更深刻的理解。

【实训练习】

一位客人因为房间有异味打电话到前台进行投诉,如果你接到了这个电话,你会怎么处理? 请选择一个角色进行模拟。

【综合案例】

转怒为喜的客人

正值夏日旅游旺季,一位外地游客来到沿海某四星级酒店大堂,告知前台服务员小王,说他通过携程网预定了一个普通的单人间。小王根据客人提供的信息,找到了携程网的预订单,却发现客人预订房间的保留期限是当天的 18:00,而此时已经是 20:00。由于是旅游旺季,酒店的客房供不应求,客人预定的房间已经出租给其他的客人了。于是,小王很委婉地告诉客人:"对不起,先生,现在是旅游旺季,您预定的客房已经超出最后保留期限,现在已经出租给其他客人了。"客人听后,面有难色,很不高兴,生气地说:"我们在网上订的日期就是今天,酒店真是不守承诺。"小王见状,安慰客人道:"先生,实在是对不起。能不能耽误您几分钟的时间,我们想想办法,看能不能解决好这个问题。"小王建议客人先到大堂吧休息一会儿,然后,给 GRO(客户关系主任)打电话反映这一问题。GRO 得知此事后,立刻赶到前台,查看了一下剩余空房情况,发现还有个豪华单人间没有出售,并很快找到在大堂吧休息的客人。GRO 热情礼貌地解释了情况,并询问客人是否愿意临时入住酒店的豪华单间,费用按照普通单间收取,等酒店有空余的普通单间后再帮客人换房。客人表示同意,GRO 亲自引领客人到前台办理了入住手续。客人见状,转怒为喜,表示感谢。事后,还写信赞誉酒店的服务。

分析与思考:

此案例中,酒店取消客人预定客房的做法是否是合理的? 面对恼怒且无助的客人,酌情换房的做法是否合理? 请给出理由。

项目十 前厅和客房安全服务

📖 学习目标

1. 了解客房安全的含义以及酒店客房安全的设施设备。
2. 掌握客房防火、防盗的主要措施及应急处理措施。
3. 掌握客房可能发生的特殊事件的处理技巧。

任务一 客房安全管理概述

【案例导入】

2010 年 7 月 8 日 23 时许,大连市某大酒店发生了一起抢劫、强奸案。犯罪嫌疑人叶柏、闻庆、赵爱军在夜总会与服务小姐一起娱乐后,将她们领到该酒店 1709 房间嫖宿。在该房间,赵爱军突然手持水果刀威逼两被害人脱光衣服,随后三名犯罪嫌疑人一起用事先准备好的绳子将被害人的手脚绑住,从她们包内抢去信用卡,并逼迫其说出密码和临时租住房屋地点。当夜,三名犯罪嫌疑人将两名被害人轮奸。翌日 8 时许,由赵爱军在 1709 房间看押被害人,叶柏、闻庆闯到两被害人分别租住的房屋,将现金、存折、信用卡等物席卷而去,到多家银行将人民币 6.6 万元、1300 美元、4200 港币悉数取出,占为己有。此外,2011 年 5、6 月间,叶柏还伙同他人,以类似手段,先后在深圳市、大连市经济技术开发区和甘井子区的几家酒店实施抢劫犯罪多起,洗劫 10 余名服务小姐财物,折合人民币近 30 万元。

客房部不仅要以干净舒适的客房、服务人员热情好客的态度以及娴熟的服务技巧来满足宾客的各种需求,使其乘兴而来,满意而归,而且还要极其重视宾客的一个最基本的需求——安全。酒店宾客与其他任何人一样,需要安全和保护,希望免遭人身及财产的损害。

一、客房安全的含义

客房安全不仅包括宾客的人身、财产安全,而且包括宾客的心理安全及员工和酒店的安全。具体来讲,客房安全有以下两层含义。

(1)客房安全是指客房区域应保持良好的秩序和状态,在客房范围内,宾客、员工的人身和财产及酒店财产安全不受侵犯。

(2)客房区域应处于一种既没有危险,也没有可能发生危险的状态。如果客房存在一些不安全的因素,又没有相应的防范措施,即使暂时没有事故发生,也不是真正意义上的安全。

某酒店客房安全管理规定

1. 房间内应设置"请勿卧床吸烟"标志,放置宾客安全须知,贴挂消防疏散图。

2. 严禁住宿客人使用自备的电热器具。

3. 住店宾客不得私自留宿访客,使用自备电器应得到酒店允许,并由酒店指定电工安装。如需调换房间,应事先向酒店声明并变更登记手续。

4. 客人退房后,服务员应及时检查房间内有无遗留火种、危险物品及其他物品。

5. 员工应明确责任区,不得擅自离岗,打扫卫生时应用清洁车将房门堵住,禁止无关人员进入,清扫完毕,应锁好门再进入下一间。

6. 应经常对磁卡锁进行安全检查,确保其安全有效。

7. 建立完善有效的会客制度,来访客人应在 23:00 前离开客房,服务人员不得把住店客人的情况向外人泄漏。

8. 客人退房离店,应及时收回房间钥匙,发现钥匙丢失应迅速查明原因并通知保安部并及时采取防范措施。

9. 发生消防报警后,保卫、客房、工程等部门应在 3 分钟内到达现场,保卫部负责携带灭火器材、逃生面具、对讲机、消防手电,客房部或前厅部负责开启房门并向客人说明情况,工程部负责对发生火灾时的电气设备等采取应急措施。

10. 客房楼层应设安全出口标志,备有应急照明灯,安全疏散通道不得堆放杂物,通向楼外的安全门既要确保紧急疏散,又要防止无关人员随意进入。

二、酒店安全的重要性

客房是酒店的主体,是宾客住宿、生活的场所,危及宾客人身、财产的事件绝大多数发生在客房。因此,客房安全是整个酒店安全的重点。

(一)安全管理是提高宾客满意度的重要保证

安全是人类的一个最基本的需求。宾客如同其他任何人类一样,具有免遭人身伤害和财产损失,要求自身权利和正当需求受到保护和尊重的安全的需要。而且,宾客身处异地他乡,他们对自己的生命安全、财产安全和心理安全格外地关注和敏感,其期望更甚。因此,从经营角度而言,为宾客提供安全的环境以满足客人对安全的期望,是客房部开展正常经营管理工作和提高服务质量的一个基础。

(二)安全管理直接影响社会效益和经济效益

宾客来酒店消费,经营者有义务制定出保证消费者安全的服务标准,具备能保证消费者安全的服务设施设备。否则,将面临因安全问题而引起的投诉、索赔甚至承担法律责任,从而影响酒店的社会效益和经济效益。从法律的角度而言,在经营管理工作中必须牢固树立安全意识,确保客房内所有人员和所有财产的安全。这里"所有人员"既包括宾客,也包括从业人员以及所有合法在客房的其他人员;"所有财产"包括宾客财产、部门财产以及从业人员的财产。

(三)安全管理有助于提高员工的工作积极性

安全管理不仅包括对客人安全、部门财产安全的管理,同时也包括对员工的安全管理。如果部门在生产过程中缺乏各种防范和保护措施,将不可避免地产生工伤事故,使员工的健康状况受到影响,很难使员工积极而有效地工作。

三、酒店安全设施设备

为了保证客人生命财产安全,必须在公共区域和客房内加强各类安全配置,同时客房内各种设施设备也要安全可靠。

(一)电视监控系统

电视监控系统由电视摄像镜头、电视监视器、电视屏幕操作机台、录像等部分组成。电视监控系统是酒店主要的安全装置,除了在酒店大厅、贵重物品存放处及公共场所之外,通常作为客房部主要的安全装置。一般设置在楼层过道、客用电梯等场所,在监控室内对酒店的一些重要部位进行监控,发现可疑人、物或异常情况能及时采取措施。

(二)安全报警系统

安全报警系统是酒店在一些关键部位安装的各种报警器联结而成的安全网络系统,其目的在于防火、防盗等。常用的报警主要有被动红外线报警器、主动红外线报警器、超声波报警器、手动报警器等。

(三)消防监控系统

普通的防火系统一般由三部分组成:火灾报警器,主要有烟感式自动报警器、热感式自动报警器和手动报警器等;灭火设施,主要有消防给水系统、化学灭火器材;防火设施,主要有防火墙、防护门、排烟系统等。

(四)电脑门锁系统

为了保证宾客的财产与人身安全,防止酒店钥匙的盗窃、遗失和复制,越来越多的酒店对门锁采用电脑化的管理系统。这种门锁分为磁卡型、IC 卡型、感应卡型,它是目前安全性和智能化程度最高的门锁之一。

任务二　火灾的防范与处理

【案例导入】

2005 年 6 月 10 日 11 时 40 分左右,广东省汕头市潮南区峡山街道华南宾馆突发大火,过火总面积 2800 平方米,43 间房间遭火焚毁,更为惨烈的是 31 人在火灾中丧生。这起火灾是广东省 1994 年以来最严重的群死群伤大事故和 2005 年国内最大的一起火灾事故。

潮南区消防中队到达现场时,熊熊的大火夹杂着滚滚浓烟,已从宾馆的几十个窗户喷涌而出,华南宾馆整幢楼都笼罩在浓浓的黑烟之中。而首先出动的潮南区消防中队既没有云梯车,也没有配备救生垫,更为严重的是有些窗户还被宾馆用防盗网固定死了。搜救被困人员的难度远远超过了消防队员们的想象。

华南宾馆"6·10"特别重大火灾发生后,国务院组成调查组赶赴事发现场,公安部消防局也先后从公安部消防局、辽宁、广西等地抽调了 5 名火灾侦查、鉴定专家,协助调查组开展"6·10"特大火灾事故的调查工作。

华南宾馆仅有 4 层,大火也不是发生在夜晚人们熟睡的时候,而是发生在大白天,为何却会造成如此严重的群死群伤后果? 广东省公安厅分析认为主要存在以下 4 大因素:报警迟缓延误了战机,大量使用易燃材料装修,火灾发生后没有及时组织疏散,住客缺乏消防常识和逃生技能。

酒店有义务和责任为宾客提供安全与保护。安全是酒店各项服务活动的基础,只有在安全的环境内各种服务活动才能得以开展。但是,酒店也难免会发生人为或非人为的不可避免的意外事故。所以酒店应加强对服务人员安全意识的培养,增强服务人员的紧急应变能力,以降低灾害发生时人员的生命及财产的损失。

酒店的客房是最容易引起火灾的地方,因此,防火工作是客房部的头等大事。

一、客房火灾的原因

了解客房发生火灾的原因,可以防患于未然。根据《世界酒店》杂志对近年来酒店火灾部位及原因进行统计分析的结果表明,火灾多发生在客房区域,占酒店火灾的 68.8%(见表 10-1)。

表 10-1　酒店火灾部位统计

火灾部位	所占比例
客房	37.6%
楼层走道	31.2%
厨房、仓库	17.9%
其他服务场所	8.1%
电视房	5.2%

客房在宾馆、酒店中发生火灾的概率最高,主要原因有烟头、火柴梗等引类可燃物或电热器具烤着可燃物。发生火灾多在夜间和假日,尤以旅客酒后卧床吸烟,因事后遗忘或掉落在沙发上的烟头引燃被褥或其他棉织品等发生的火灾事故最为常见。客人将未熄灭烟头或火柴梗扔在烟灰缸、地板上,也可引起缸内或地面的可燃物着火。如 2010 年温州灯城酒店火灾的原因,是由于宾客随意将吸完的烟蒂直接扔在地板上,在未确认烟蒂是否已熄灭的情况下就离开了房间,造成烟蒂引燃地板上的纸巾引发火灾。在酒店火灾中,由电气引起的火灾仅次于吸烟。电气设备由于质量差、故障、使用不当、安装不良、长期带病或过载运行,使绝缘体损坏、短路起火等是引发火灾的又一原因。例如 2010 年 7 月 16 日凌晨,伊拉克苏莱曼尼亚市的一家酒店由于电气线路短路造成特大火灾,导致 43 人死亡、23 人受伤。其他如宾客将易爆易燃物品带进客房,也可引起火灾。员工不按安全操作规程作业,如客房内明火作业,使有化学涂料、油漆等,未采取防火措施而造成火灾。一些宾馆酒店存在防火安全系统不健全、消防措施不完善等现象,一旦发生火灾,得不到及时扑救,最终酿成事故。

此外,消防安全制度不健全,责任制落实不到位等,也是引发酒店火灾发生的原因之一。

二、客房火灾的预防

客房部日常的防火工作很重要,作为客房部应该结合本部门特点制定出适合本部门的火灾预防措施。

1. 酒店必须在客房区域配置完整的防火设施设备,地毯、家具、床罩、墙面、房门等都应选择具有阻燃性能的材料制作。

2. 客房楼层服务员在发现宾客将易燃、易爆、化学毒剂或放射性物品带进楼层和房间的现象时,应及时予以劝阻。

3. 房内安全须知中应有防火要点及需宾客配合的具体要求,在房门后贴有防火疏散图,床头柜醒目位置要摆放"请勿在床上吸烟"卡,提醒宾客注意防火。另外,客房服务员要严格遵守酒店吸烟、使用明火的规定,在整理房间时,应注意检查安全隐患。如发现宾客使用明火,服务员须记录宾客房号,及时劝阻宾客并报告领班。

某酒店客人消防安全须知

为确保酒店及客人的安全,依据《中华人民共和国消防条例》,特制定本须知:

一、请勿携带易燃易爆化学物品及充压受压容器进入酒店。

二、为了您和他人的身体健康,请勿携带宠物进入酒店。

三、请勿在客房内使用燃油或液化石油气等炉具及其他危险设备。

四、请勿在床头吸烟,切勿随便乱扔烟头、火柴棒。

五、严禁在酒店内燃放烟花鞭炮。

六、请在外出或就寝时将房门锁好以防发生不测。

七、如发生火警及其他意外事件时,请勿惊慌,及时向服务台报警,请按客房门后张贴的《疏散示意图》迅速撤离。

八、因违反上述须知要求,酿成火灾事故的责任者,应负责赔偿经济损失,对造成严重后果者,由司法部门追究刑事责任。

九、请妥善保管好自己携带的贵重物品。

4.对房间内配备的电器设备应按规定布置,并随时检查,发现不安全因素如短路、漏电、接触不良、超负荷用电等问题时,除及时采取措施外,要立即通知工程部维修,并报保安部。

5.安全通道处不准堆放任何杂物,不准用锁关闭,保证通道顺畅。确保电梯口、过道等公共场所有足够的照明亮度,安全出口 24 小时都必须有红色照明指示灯,楼道内应有安全防火灯及疏散指示标志。

6.客房各区域工作人员应做好客房防火安全的自查工作。

(1)各区域每天下班前进行防火安全自查,并将检查结果记录下来。

(2)检查各消防通道是否畅通,通道内是否堆放杂物,如有杂物应立即通知责任人前来解决。

(3)检查该关闭的灯、门窗、电器设备是否已关闭。

(4)检查客房及公共区域是否有遗留的火种。

(5)制定客房部各岗位服务员在防火、灭火中的任务和职责,并配合酒店安全部,制定火警时的应急疏散计划及程序,训练客房部员工掌握灭火设备的使用方法和技能,并定期对酒店消防安全进行全面检查,发现问题应及时解决。

三、客房火灾应急处理程序

客房楼层发生火灾时,客房服务人员应充分表现平时良好的专业服务能力和紧急应变能力,沉着冷静地按平时防火训练的规定要求迅速行动,确保宾客的人身财产和酒店财产的安全,努力使损失减少到最小程度。

（一）发现火情时的处理

1.立即使用最近的报警装置,发出警报。

2.及时发现火源,用电话通知总机,讲清着火地点和燃烧物质。

3.使用附近合适的消防器材控制火势,并尽力将其扑灭。使用灭火器的方法:拔下安全插销,喷嘴对准火源,用力压下握把。

4.关闭所有电器开关。

5.关闭通风、排风设备。

6.如果火势已不能控制,则应立即离开火场。离开时应沿路关闭所有门窗。在安全区域内等候消防人员到场,并为他们提供必要的帮助。

（二）听到报警信号时的处理

1.客房服务人员首先要能辨别火警信号和疏散指令信号。如有的酒店规定一停一响的警铃声为火警信号,持续不断的警铃声为疏散信号。

2.客房服务员听到火警信号后,应立即查看火警是否发生在本区域。

3.无特殊任务的客房服务员应照常工作,保持镇静、警觉,随时待命,同时做好宾客的安抚工作。

（三）听到疏散信号时的处理

疏散信号表明酒店某处已发生火灾,要求宾客和全体酒店员工立即通过紧急出口撤离到指定地点。该信号只能由在火场的消防部门指挥员发出。

1.迅速打开紧急出口(安全门)、安全梯,有组织、有计划、有步骤地疏散客人。

2.组织客人疏散时,一定不能乘电梯。

3.帮助老弱病残、行动不便的客人离房,楼层主管要逐间查房,确认房内无人,并在房门上做好记号。

4.各楼梯口、路口都要有人把守,以便为宾客引路。

5.待人员撤离至指定的地点后,客房部员工应与前厅服务人员一起查点宾客。如有下落不明或还未撤离人员,应立即通知消防队员。

（四）与专业消防队合作

待专业消防队来到之后,必须与消防队人员取得联系,在消防队的统一指挥下,协同作战,避免消防作业出现死角。此外,还要积极协助消防队员打开各处出入口并指引失火点;主动介绍火灾现场情况,有无遇险者、火灾特点、有无危险或高压可燃气体及抢救物等有关资料和可容纳人数。

四、客房常用灭火设备

客房常用的灭火设备是消防栓和化学灭火器。消防栓灭火设备主要由消防栓、水龙带和水枪一起装在有机玻璃门的消防栓箱内,发生火灾时,将箱内水龙带取出,接到消防栓出口上,将水栓开启,水即喷射出来。

表 10-2 列出了常用的化学灭火器的种类及使用方法。

表 10-2　化学灭火器的种类及使用方法

种类	适用范围	适用方法
酸碱灭火器	适用于扑灭一般固体物质的火灾	将灭火器倒置;将水与气喷向燃烧物
泡沫灭火器	适用于油类和一般固体物质及可燃液体火灾	将灭火器倒置;将泡沫液体喷向火源
二氧化碳灭火器	适用于带电的低压电器火灾和贵重的仪器设备等	拔去保险锁或铝封;打开阀门或压手柄;对准燃烧物由外圈向中间喷射
干粉灭火器	性能和适用范围与二氧化碳灭火器基本相同	拔去保险锁,按下手柄;将干粉喷向燃烧物
卤代烷灭火器	上述灭火范围都可以使用,特别适用于精密仪器、电气设备、档案资料等	拔去保险锁,打开阀门;对准燃烧物喷射

任务三　盗窃事件的防范和处理

【案例导入】

刘先生和妻子在"十一黄金周"时入住了某酒店的 1112 房间,入住的第三天其所住的客房发生盗窃事故,盗贼洗劫了房间内的贵重物品。安全人员通过查看监控录像,和对现场进行勘查发现房门上有口香糖的痕迹。安全人员推断刘先生买完东西回来时就被小偷跟踪,趁刘先生开门后不注意,在房间门的磁卡锁上粘上了一团口香糖,刘先生放下东西出门吃饭时,认为酒店门上有复位器,就随手带上门,没有核实是否关上就匆匆离开了。进一步查看录像,画面证实了这一推断:从刘先生入住起就有两名男子在楼层闲逛、踩点。刘先生买完东西回来时,尾随其后,趁刘先生不注意时将口香糖粘在磁卡锁上,刘先生走出房门认为房门已经关上后,歹徒入室作案。

酒店盗窃案件是酒店企业常见的安全问题,随着时代的发展,酒店窃案的发生情形也越来越复杂、越来越智能化、高科技化,这给酒店的安全管理带来严重的隐患。同时,酒店窃案的发生不仅会给酒店顾客或酒店员工及本身带来财物损失,还会造成顾客对酒店的投诉,严重的事故还经常引发顾客与酒店之间的法律纠纷,影响酒店的社会形象和品牌声誉,导致酒店顾客的不忠诚消费行为。

酒店经营场所和后台部门众多,不同场所的窃案发生比率存在较大的差异。如图 10-1 所示,客房是酒店窃案发生的主要场所,其比例达到 56.15%,这主要是因为客房是酒店客人存放行李和财务的主要场所,而且客房场所隐蔽,容易实施盗窃。

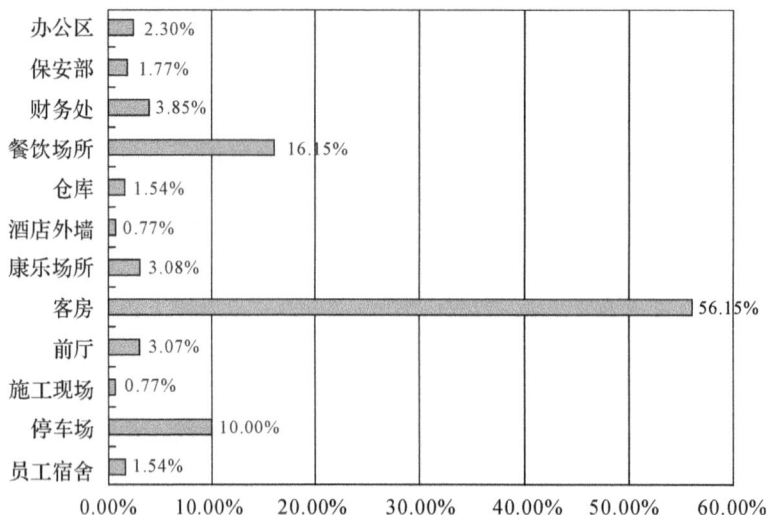

图 10-1　酒店窃案的部门场所分布

办公区 2.30%
保安部 1.77%
财务处 3.85%
餐饮场所 16.15%
仓库 1.54%
酒店外墙 0.77%
康乐场所 3.08%
客房 56.15%
前厅 3.07%
施工现场 0.77%
停车场 10.00%
员工宿舍 1.54%

酒店盗窃案件是指违法分子以非法占有为目的,在酒店场所窃取顾客、员工或酒店本身财物的窃案类型。客房失窃可分为酒店财物失窃和宾客财务失窃两种类型。酒店失窃的物品通常有床单、毛巾、毛毯以及客房用品。失窃金额虽然比较小,但还是要引起客房部员工的重视。

一、客房失窃的原因

客房失窃事件在各个酒店中都时有发生,不光是客人会受到财物的损失,就是酒店本身也会受到一定影响。分析客房失窃的原因,有如下三种:

1. 外来人员盗窃

这是指社会上的不法分子混进酒店进行盗窃。这些人往往装扮成客人蒙骗店方,盗取住店客人及酒店的财物。从酒店发生的盗窃案件情况看,除了一般的撬门扭锁、偷配钥匙、翻墙入室行窃外,还有多种作案手段:冒充酒店人员行窃、骗取信任开门、混入房内行窃、在房门上做手脚、尾随客人行窃等。

2. 宾客盗窃

这是指客人中的潜藏的一些不法分子,利用其他客人的疏忽进行的行窃行为。如有的惯犯持假身份证住酒店,趁同室客人熟睡时伺机行窃。发生这种情况,一般是由于酒店不按房间出租,将互相不认识的人员安排在同一间客房,或者没有要求客人将贵重物品存在在酒店的保险箱内。

3. 员工内盗

这是指酒店员工利用工作之便盗取客人及酒店的财物,或者内外勾结作案。这种偷盗行为在整个偷盗事件中占很大的比例。俗话说:"家贼难防"。由于内部员工对酒店的各种情况、工作程序及客情比较熟悉,作案手段更具隐蔽性,给破案工作带来一定的困难。

【案例注解】

俞某案发前系滨州市某星级酒店前台接待员,2011年9月,其利用工作之便,私自配制数把客房钥匙卡,并瞅准客人外出之机,潜入客房盗窃客人留置的财物。为了使客人不容易察觉,俞某每次盗窃的目标仅限于客人钱包内的一小部分现金。据俞某交代,其供职的星级酒店接待的大多为外宾及港澳台客人,俞某的第一次作案,竟然只是因好奇盗窃一根外国烟。然而,俞某的胆子越来越大,在不到两个月的时间内,频繁作案十余起,共计盗窃现金六千余元用于挥霍。2011年11月,俞某在潜入客房盗窃时被抓获归案。

员工内盗行为不仅会给宾客带来不安全感,同时也使酒店损失声誉,使宾客对酒店产生了很坏的印象,不但失去了这些宾客,还失去了这些宾客的朋友们等一些潜在的宾客,试想谁会入住这种有"家贼"的酒店。

二、客房失窃事故的预防

【案例导入】

2012年某一天,济南市某家宾馆门口,钱先生从外面洽谈完业务返回宾馆,在回到宾馆后发现自己的门卡不见了,于是找到前台说明情况,或许是在外面谈业务时丢失的,希望能补办一张门卡,进房间休息。

宾馆前台小赵了解情况并核实身份后,马上帮钱先生补办了新门卡,然而当钱先生拿着新门卡打开房门时,惊奇的一幕发生了,钱先生放在房内的所有财物被洗劫一空,包括两条济南名贵香烟以及一些济南本地土特产。钱先生在宾馆外遗失门卡,"拾得者"又如何知道宾馆房间号呢?

宾馆通过楼层监控录像发现,出入钱先生房间的是一位陌生男子,宾馆方跟钱先生都不认识。那么一张小小的门卡上究竟有着怎样的信息,让钱先生丢失了钱财?

原来该宾馆虽然安装了管理系统,但由于管理系统功能太简单,满足不了宾馆需求,于是老板别出心裁,在每张宾馆门卡上都填满了客人信息,包括客人姓名、入住房间号、联系方式等,这样一来,当钱先生遗失门卡的那一刻,"拾得者"也就半只脚踏入宾馆房间了。

好的宾馆管理系统首先要满足宾馆需求,其次要做到管理轻松无漏洞。作为宾馆方以上两点该宾馆都未做到,如果该宾馆的管理系统能满足宾馆需求,那么就没必要在门卡上填写备注信息,以致招来后患。宾馆若想防止此类事件再次发生,必须更换一款现代化的、功能强大的宾馆客房管理系统软件。

为有效防止失窃事件的发生,应针对不同的失窃原因采取相应的预防措施。

1.防止内盗

在酒店内部,没有人比客房部的员工有更多机会接触酒店和宾客的财物,因此,客房部应从实际出发制定有效防范员工偷窃的措施。建立并确定专业的招聘制度,在聘用员工时,严格进行人事审查。制定有效的员工识别方法,如通过工作制服来识别员工;工作牌上贴上有员工的照片、签名和彩色代码,以表明员工的工作部门或工作区域。客房服务员、工程部维修、餐饮部送餐服务员出入客房时应登记其出入时间、事由、房号及姓名。建立部门资产管理制度,定期进行有形资产清算和员工存物柜检查,并将结果公之于众。对员工进行职业道德教育,提高员工的素质,增强员工遵纪守法的自觉性。一旦发现有人偷盗,要给予严厉打击,严肃处理,要让每一位员工都明白,任何偷盗行为,无论窃取物品的价值大小,都要受到开除的处罚,情节严重者要受到法律的制裁。

2.防止来自外部的失窃

在酒店周围会有一些盯住住店宾客的不法分子,他们在掌握宾客客房号的情况下,经常利用电话总机,设法弄清宾客的姓名及其虚实。因此,电话接线员对于只知房号而企图探听宾客姓名和行踪的询问电话,应看作是不法分子所为,绝对不能告知。客房部员工要善于识别宾客,尽可能防止宾客的房门钥匙误入他人手中而发生失窃事件。惯盗通常是窃取钥匙之后进行盗窃,作为对策之一,各楼层秘密记录客房钥匙丢失情况,此外定期更换门锁也不失为防盗的良策之一。酒店失窃事故通常发生在上午 10:00 至 11:00、下午 5:00 之后宾客外出时间,这时正是酒店员工工作最繁忙的时候,比较容易疏忽外来者,此时保安部要配合客房部加强不定时巡逻,当员工在走廊里发现可疑的人时,应立即报告有关部门。各酒店都有非常出口(EXIT)标记。在正常情况下不利用电梯而走非常出口的人,应看作是重点怀疑对象,须留意观察。

3.客房钥匙管理

为了保证酒店的安全,严格的钥匙控制系统是必不可少的,钥匙丢失、随意发放、私自复制或被偷盗等都会给酒店带来严重的安全问题及损失,因此酒店经营者必须认真对待。采用电子门锁的酒店钥匙的种类通常有六种:客用钥匙、工作钥匙、楼层总钥匙、客房总万能钥匙、紧急钥匙和酒店万能钥匙。采用机械门锁的酒店,其钥匙管理形式一般分为三种:前台问询处收发;设楼层服务台,由客房服务员收发;楼层值班台服务员直接为宾客开门。

严格控制和管理客房钥匙。客房服务员领用工作钥匙必须登记签名,使用完毕需将其交回办公室,做好钥匙的交接记录。禁止随便为陌生人开启客人的房间。确定工作需要,如工程部员工维修房间设施设备、餐饮服务员收拾餐具等,应由客房服务员陪同进入房间,并做好记录。服务员在清扫房间时,必须随身携带钥匙,不得随处丢放或插在房门锁上,也不得交他人保管。服务员或保安人员在巡视时,若发现客人房门插有钥匙,还要敲门提醒客人收好;若房中无人,可将钥匙拔下,交领班处理,并做好记录。对于把钥匙忘在房中的住客,能够确认的可用工作钥匙为其开门,并嘱咐下次出门别忘记;不能确认的要礼貌查验证件,并与服务台记录核对无误,方可开门。总服务台负责发放与保管客房钥匙,丢失钥匙而无法进入房间时,应礼貌地告诉宾客到前台办理进房手续。楼层服务员只有在接到指令后,方可为客人打开房间。

4.加强对客人的管理

要建立和健全访客的管理制度,在没有预约的投宿客中可能有不良客人,所以在登记时应仔细查验有关证件和居民身份证,提醒客人不要随意将自己的房号告诉其他客人和任何陌生人。入住登记时接待员应确认旅客行李的数量有无可疑之处。客房服务员应仔细观察房内客人物品,如有可疑之处立即报告酒店。在客房用品上打上酒店的标志,在客房摆放客房用品价目表,提供酒店纪念品的销售服务,在客人离店时及时进房查看。

某酒店宾客须知

为了更好地为宾客服务,请支持并协助我们做好以下工作:

1.当您登记时,请出示您的有效证件(身份证、军官证等)并认真填写临时住宿登记表。

2.您有客人来访请在前台登记,会客时间不超过 23:00,不得留宿客人过夜,不得将客房床铺转让他人使用。

3.您请客人离开房间时,检查房门是否关好。

4.您在房间休息时,务必把房门锁好。

5.携带的现金和贵重物品,可存放于总台收银处的保险柜内,免费负责保管,并严格办理存、领手续。文件要自行妥善保管,国防、军工、科技绝密文件应委托有关部门保管,武器弹药交当地公安机关保管,凡未按上述规定寄存而发生丢失的,概不负责。

6.请您与我们一起维护公共卫生,遵守社会公德,爱护宾馆的设施和物品。如由于您的原因造成宾馆设施和物品损坏或报废时,您将需按宾馆所规定的金额进行赔偿。您需带走物品或留作纪念的,请您在结账时说明并支付相应费用。

8.未按预约时间退房的宾客,请您提前一天与总台联系并办理手续,以便宾馆统筹安排客房。

8.对您外出但住宿期限已到,又未与宾馆总台事先商妥,宾馆将作自动退房处理,房内的行李物品由宾馆暂时保管,但对其财物损失概不负责。

9.请您与我们一起遵守国家的法律法规,严禁在宾馆内进行聚众赌博、嫖娼卖淫等违法犯罪活动。

三、客房失窃事故的处理

客房失窃情况一般有住客财物失窃和客房本身财物失窃,这两种失窃事故应采取不同的处理方式。

1.住客报称有财物在客房内失窃的处理

员工若接到有关酒店客房范围内失窃之事,应马上通知保安部或前厅部经理,并保护好现场,现场环境绝不可移动。前厅部经理与保安部值班主管同时前往现场视察,如有需要,用相机对现场环境进行拍摄记录。前厅部经理与客人了解情况后,如所失物是体积细小者,应征得客人同意后,替客人搜索房间,试图寻找失物或其他资料。如无法在房间内寻回失物,保安员应协助客人填报一份失物报告表,以作酒店调查的资料,存案备查。前厅部经理与保安部值班主管各将事情记入记事本内,呈供总经理审阅。如果保安部继续内部调查,获取有关员工的口供,需向前厅部经理报告详细经过。如客人需要,应通报公安局或由前厅部经理指派保安员陪同事主前往公安局。将事件经过报告当天值班经理。

2.酒店客房本身财物被盗的处理

当发现客房财物丢失时,第一时间要通知部门经理与保安部当值主管前往现场视察。如有需要,以相机将现场环境拍摄记录。保安部询问有关员工,了解情况,并录取口供,作进一步调查。前厅部经理及保安部当值主管应把事情写于记录本中,让总经理审阅。如有需要,由值班经理确定是否需要向公安局报告,并将事件经过报告当天值班经理。

任务四　其他安全事故应急处理

【案例导入】

一日,酒店销售部戴小姐接到在此开会的某质量监督局会务组黎组长的电话,说1514房间某部门的领导昨晚扭伤了腰,会务组人员很忙,希望她能过去照看一下。小戴安慰黎组长不要着急,她一定会去照顾客人的。随后小戴打电话征得客人同意,进客房对其进行拜访。

进入房间后,她仔细询问了客人的伤情,具体了解客人的受伤部位,本想带客人去医院检查,但是客人不愿动,于是小戴在退出客房后,马上通过114查询了省立医院的电话,把客人的详细伤情告诉医生,询问是否需要拍片检查等相关事宜。根据医生的嘱托,小戴外出为客人买来相关的药膏和消炎药等,送到客人房间,并把名片留在客人房间,告诉客人有事可打电话给她。到吃饭时间,主动询问客人是否需要送餐服务等,细心照顾,直到客人伤情好转。

客人住进酒店后,由于各种不同原因,意外事件可能会时有发生,若酒店工作人员处理恰当,则不但可以为客人提供一些额外的服务,亦可令身处异地而又需要别人关怀的旅客得到酒店的特别照顾,倍感受重视及欢迎,易产生"宾至如归"之感。

一、客人伤病的处理

由于酒店没有配备专业医护人员,所以应选择合适的客房部员工接受有关急救知识及技术的专业训练。在遇到客人伤病的时候，能协助专业医护人员或独立地对伤病客人进行急救。酒店还应备有急救箱，箱内应装备有急救时所必需的医药用品与器材。

任何员工在任何场合发现有伤病的客人应立即报告，尤其是客房部的服务员及管理人员在工作中，应随时注意是否有伤病客人。对直到中午十二点仍挂有"请勿打扰"牌房间的客人，要通过电话进房询问。

接到有伤病客人的报告，客房部管理人员应立即与受过专业训练的员工赶到现场，实施急救处理。如伤病情况不严重，经急救处理后，或安排医生来出诊或送客人去医院，做仔细检查及治疗。如伤病情况严重的话，边进行急救处理，边安排急救车将伤病客人送到医院去治疗，绝不可延误时间。

事后应由客房部写出客人伤病事故的报告，列明病由、病状及处理方法和结果。该报告除呈报酒店总经理室外，还应存档备查。

二、醉酒客人的处理

醉酒客人的破坏性较大，轻则行为失态大吵大闹，随地呕吐，重则危及其生命及客房设备与家具或酿成更大的事故。客房服务员遇上醉客时，头脑应保持冷静。根据醉酒客人不同的种类及特征，分别处理。对轻度醉酒的客人，应适时劝导，安置其回房休息。对重度醉酒客人，则应协助保安人员，将其制服，以免扰乱其他客人或伤害自己。在安置醉酒客人回房休息后，客房服务员要特别注意其房内的动静，以免客房的设备及家具受到损坏或因其吸烟而发生火灾。

三、遇到自然灾害时的处理

威胁酒店安全的自然灾害有水灾、地震、台风、龙卷风、暴风雪等。针对酒店所在地区的地理、气候特点，酒店应制定出预防及应付可能发生的自然灾害的安全计划。客房部则应有相应具体的安全计划，内容包括：

1.客房部及其各工作岗位在发生自然灾害时的职责与具体任务。

2.应备有各种应付自然灾害的设备器材，并定期检查，保证其处于完好的使用状态。

3.情况需要时的紧急疏散计划。

四、停电事故的处理

停电事故可能是外部供电系统引起的，也可能是酒店内部供电发生故障。停电事故发生的可能性比火灾及自然灾害要大。因此，对有 100 个客房的酒店来说，客房部应设计一个周全的安全计划来应付停电事故，其内容包括：

1.向客人及员工说明这是停电事故，保证所有员工平静地留守在各自的工作岗位上，在客房内的客人平静地留在各自的客房里。

2.用手电照明公共场所,帮助滞留在走廊及电梯中的客人转移到安全的地方。

3.在停电期间,注意安全保卫,加强客房走道的巡视,防止有人趁机行窃。

五、客人死亡处理

如发现客人在客房内死亡,应立即将该房双锁,通知安保人员来现场,将现场加以保护。由安保部向公安部门报案,由警方专业人员来调查及验尸,以判断其死因。

如客人属自然死亡,经公安部门出具证明,由酒店向死者家属发出唁电,并进行后事处理。如警方判断为非正常死亡,则应配合警方深入调查死因。

在有适当的目击者在现场的情况下,整理死者在客房中的遗物,妥善保管,等候公安部门的处理意见。

【实训练习】

[任务一]钥匙的领取、使用与管理

1.实训场地:客房实训室、模拟楼层服务台、模拟总台

2.物品准备:各种不同类型的客房钥匙

3.实训步骤:

(1)识别各种不同类型的客房钥匙的功能,掌握其用法。

(2)模拟不同岗位角色,按钥匙收发程序演习。

[任务二]客房及走道安全管理训练

1.参观某一酒店的客房安全设施、电视监视系统。装备有闭路电视监视系统的酒店,在每个楼层上都装有摄像头,对客房走道上的人员进行监视。可请客房部人员或安保部人员对监视系统进行讲解。

2.进行安全巡视演练。

[任务三]火灾应急处理

1.组织学生扮演不同角色,模拟一次火灾事故处理。包括查找火源、电话报警、扑救和疏导宾客等。

2.使用废旧的泡沫灭火器和干粉灭火器进行操作练习。

假设情境,针对以下紧急情况展开讨论,并将讨论结果写成书面报告。

(1)客人丢失现金或物品;

(2)客人伤病;

(3)停电事故;

(4)自然灾害。

项目十一　前厅和客房人力资源管理

1.了解前厅部和客房部的人员编制。

2.了解酒店前厅部和客房部员工招聘与选用的依据和方法、员工培训的重要性。

3.理解前厅和客房服务员工在酒店的角色定位、员工考核和激励工作的意义。

任务一　前厅部人力资源管理

【案例导入】

16日凌晨1点,值班经理李经理的电话响了,"李经理,不好意思,这么晚了还打扰你,1516房的客人在这里吵了一个多钟头了,要求给予重新做房卡"。"做房卡不是很简单吗,为什么还要搞得这么复杂?"服务员又补充说:"客人的房费已欠了900多元。"付钱住房这是天经地义的,李经理想可能是信用卡消费的,就问:"是什么单位的? 叫什么名字?"没想到前厅服务员他们不知道1516房客人的名字和单位。问题还真不简单,于是李经理急忙来到前台。

问:"姓名和单位,不是有登记的吗?"

答:"是我们的协议单位某公司张先生带来的,住房是他登记的,而入住的是这两位。"

问:"既然是张先生登记的,你给他们住不就行了吗?"

答:"张先生8日已有留言,如果'有人问这房间,就说已经退了'。"

问:"他们是几号住进的?"

答:"6日住进来的,13日张先生和这两位客人各付了一半的房费。一直以来,张先生是用信用卡付房费的。"

问题的来龙去脉总算有了端倪:6日张先生登记了1516房,给了有业务关系的这两位客人住。8日已经有留言,如果"有人问这房间,就说已经退了",13日张先生和这两位客人各付了一半的房费。16日房卡到期,并且已经欠了900元,这两位客人又不肯付房费,还要继续住房。

思考:

1.案例中反映了什么问题?

2.从案例中的突发事件我们可以看出,员工培训的意义体现在哪些方面?

对酒店前厅部管理人员而言,其日常管理的中心工作主要是对人员的管理。因为人才是经营之本,没有高素质的员工队伍,管理者的一切管理行为就无法得到切实的贯彻落实,而成为空洞的说辞,所以人力资源管理对前厅部管理者来说至关重要。前厅部管理人员应了解人力资源的调配与控制的目的、原则和方法,应用多种方法培训、考核、评估与激励前厅部员工,最大限度地调动员工的工作积极性、主动性,发挥前厅部所有员工的潜能。

一、前厅部编制定员

通过编制定员,可以充分利用每一位员工,有效地降低前厅部的管理和运营费用,保持员工的工作积极性,确保前厅部的高效运转。合理编制定员要求前厅部各级管理者在准确预测客情的基础上,运用多种人力资源的调配方法和控制手段,充分合理地使用人力资源,做到有张有弛,既圆满完成工作任务,又保持员工的工作积极性和主动性。

编制定员指管理者根据不同的客情和工作量情况,采用各种方法合理调配和使用现有人力资源,有效地完成部门工作任务的一种管理手段。

(一)前厅部编制定员的原则

1.保证对客服务质量

对酒店经营者和各级管理者来说,顾客是"上帝",质量是"生命",高质量的对客服务是酒店在激烈的竞争环境中赖以生存的重要保障。

2.保证日常工作的正常进行

除了对客服务之外,前厅部员工还有很多日常工作需要处理。如制作酒店各类运营报表,正确显示酒店客房状态,确保酒店各部门间信息传递与沟通,搜集、整理、分析酒店客人资料,等等。这些日常工作同样需要占用相当一部分劳动力资源,合理编制定员同样要保证这些工作的需要,否则整个酒店的运转就将出现混乱。

3.保持并提高员工工作积极性

最后,编制定员还不能够影响员工的工作积极性。员工的工作量不能长期超出正常的负荷,否则员工的疲劳程度将不断上升,工作热情、积极性、主动性下降,从而影响服务质量,严重的还会造成员工流失。

（二）编制定员的程序

1.确定前厅部人员编制定额。首先要根据酒店的经营环境和目标客源特点确定前厅部的组织机构和岗位设置。

2.预测岗位工作。在确定了前厅部的组织机构和岗位设置后，就可以着手预测各岗位的全年日平均标准工作量。

3.确定岗位工作定额。前厅部的工作定额是指在一定的物质、技术和管理条件下，前厅部员工发挥正常的工作效率，在单位时间内所应完成的标准工作量或为完成单位工作量所消耗的时间。工作定额的确定取决于普通员工的正常工作效率。前厅部工作定额有时间定额和工作量定额。

4.确定人员编制。在准确测定各岗位的年平均日工作量、员工的平均工作效率和标准工作定额之后，利用岗位定员法确定前厅部各岗位的编制定员。

（三）编制定员的方法

1.前厅部各岗位员工的日常班次安排应首先考虑本酒店的客源特点。酒店客源的差异对酒店服务和工作量有较大的影响。以城市商务酒店和旅游度假酒店作比较（见表11-1），确定了前厅部各岗位的人员编制和班次设置后，各级管理人员就需要根据未来客情安排下属员工的工作班次。一般情况下，酒店各部门班次以"周"为单位排定。

表 11-1　城市商务酒店与旅游度假酒店前厅部各岗位工作特点比较

岗位	城市商务酒店		旅游度假酒店	
	工作量	班次	工作量	班次
值班经理	大且分散 每日 24 小时	早、中、晚班 （轮休）	小而分散	不设置
预订处	大且集中周一至周五 9AM—5PM	正常班（周末休息）	小而分散	早、中、晚班（轮休）
接待处	大且分散 每日 8AM—8PM	早、中、晚班（轮休）	小而集中（周末）	早、中、晚班（轮休）
问讯处	大且分散 每日 24 小时	早、中班（轮休）	小而分散 每日 24 小时	与接待处合并
结账处	大且集中 每日 7AM—12PM	早、中、晚班（轮休）	小而集中 （周日至周一）	与接待处合并
礼宾部 行李处	大且集中 每日 7AM—8PM	早、中、晚班（轮休）	（周末至周一）	客房部代理
总机房	大且分散 每日 24 小时	早、中、晚班（轮休）	小而分散 每日 24 小时	早、中、晚班（轮休）
商务中心	大且集中周一至周五 9AM—5PM	正常班（周末休息）	极小	不设置

2.除了根据预测客房出租率合理安排员工班次，还可以采用在前厅部各岗位之间或其他部门之间调配人员，解决出租率过高情况下出现的人力资源短缺的问题。另外，前厅部的部分岗位如客房预订、商务中心等岗位的主要工作通常集中在早九点到晚五点的一般公司

企业正常工作时间。出于节省劳动力资源的目的,这些岗位一般只设正常班,其他时间内工作由接待处员工代理完成。这也是合理编制定员的一种体现。

二、前厅部员工的招聘与甄选

（一）工作分析

工作分析是对一岗位工作内容和相关要求做全面、系统的描述。岗位职责(job description)和任职要求(job specification)就是具体素材的体现。

（二）制定招聘计划

招聘计划是前厅部根据发展目标和岗位需求对某一阶段招聘工作所做的安排,包括招聘目标、信息发布的时间与渠道、招聘员工的类型及数量、甄选方案及时间安排等方面。

具体来讲,员工招聘计划包括以下内容：

1.招聘的岗位、要求及其所需人员数量。

2.招聘信息的发布。

3.招聘对象。

4.招聘方法。

5.招聘预算。

6.招聘时间安排。

（三）制作并发布招聘广告

1.招聘广告应包括的内容：

(1)酒店价值观或使命,尤其是用人理念。

(2)酒店主要服务项目(包括酒店的商标与标识)。

(3)招聘岗位信息。

(4)需申请者提供的信息。

(5)时间信息。

(6)联系信息。

2.怎样拟定一份好的招聘广告

招聘广告的设计原则与其他广告基本相同,应符合 AIDAM(Attention, Interest, Desire, Action, Memory)原则,即：引起注意原则、产生兴趣原则、激发愿望原则、采取行动原则和留下记忆原则。

3.员工招聘的途径

(1)内部招聘

内部招聘常见的形式有：

①晋升。

②工作调换/工作轮换。

③内部人员重新聘用。

(2)外部招聘

外部招聘常见的方式和渠道有：

①刊登广告。

②人才招聘会。

③就业机构。

④猎头公司。

⑤院校招聘。

⑥网络招聘。

(3)内部招聘与外部招聘的优缺点对比(见表 11-2)

表 11-2　内部招聘与外部招聘的优缺点对比

招聘途径	优点	缺点
内部招聘	了解全面,准确性高； 可鼓舞士气,激励员工； 可更快适应工作； 使组织培训投资得到回报； 选择费用低	来源局限、水平有限； "近亲繁殖"； 可能造成内部矛盾
外部招聘	来源广,余地大,利于招到一流人才； 带来新思想、新方法； 可平息或缓和内部竞争者之间的矛盾； 人才现成,节省培训投资	进入角色慢； 了解少； 可能影响内部员工积极性； 成本高

4.甄选员工

甄选的过程一般包括对所有应聘者的情况进行的初步审查(侧重背景调查及犯罪记录审查)、知识与心理素质测试、面试,以确定最终的录用者。

酒店前厅部可以通过以下方式搜寻候选人信息：

(1)应聘者自己所填的求职表,内容包括性别、年龄、学历、专业、工作经历及业绩等。

(2)推荐材料,即有关组织或个人就某人向本单位写的推荐材料。

(3)调查材料,指对某些岗位人员的招聘,还需要亲自到应聘人员工作过或学习过的单位或向其接触过的有关人员进行调查,以掌握第一手材料。

5.录用

人员录用过程一般可分为试用期、新员工的安置、岗前培训、试用、正式录用等几个阶段。

试用就是企业对新上岗员工的尝试性使用,这是对员工的能力与潜力、个人品质与心理素质的进一步考核。

员工的正式录用是指试用期满后,对表现良好、符合组织要求的新员工,使其成为酒店正式成员的过程。一般由用人部门根据新员工在试用期间的具体表现对其进行考核,做出鉴定,并提交人力资源管理部门。人力资源管理部门对考核合格的员工正式录用,并代表酒店与员工签订正式录用合同,正式明确双方的责任、义务与权利。

6.招聘评估

招聘评估主要指对招聘的结果、招聘的成本和招聘的方法等方面进行评估。一般在一次招聘工作结束之后,要对整个招聘工作做一个总结和评价,目的是进一步提高下次招聘工作的效率。

对招聘工作的评价一般应从以下两方面进行:一是对招聘工作的效率评价;二是对录用人员的评估。

三、前厅部员工的培训

一家酒店经营成功的关键在于人才,在于一批忠诚、稳定的高素质服务人员和管理人员。所以拥有了合格的员工仅仅是保证酒店良好运转的第一步,酒店还应该通过系统持续的培训,培养具备高素质、高水平、高技能的稳定的服务和管理人员。这样既可以培养酒店自己的管理人员,又可以激励员工积极工作,不断进取,促进酒店的良性发展。

(一)培训的意义和原则

1.培训的意义

由于酒店业是劳动密集型的服务型行业,人员素质对酒店经营和运转的意义就尤其重要。

(1)提高员工技能

培训的首要目的是保证员工具备胜任岗位工作所需的服务技能。由于大部分新招聘的初级员工对酒店工作的特点、性质、方法、技能和技巧缺乏必要的了解,酒店人事部门和前厅部首先要对其进行岗前培训,保证员工掌握基本的工作技能。

(2)培养业务骨干

酒店和各部门管理人员对工作表现出色、工作踏实诚恳的优秀员工进行有针对性的系统培训,采取长期外派、短期集中培训等多种方法将这些员工培养成为酒店的业务骨干和后备管理力量。

(3)提高服务质量

培训的最终目的是提高服务质量。前厅部根据客人对酒店产品不断变化的需求及整个行业的发展,不断对员工进行培训,促使员工掌握更多更高的服务技能和手段,提高服务质量。

(4)降低经营成本

表面上看,培训增加了酒店的营业支出,而事实上,培训从一定程度上对降低酒店的经营成本起了重要作用。培训对经营费用的影响是间接的,表面上不能直接反映出来。但如果仔细观察就会发现这样一个现象：没有经过培训的新员工同经过良好培训的熟练员工相比，工作效率较低，差错率较高。低效率、高差错率对酒店尤其对前厅部就意味着客人的高度不满和大量投诉，直接后果就是高额的"纠错"成本，间接损失是客人的不断流失。

（5）激励员工

系统的培训不但可以帮助前厅员工掌握多种工作技能，同时也是对前厅员工的有效激励。不断接触新事物，学习新知识，掌握新技能，这些本身就是对员工的挑战。人们总是希望从工作中有所收获，而不仅仅是付出。

2. 培训的原则

（1）实用性、合理化

首先，前厅部培训的内容应具有实用性，便于前厅员工在实际工作中运用。培训内容的选择应以本酒店实际情况和前厅各岗位的实际工作需要为依据。其次，培训的计划、时间、方法应合理化，应考虑到酒店的正常运转，保证对客服务的顺利完成。

（2）系统性、制度化

前厅部对员工的培训应形成制度，针对每个员工的不同情况制定系统的培训方案和计划，以达到培养业务骨干的目的。培训制度化一方面有利于不断提高前厅部员工的业务技能和业务水平，增强员工的业务素质，促进酒店服务水准的稳定和提高；另一方面还有助于调动员工的工作积极性，明确自己在酒店中的发展方向和发展前景，增强员工对酒店发展的信心，增强酒店的凝聚力。系统化的培训要求培训内容、培训计划具有连续性和计划性，只有这样才能真正有所成效，达到培训目的。

（3）灵活性、多样化

由于酒店各部门的分工较细，工作方式和服务方法各具特色，工作时间也有很大差异，所以很难组织起长时间的集中培训。各部门的培训方式、方法以及时间安排应具有较大的灵活性和多样性，不能盲目统一。

（4）低成本、高收效

无论选择何种培训方式和方法，都应该注意尽可能控制培训成本，包括培训时间、人员及资金的投入，考虑对酒店运转和服务质量造成的影响，等等。

（二）培训的内容和类型

1. 培训的内容

酒店前厅部培训内容一般包括以下方面：

（1）酒店从业人员职业道德、服务意识和规章制度。

（2）旅游和酒店业的基本知识。

（3）仪表仪容和接待礼仪。

（4）安全消防知识。

(5)外语。

(6)管理人员的管理技能与艺术。

2.培训的类型

培训的类型一般包括:

(1)新员工入职教育培训。

(2)在职员工培训。

(3)脱产培训。

(4)管理培训。

(5)专题培训。

(三)培训的计划与程序

1.发现培训要求,确定培训主题

前厅部经理和各岗位主管应加强同客人的沟通,加强对员工的管理和对客服务流程的控制,及时发现员工工作中存在的缺陷和不足,了解客人不断变化的需求和酒店服务程序中的漏洞,并以此作为培训员工的契机。前厅部各级管理人员应根据上述问题确定各岗位培训的主题,有针对性地进行培训准备。

2.制定培训计划,确定培训目标

在确定了培训主题之后,前厅各级管理人员就必须开始制定切实可行的培训计划,确定培训的目标。培训计划应包括培训负责人员、参加培训对象、培训主题和主要内容、培训计划时间、培训目标和考核办法等内容(见表11-3)。

表 11-3　前厅部培训样本

×××前厅部培训计划
培训组织人员:前厅接待处
培训实施对象:接待处全体员工
培训岗位:前厅接待
培训项目:前厅服务用语
培训时间:2013 年 6 月 20 日至 2013 年 7 月 20 日
培训目的:培养员工日语能力,提高酒店服务水平,吸引日本市场客户
培训方式:外聘教师专门授课,员工自学自练
培训目标:掌握 500 个日语常用词、100 句常用服务用语,能运用日语完成对客服务
考试方式:笔试结合口试
计划制定人:××××
计划制定时间:2013-06-01

3.召集培训人员,实施培训作业

培训实施人员根据拟定的培训计划,通知召集参加培训人员,对其实施培训。开始培训前应向参加培训的员工充分说明培训的必要性和对员工个人发展的益处,提高员工参加培训的积极性和主动性。

4.考核受训员工,检验培训结果

培训计划完成后,由培训实施人员组织对参加培训人员进行考核。没有考核的培训是不完整的培训,也必然达不到预期的效果。如果没有考核,员工就失去了压力,就不能认真完成培训任务。对员工培训成绩的考核一般由两部分组成,一是书面考核培训内容,二是考核员工对培训内容的实际应用。

四、前厅部员工的考核

(一)前厅部员工的工作考核

员工考核是酒店和部门按照一定的程序和方法,依照管理者预先确定的内容和标准,对员工德、能、勤、绩进行的考察和评价。

1.工作考评的目的

工作考评的目的:有利于激励员工更好地工作;有利于发现员工工作中的不足,以采取相应的管理措施;为员工的再使用安排提供依据;有助于改善员工与管理者的关系。

2.考评的依据和内容

前厅部对员工考评的依据是酒店"岗位责任书"和"工作说明书"中对该岗位员工的基本要求以及员工对岗位职责的履行情况等。工作考评的内容主要包括被考评者的综合素质、工作态度、工作业绩等。

3.考评的程序

考评的程序有:做好观察与考核记录、填写工作考评表(见表11-4)、进行考评面谈。

表 11-4 工作考评表

EMPLOYEE PERFORMANCE APPRAISAL FORM CONFIDENTIAL

Name 姓名	Date 上工日期		
Department 部门	Position 职位		
Appraisal for 工作评估	End of Probation 试用期满	Annual Assessment 每年度检讨	[X]20___
APPRAISAL	A-Outstanding 卓越超凡 D-Below Average 尚要努力	B-Good 优秀表现 E-Far Below Average 远离要求	C-Average 一般水准

PERFORMANCE 工作表现	A	B	C	D	E	PERSONALITY 个人性格	A	B	C	D	E
Job Knowledge & Tasks 工作知识及技巧						General Attitude 态度					
Fulfillment of Task 任务的完工						Maturity 成熟					
Accuracy of work 工作准确程度						Honesty 诚实					
Enthusiasm towards job 对工作的热情						Reliability 信赖程度					
Human Relations with Guests 与客关系						Receptiveness to Criticism 接受批评					
Human Relations with Colleague 与同事关系						Potential for Growth 潜质					
Punctuality of Attendance 准时						Ambition 上进心					
Language Ability 语言能力						Acceptance of Responsibility 责任感					
						Organization Ability 组织能力					
OVERALL GRADING 总评						Leadership 领导才干					
						Self-Starter 自发性					

COMMENTS
意　见_____　　Signature　　　　　　Signature
Dept/Section Head　　Employee
主管签名_____　　服务员签名 _____

DATE
日期_____

4.前厅部员工的过失与纪律处分

针对前厅部员工工作中的过失,给予一定的纪律处分,以对员工进行"副激励",消除或减少工作中的各种过失。通常,根据过失的严重程度和所造成的危害,可细分为"轻微过失"和"严重过失",并分别给予"口头警告""书面警告"和"辞退或开除"等不同的纪律处分。

五、前厅部员工的激励

【典型案例】

小吴是某大酒店的前厅部经理。在每周一次的部门会议上,酒店都要对反馈回来的客人意见进行分析。上个月,有好几个投诉都是关于入住登记和结账时间方面的问题。这些投诉让小吴很烦恼,她要尽力减少针对自己部门的投诉。最近她刚刚参加了一个为期3天的酒店管理培训班,培训回来后,她的脑子里充满了如何提高前厅服务质量的想法。让她考虑最多的是如何将业绩同奖金联系起来,这一点非常重要,因为老师在课堂上不断强调"想让员工付出更多,就要让员工得到合理的回报"。为了实现这个目标,她决定把自己在学校里学到的理论知识应用于自己的工作中。她设计了一套前厅管理方案,希望能激发前厅员工的内在动力,挖掘员工的内在潜力,使员工能为客人提供最贴心、最快捷的服务,提高酒店的知名度与美誉度。在接下来的班前会议上,她介绍并说明了她的新计划。例如,在每8小时一次的轮班中,登记客人人数最多和办理客人结账手续最多的两个员工在月底将得到额外的奖金。

这个体系运行得十分顺利,员工的工作速度比以前快多了,虽然她的员工之间似乎不像过去那么友善并互相帮助了。由于新体系的激励,客人办理入账结账手续似乎迅速了许多,但他们现在开始抱怨说前台人员缺乏友善的态度和礼貌。一名客人评价说:"我感觉自己就像正在被赶过河的鸭子一样,这不是我所期待的想从这样级别的酒店中得到的服务。"小吴很困惑:怎么才能兼顾两方面的利益? 我们怎样做客人才会百分之百地满意呢? 随后麻烦又来了,财务处审计员查账时发现,在记账问题上,前台存在失误。为了在记账程序上加快速度,很多费用没有登记在账单上,这样做的结果是不仅产生了很多错误,而且给酒店收入带来了不少损失。同时,在登记入住的时候,很多重要的信息没有被输入到计算机系统中。小吴很快就对自己的经营管理失去了信心。

本案例值得我们思考的问题是:前厅部经理小吴的奖励方案失误在哪里?

有了考核就应结合一定的手段和奖惩制度来鼓励先进,鞭策后进。激励的重要性就体现了出来。只有奖勤罚懒,才能在前厅部树立起主动提高业务技能、提高服务质量的风气,真正达到酒店和前厅部培训员工的根本目的。

激励:促使员工为了个人利益和需要,充分发挥自身的能力和潜力,最终实现酒店的经营目标一种动力。

（一）激励的要素和原则

1.激励的要素

影响激励作用的因素大致分为内部和外部两大类（见表11-5）。其中,内部因素是个体本身具有的自我驱动力,主要包括个人的需要、愿望、欲望、目标,等等;外部因素是影响个体行为的外部工作环境,如工作条件、人际关系、工作本身的挑战性,等等。

表 11-5　对酒店员工具有激励作用的主要因素

内部因素	外部因素
工资 福利（医疗、养老保险、住房、假期） 被认知、尊重 学习掌握新技能 自主权和工作独立性 人际交往 了解其他文化 良好的人际关系和团队精神	公司规模、知名度、形象 行业发展前景 企业文化和凝聚力 培训、晋升机会 工作的趣味性和挑战性 工作时间

2.激励理论

双元素论(激励—保障理论):酒店提供保障元素只能消除员工的不满情绪,激励元素可以提高员工的工作效率。

目标激励理论:在员工的工作范围内,工作目标越高,员工工作越努力,工作表现也越佳。

公平理论:员工不仅注重自身待遇的绝对值,还关注与同等条件的其他个体比较的相对值。

期望值理论:人们采取某项行动的动力或激励力取决于其对行动结果的价值评价和预期实现目标可能性的估计(激励力＝效价×期望值)。

3.激励的原则

(1)目标、需要、能力三结合原则。

(2)物质激励与精神激励相结合的原则。

(3)正面激励与负面激励相结合的原则。

(二)激励的方法

在具体工作中,前厅部经理及各级管理人员应注意平时多与员工交流沟通,多观察员工表现,多了解员工心理,多关心员工生活。按照员工的实际需要,应用多种激励方法,以达到激励员工、提高工作业绩的目的。

1.培训激励:提供系统培训。激励员工最有效的方法之一就是培训。

2.认可激励:客人、管理人员及同事的表扬都是强大的推动力。

3.沟通激励:使员工感受到更大的归宿感和价值感。

4.情感激励:信任、关心、理解员工;与员工多沟通,营造朋友与家人的感觉。

5.工作激励:赋予工作挑战性,合理授权,工作认可,让员工有成就感。

6.物质激励:薪水、奖金、实物、奖励旅游等。

7.环境激励:创造良好的硬环境和软环境。

8.晋升:提供晋升机会,使员工个人事业有所发展。

9.福利与保障:遵守劳动法,给员工以福利保障;"三金"的交纳、带薪假期、工作餐、工作服、加班补助等。

(三)激励计划与注意事项

1.激励计划

员工应该得到酒店管理人员对他们工作的肯定和感谢。激励计划是对在工作中有突出表现的员工进行表彰的最有效的方法之一。前厅部的激励计划通常以提高出租率、客房营业收入、平均房价和客人满意度为中心。

2.激励计划的主要形式

(1)颁发表扬信及表扬证书。

(2)公示照片。

（3）召开表彰会。

（4）赠送纪念礼品。

（5）举办联谊活动。

3.激励计划的结果和作用

（1）表扬并奖励有突出表现的员工。

（2）体现出对客人满意度的重视。

（3）促使员工提高工作效率和服务质量。

（4）激励员工提建议并参与部门提高营业收入和改进服务的工作。

【实训练习】

1.某酒店是一家客房近千间、综合设施齐全的集商务、会议及康乐等设施于一体的大型豪华酒店。客人档次较高,平均停留时间超过 4 天,酒店出租率一直稳定在 75% 以上。然而,尽管客房利用率不低,但酒店的销售额并不高。在收入中,客房占到 80% 以上,剩下的主要为餐饮收入,而餐饮收入中,住店客人的消费并不多。

为此,酒店总经理进行了较为全面的调查,发现在前台员工办理入住登记手续时,只要当客人提出打折时,员工总是欣然允诺。此外,前台员工也很少主动向客人介绍酒店其他服务设施。询问员工为什么不向客人介绍,员工回答:"一怕耽误办理登记手续的时间,违反酒店在 3 分钟之内办完登记的规定;二怕过多推荐,引起客人反感。推荐与不推荐没什么两样,何必去冒那么多风险。"

讨论:（1）酒店前台接待员违反了酒店人力资源管理的什么宗旨?

（2）问题的根源在哪里？如何处理？

2.假设你是酒店前厅部主管,现在酒店招收了一批前厅部的新员工。根据所学的内容,制定一个为期 1 个月的总台接待工作培训计划。

任务二　客房部人力资源管理

【案例导入】

一起客房服务员集体怠工事件

某高星级酒店在开业的第二年,由于旅游市场不好,酒店平均出租率降到 30% 以下。酒店为了节省开支,采取了裁员措施,只保留不到 50% 的员工。随着时间的推移,旅游市场逐渐好转,为了解决员工短缺问题,酒店不得不招收大量新人上岗,但还是不够。为了保证服务质量,客房部临时决定所有员工停休两周。两周以后,出租率依然居高不下,客房服务员由日常清扫 14 间客房,上升到清扫 16 间客房。由于工作量加大,服务员为了完成任务,清扫客房的速度加快,服务质量问题增多,引起了客人投诉。酒店管理层非常重视客人投诉,给客房部施加很多压力,提出如果再出现客人投诉,将更换客房部经理。客房部经理要求领班严格管理,领班为了保证服务质量,加大了查房频率,一旦检查出不合格的房间,就要求员工返工。有的员工承受不了这么大的工作压力,以请病假来逃避现实。这样很多员工一天不得不干满 18 间客房,并且每天加班到晚上七八点钟。这种状况持续了一个时期,突然有一天,客房部管理人员上班时,发现所有楼层的服务员都不见了。他们才意识到事态的严重性,立即在店内外四处寻找,终于在酒店不远的操场上发现了这些服务人员。经过劝说与许诺,服务员才重新回到酒店。

上述案例告诉我们,客房部员工的人数应科学、合理地配置。客房部的服务人员在客房高出租率的时期,担负着大量的直接为客人服务的工作,作为他们的管理者,应提早做好人员安排,避免员工长时间超负荷工作;在管理上不能一味使用强硬的管理办法,而应关心员工,并适当地提高员工的工资待遇,让员工心情舒畅地工作。

一、客房部人员编制

客房部人力资源管理,就是运用科学的方法,合理选用和培训员工,不断提高员工素质,充分有效地利用员工的聪明才智,从而不断提高客房部的劳动效率。它不仅影响到客房部的有效运转,更关系到客房部员工的成长和酒店的发展。

客房部编制定员的过程,实际上是一个对人力资源的利用过程,即对员工进行科学的优化组合,使之达到最佳的群体效率。

（一）客房部编制定员应考虑的因素

客房部的具体编制定员工作要考虑多种因素:

1. 服务模式和管理层次

客房服务一般有两种模式,即楼层服务台和客房服务中心。不同的服务模式在用人数量上有很大的差异。各酒店要根据自身的条件和特点来做出选择。

客房部的管理层次与酒店的规模以及客房部管辖的范围有关。规模大、范围广、分工细的酒店通常会设置经理、主管、领班和服务员 4 个层次;星级高、规模大的酒店层次更多。例如,海口喜来登温泉大酒店客房部既有经理和副经理,又在客房服务中心和楼层分设经理。但小型酒店通常将主管和领班并为一个层次,同时不设经理副职,再加上对服务员不做工种的细分,而是只划分班次和区域,在人员的配备上肯定会比档次高、规模大的酒店少。

2. 工作量的预测

酒店客房部工作量一般分为三个部分:一是固定工作量,即指只要酒店开业就会有,而且必须按时去完成的日常例行事务,如客房部管辖范围内的计划卫生、定期保养工作,公共区域的日常清洁保养,保证内部正常运转所需要的岗位值勤等。二是变动工作量,即指随着酒店业务量等因素的改变而变化的工作量,主要表现在随客房出租率的变化而改变的那部分工作量。三是间断性工作量,通常是指那些不需要每天进行操作,或者不是每天 24 小时都需要连续操作,但又必须定期进行的工作量,如地毯的清洗、玻璃的擦拭等。

3.员工可能达到的素质水平

工作效率的科学制定,与员工的素质有很大关系。酒店招收的员工的年龄、性别、性格、文化程度、专业训练水平的差异,都将影响工作量的测定。了解和预测客房部员工未来可能达到的整体水平,是制定工作量的重要标准(见表 11-6)。

表 11-6 单项操作时间标准

项目序号	工作项目	基本时间(分钟)	间歇许可(%)	意外耽搁(%)	标准时间(分钟)
1	整理一张床	1.8	22.0	10	2.38
2	重做一张床	3.9	22.5	10	5.17
3	清洁一只脸盆	1.2	13.0	10	1.48
4	清洁一只浴缸	1.92	14.5	10	2.40
5	清洁一套淋浴器	1.0	13.0	10	1.23
6	清洁一只坐厕	0.94	16.0	10	1.18
7	擦净一张梳妆台	0.43	11.0	10	0.52
8	一张梳妆台的打蜡	0.85	13.0	10	1.05
9	清洁一只废纸桶	0.72	11.0	10	0.87
10	10m² 硬地吸尘	0.8	12.5	10	2.22
11	10m² 地毯吸尘	4.3	16.0	10	5.42
12	10m² 硬地推尘	162	13.5	10	1.48
13	10m² 硬地湿拖	2.4	16.0	10	3.02
14	人工洗地	3.7	22.0	10	4.88
15	机器洗地	2.3	13.0	10	2.83
16	机器抛光	2.1	11.0	10	2.84
17	擦玻璃 1m²	0.65	13.5	10	0.8

4.器具的配备

现代化的工作器具既是文明操作的标志,又是质量和效率的保证。也就是说,劳动手段越是现代化,用人数量就越少;反之,就只能靠增加一定数量的劳动力来弥补。

二、客房部定员方法与计算程序

(一)员工配备的定员方法

客房部的职工构成十分复杂,各区域、各环节的各类人员的工作性质和工作特点不同,所以确定定员的具体方法就不可能一样,但常用的方法有四种(见表 11-7)。

表 11-7 定员四种方法

定员方法	定员依据内容	适合的岗位
1.比例定员法	根据酒店的档次、规模定员,其特点是简便易行,但比较粗糙和平均化	
2.岗位定员法	按酒店各岗位的工作特点、工作量、劳动效率、开工班次和出勤率来确定人员	适合客房部楼层台班服务员、公共区域的部分员工等
3.职责范围定员法	根据酒店的组织机构、人员职责范围、业务分工和工作复杂程度定员	适合于主管以上管理人员定员
4.定额定员法	根据劳动任务、劳动定额和员工出勤率,计算员工人数的定员方法	主要适用于客房清扫员

例如,某酒店有客房 600 间,年平均出租率为 80%,每个客房清扫员每天的劳动定额为 12 间,出勤率一般为 95%,应该如何确定定员人数?

根据定额定员法,计算公式为

定员人数＝劳动任务÷劳动定额×出勤率

定员人数＝$600×80\%÷12×95\%≈42$(人)

在客房楼面定员时,要先明确采用何种服务模式。如果设客房服务中心,由于注重用工效率和统一调控,人员可定少些;如果设楼层服务台,注重面对面的专职对客服务,则人员要多些。同时还要确定采用几级管理层次,通常是根据客房部规模大小决定。

(二)计算程序

1.具体计算的一般程序

(1)根据客房部的工作范围将各职能区分开。

(2)确定本工作区域所有的岗位和工种设置。

(3)确定每天所需班次。

(4)计算班次工作量。

(5)根据各工种和各区域的性质和任务,确定工作定额,最后通过计算确定定员。

2.确定定员时的注意事项

(1)力求准确地预测客房出租率。

(2)定员水平要先进合理,既符合精简、高效、节约的原则,又保证工作的正常需要,保障员工身心健康。

(3)科学地确定各类人员的比例,处理好楼层服务人员同后台工作人员,管理人员同服务人员,各工种人员之间的比例。

(4)相对减少人数,降低劳动力成本,如可利用淡季让员工集中轮休,掌握员工联络地址及电话,以便临时需要时紧急传呼加班,实行加班补休制度,利用节假日集中轮休(应根据酒店所在区域的实际情况而定),考虑安排临时工、计时工和实习生,把他们也列入定员范围,既可保证旺季需求,又可在淡季减少工资、福利奖金的支出。

（5）为避免出现"窝工"现象,实行弹性工作制。

三、客房部员工的招聘

市场经济条件下,酒店人员流动是不可避免的。因此,酒店一方面要尽量留住主要管理人员、优秀专业人员和业务骨干;另一方面,又要根据人员流动需要,认真做好员工招聘与培训工作,以便不断置换人力资源,优化员工队伍,保证酒店管理和业务发展需要。

虽然客房部各岗位的工作要求互有差异,但从总体来看对应聘者应有以下要求:

（一）了解和热爱客房部工作

在招聘员工时应让招聘对象如实地了解其未来的任职环境及要求,向应聘者提供一份岗位职责说明及职位细述,切不可言过其实,而给今后的工作带来影响。

（二）为人诚实可靠,具有较高的自觉性

客房工作多为独立进行,因此个人品质尤为重要。

（三）性格稳定,责任心强并具有与同事良好合作的能力

客房部工作多属幕后,因此需要有较强的责任心,同时各岗位联系密切,各环节应能协作进行。

（四）身体素质好,动手能力强,反应敏捷

客房部工作体力消耗较大,且有一定技巧性,同时有些工作需独立进行,因此在体力、动手能力及反应能力方面要求较高。

（五）较好的自身修养

这是所有酒店员工都必须具备的个人素质,处于酒店这一特殊环境,基本礼貌礼节、个人卫生等都是不容忽视的。

这些是客房部招聘员工的基本用人标准,具体到每一个岗位还需有更为细致又切合实际的用人标准,这样才能为客房部招聘到所需人员。世界上不存在不好的岗位和不好的职工,关键是做到人与岗位相配。

四、客房部员工培训

（一）培训的种类

1.上岗前培训

对新招收的员工,上岗前应先进行职业教育,使他们明白所从事的酒店服务工作的社会意义,特别是让他们懂得自己工作的职责以及从业人员应具备的条件和素质,然后让他们对酒店的概况有一个初步的了解,以上内容一般由人事培训部采用讲课的形式用2～3天时间完成。

完成上一阶段培训工作后,在考试和总结提高的基础上可进入下一阶段的培训。第二阶段主要进行具体的部门工作和服务程序、操作程序的培训,可采用讲课与模拟训练相结合的方法。其目的是使新职工掌握自己本职工作的技能、技巧,使员工上岗后能尽快独立完成自己所担负的工作,为宾客提供快捷、热情周到的客房服务。培训一般需 10～15 天,培训内容如下:

(1)开房、住宿登记手续及程序。

(2)受理宾客代办服务的方法和程序。

(3)办理宾客迁出结账的程序。

(4)日常工作中的礼貌礼节。

(5)常见的几种国际性礼貌礼节。

(6)清扫客房卫生的程序和卫生标准。

(7)各种清洁剂、清扫工具的使用。

(8)晚间开夜床的操作方法和要求。

(9)本店的服务设施、娱乐设施的位置、营业时间及基本概况。

(10)服务工作中的一般技能、技巧的训练。

(11)语言技巧,站、坐、行姿态训练。

(12)如何处理宾客的遗失物品。

(13)如何处理宾客一般性投诉。

(14)介绍和了解客房日用品的知识(包括名称、数量、用途、摆放标准及要求)。

(15)熟悉酒店环境。

2.上岗后的培训

员工上岗后的培训是一项长期的工作,要比上岗前的培训难度更大些。在培训中要根据不同年限、不同等级和不同水平的员工制定出各种不同的培训目标、程序及内容。培训主要有在职培训和脱产培训两种(见表 11-8)。

表 11-8　两种不同的培训形式

类别	特　点	目　的	分　类	具体方法
在职培训	具有灵活性、选择性和针对性等特点,不受时间、地点、人数的限制	主导思想是以岗位练兵为主,以实际操作为主,通过实际操作,来达到掌握和提高业务技术的能力,同时加入一些理论知识	又可分为跟踪培训(主要对新上岗员工)、交替培训(培训多面手)、更换培训(对不能胜任某一岗位的员工进行其他工种的培训)、发展培训	可采取专题讲座、座谈讨论、岗位练兵、技术比赛和业余教育等

续表

类别	特　点	目　的	分　类	具体方法
脱产培训	学习时间集中，精力集中，人员集中，内容集中	以提高员工理论知识为主要目的，能使员工在思想素质和业务素质方面有很大的提高	最好按服务员的不同等级分别进行，一般来讲是以工作年限为依据，或按业务水平的高低划分为初、中、高三级培训	以教学为主的培训方法

3.培训方法（见表 11-9）

表 11-9　四种不同的培训方法

培训方法	培训要求
1.操作示范 　　操作示范就是对某项具体工作通过示范来达到统一的标准要求，在操作示范中一定要严格按程序和要求进行	在培训前要明确示范的内容，以及应达到的程序化、规范化和标准化，提高和体现酒店的服务和管理水平
2.课堂教学	课堂教学首先要求培训教师要有较高的水平，不但业务知识要精通，而且还要具备教学的经验和能力，要能写好教案，掌握教学环节
3.研讨 　　是对某些问题研究讨论，不仅对服务技能进行研究，而且还对某些研究工作提出理论依据	通过研讨可以改进现行的服务方式和方法，不断增加新内容，使客房工作适应时代发展的要求，在竞争中立于不败之地
4.辅助措施	有条件的酒店，可通过电影、录像、幻灯等有声有形的图像进行电化教学培训

要想让员工的工作达到既定的规格标准，严格的培训是一种必需而有效的手段，良好的培训不仅能解决员工的"入门"问题，而且还对提高工作效率、降低营业成本、提供安全保障和加强沟通、改善管理都将起到不可低估的作用。

五、客房部员工的绩效评估与员工激励

员工的绩效评估是人力资源管理中的重要内容，它贯穿于人力资源管理的全过程，从员工的选拔、培养一直到使用，都要进行评估。

（一）员工的绩效评估

员工绩效评估是按照一定的标准，采用科学的方法，对酒店员工的品德、工作绩效、能力和态度进行综合的检查和评定，以确定其工作成绩和潜力的管理方法。其实质是了解并掌握现有员工的信息，为员工的报酬、晋升、调配、培训、激励、辞退和职业生涯管理等工作提供科学的依据。

客房部员工的绩效评估可用来衡量员工的工作能力，是推动员工努力工作的外在动力，

是客房部人事管理的重要内容。

(二)员工绩效评估的作用

1.激励员工更好地工作

通过绩效评估,能充分肯定员工的工作成绩及良好表现,能激发员工的进取心;也可以发现员工工作中的缺点和不足,以便采取相应的管理措施。

2.为员工的发展提供依据

评估可以发现有发展潜力的员工,为今后职务的提升或担任更重要岗位的工作打好基础;也可以发现不称职、不合格的员工,为保证工作质量和服务质量,调动或解聘其工作或职务。

3.有助于改善员工和管理人员的关系

评估能够加强员工与管理者之间的双向沟通,促进他们的相互了解。

(三)员工绩效评估的内容和方法

员工绩效评估的依据是酒店"岗位责任制"或"工作说明书"中对该岗位员工的基本要求以及员工对岗位职责的履行情况。

1.绩效评估的内容

绩效评估的内容包括被评估者的基本素质、工作业绩、工作态度等。

2.绩效评估的方法

绩效评估的基础是上级平时对下属的观察及听取有关人员反映的记录。具体方法有评分法、面谈法和自我评估法。对员工的评估通常为每年一次,评估的表格一般由酒店统一设计和印刷。为了为年度评估提供依据,使年度评估更为准确,同时也为了进一步激励员工努力工作,客房部也可对员工进行月度评估,月度评估的形式和内容以简单为宜。

(四)员工激励

现代企业管理者或领导者的职责就是为他人、为下属带来动力,带来希望和未来,激励他们去完成现实的工作任务和企业目标。当然,这首先要下属人员或企业员工忠于企业,更为重要的是要最大限度地调动广大员工的积极性,使他们为企业效劳,为企业献身。

1.员工激励的作用

激励在管理学中是指激发人的动机,使人有一股内在的动力,朝着一定的目标行动的心理过程。员工激励就是充分调动员工的积极性和创造性,发挥员工潜能的过程。其主要作用是使员工充分发挥内在的潜能,创造高质量、高效率的工作成绩。员工激励是现代管理学的核心,只有充分激发现有员工的积极性,才能使每个人都能以最饱满的精神状态、最佳的服务态度和服务技能投入工作,为客人创造良好的休息环境。

2.员工激励的方法

员工激励的方法有很多,诸如奖罚激励、竞争激励、信息激励、情感激励等。客房部管理者要结合客房管理实际,综合运用各种方法激励员工。

（1）奖罚激励

在管理工作中,奖励是对员工某种行为给予肯定,使这个行为能够得以巩固、保持;而惩罚则是一种对某种行为的否定,从而使之减少、消退,恰如其分的惩罚不仅能消除消极因素,还能变消极因素为积极因素。奖励和惩罚都能对员工起到激励作用,两者相结合,则效果更佳。

（2）竞争激励

竞争激励实际上也是荣誉激励,是使员工的工作通过竞争的方式得到别人的承认,因而就有了荣誉感、成就感,受到别人的尊重。通过组织竞赛,不仅可以调动员工的积极性,而且还可以提高员工的自身素质。

（3）信息激励

在信息网络、电子商务多元化的今天,我们不仅要通过各种媒体来了解新的信息,有时也要走出店门到外边走一走,看一看,也会产生强大的激励作用。

（4）情感激励

在一个部门里,如果大家情投意合,互相关心,互相帮助,就一定会形成一个强有力的战斗集体,从而为客人提供良好的服务。因此,客房管理者必须重视"感情投资"。

在运用情感激励这一方法时,客房管理人员要注意做好以下两方面的工作:

①注意启发和诱导员工创造一个互相团结、互相帮助的工作环境。

②以身作则,对员工热情关怀、信任、体贴。对他们做出的成绩,要及时给予肯定;对他们的缺点,诚恳地帮助改正;对他们工作中遇到的困难,要尽力帮助解决。特别是当员工家庭或个人生活遇到什么不幸或困难时,要给予同情、关怀,乃至在经济上予以支持和帮助,员工对此会铭记在心,感恩戴德,从而起到极大的激励作用。

【实训练习】

春节过后,酒店进入小淡季,宾客较少。客房部主管张丽紧锁着眉头,考虑着节后的工作安排。她拿起电话与人事部王经理商量:"目前客源较少,何不趁此机会安排员工休息。"王经理答道:"刚休了7天,再连着休息,会不会太接近? 而以后的二十几天没休息日了,员工会不会太辛苦?"张丽说:"没关系,反正现在客源少,闲着也是闲着。"两人商定后,就着手安排各楼层员工的轮休。

刚到中旬,轮休的员工陆续到岗,紧接着客源激增,会议一个接着一个,整个酒店又恢复了往日的热闹,员工们忙个不亦乐乎。

紧张的夜以继日地工作了几天,张丽正为自己的"决策"感到沾沾自喜时,问题便接连而来:这天下午4点,服务员小陈突然重感冒头痛要求调休;晚上,小钱的父亲突然住院也要求调休;小黄的腿又不幸摔伤。面对突然出现的问题,张丽有点乱了方寸。实在没有办法再对员工调休的张丽,以这个月的休息日已全部用完为由,拒绝了3位员工的休假请求,并强调家中有事的、生病者要休息就请假。而请一天的病事假,所扣的工资、奖金是一笔可观的数目。面对这样的决定,小黄请了病假,小陈、小钱只好克服各自的困难,仍然坚持上班。

第二天中午,张丽接到总台转来的客人的口头投诉,被投诉的正是小陈和小钱,原因是:丢三落四,答非所问,面无笑容,对客不热情,服务出差错。张丽听后一脸茫然。

客人投诉是谁的过错呢?

参考文献

[1] 陈乃法,吴梅.酒店前厅客房服务与管理[M].北京:高等教育出版社,2011.

[2] 蔡登火,王丹红.前厅与客房管理[M].北京:中国纺织出版社,2011.

[3] 孟庆杰,刘颖.前厅与客房管理[M].武汉:武汉大学出版社,2009.

[4] 丁林.前厅客房服务与管理[M].济南:山东大学出版社,2005.

[5] 刘伟.前台与客房管理[M].北京:高等教育出版社,2002.

[6] 人力资源和社会保障部教材办公室.酒店管理师(四级,前厅与客房管理类)[M].北京:中国劳动社会保障出版社,2009.

[7] 贺湘辉,徐文苑.酒店前厅管理实务[M].3版.广州:广东经济出版社,2011.

[8] 韩军.酒店前厅运行于管理[M].北京:清华大学出版社,2009.

[9] 沈忠红.现代酒店前厅客房服务于管理[M].北京:人民邮电出版社,2010.

[10] 孟庆接.前厅与客房管理[M].北京:旅游教育出版社,2008.

[11] 吴玲.客房服务与管理[M].北京:高等教育出版社,2011.

[12] 国家旅游局人事劳动教育司.客房服务与管理[M].北京:旅游教育出版社,2010.

[13] 丁林.旅游酒店前厅客房服务与管理[M].济南:山东大学出版社,2005.

[14] 毛江海,刘立民等.旅游酒店服务技能与形象竞赛规范化标准实训教程[M].南京:东南大学出版社,2009.

[15] 贺湘辉,许文苑.酒店客房管理与服务[M].北京:清华大学出版社,2005.

[16] 劳动和社会保障部,中国就业培训技术指导中心.客房服务员[M].北京:中国劳动社会保障出版社,2004.